ELAINE N. ARON

DIE KRAFT DER BINDUNG

ELAINE N. ARON

DIE KRAFT DER BINDUNG

Wie Liebe und Anerkennung unseren Selbstwert bestimmen

mvgverlag

Bibliografische Information der Deutschen Nationalbibliothek
Die Deutsche Nationalbibliothek verzeichnet diese Publikation in der Deutschen Nationalbibliografie. Detaillierte bibliografische Daten sind im Internet über http://dnb.d-nb.de abrufbar.

Für Fragen und Anregungen:
info@mvg-verlag.de

1. Auflage 2018

Nymphenburger Straße 86
D-80636 München
Tel.: 089 651285-0
Fax: 089 652096

Die englische Originalausgabe erschien 2010 unter dem Titel *The Undervalued Self. Restore Your Love/Power Balance, Transform the Inner Voice That Holds You Back, and Find Your True Self-Worth* bei Little, Brown and Company.

Übersetzung: Ulrike Laszlo, München
Redaktion: Susanne Schneider, München
Umschlaggestaltung: Manuela Amode, München
Umschlagabbildung: Shutterstock.com/Puckung
Satz: inpunkt[w]o, Haiger (www.inpunktwo.de)
Druck: GGP Media GmbH, Pößneck
Printed in Germany

ISBN Print 978-3-86882-907-5
ISBN E-Book (PDF) 978-3-96121-170-8
ISBN E-Book (EPUB, Mobi) 978-3-96121-171-5

Für Art

INHALT

VORWORT

Was genau bedeutet der Titel dieses Buches: „Die Kraft der Bindung"? Zunächst sind Bindung, Freundschaft oder Liebe als deren intensivste Form Teil eines sozialen Instinkts, den ich „Linking" nenne. Es handelt sich um einen sehr starken Instinkt. Und es gibt einen weiteren sehr ausgeprägten Instinkt, den ich als „Ranking" bezeichne. Beim Ranking geht es darum festzustellen, welchen Platz wir innerhalb einer sozialen Hierarchie einnehmen. Um jedoch ein dauerhaft robustes Selbstwertgefühl zu entwickeln, spielt Bindung eine übergeordnete Rolle. Dieses Buch beginnt mit der Erklärung, warum das so ist.

„Ich bin der Beste." – „Ich bin der Schlechteste." Es klingt beinahe so, als würde unsere soziale Stellung über unseren Selbstwert bestimmen, was leider tatsächlich der Fall sein kann. Wir sprechen sogar von einem „niedrigen" und einem „hohen" Selbstwert, als ginge es um Hierarchie, um Wettbewerb. Den Selbstwert mit den üblichen Methoden wie Affirmationen zu steigern, klappt allerdings nur selten (siehe zum Beispiel den Artikel von Jennifer Crocker in *Personality and Social Psychology Review* aus dem Jahr 2013). Und wenn wir damit scheitern, fühlen wir uns wieder ganz unten und zählen uns zu den Menschen, denen es an Selbstvertrauen und mentaler Stärke fehlt.[1]

Die Kraft der Bindung ist einer der Gründe, warum ich mich gemeinsam mit meinem Mann Art Aron mit dem Thema Liebe beschäftige. Dabei haben wir uns auf die Erforschung von Liebe, Freundschaft, engen Beziehungen und Bindung spezialisiert – also auf Linking. Der Wunsch, sich zu verbinden, ist eine natürliche, angeborene Neigung, worin sich Zuneigung und die Bereitschaft, andere zu unterstützen, ausdrücken. Oft konzentrieren wir uns damit auf wenige Auserwählte, von denen wir sagen, dass wir sie lieben. Linking in all seinen Facetten gehört zur Natur des Menschen als soziales Wesen und ist ein sehr starker Instinkt, der für unser Miteinander und unseren Fortbestand extrem wichtig ist – und damit für unser Überleben.

Der andere, ebenfalls sehr starke Instinkt, der allen sozialen Wesen eigen ist, ist das Ranking. Treffen Tiere aufeinander, beginnen sie, eine Rangordnung herzustellen. Wer ist der Anführer? Wer hat die Macht? Sobald zwei oder mehr Hunde, Katzen, Pferde oder andere soziale Tiere zusammengebracht und ihnen etwas zu fressen gegeben wird, übernimmt Nummer eins sofort die Kontrolle, wobei dem manchmal noch eine Auseinandersetzung vorausgeht.

Nach der Kabbelei setzt jedoch das Linking wieder ein. Die Höherrangigen verbinden sich hin und wieder nur allzu gern mit denen unter ihnen. Denn oben an der Spitze ist niemand sonst. Liebe ist für soziale Tiere sehr wichtig, und sie scheinen viel glücklicher zu sein, wenn sie sich mit anderen verbinden können. Auf Menschen trifft das natürlich auch zu.

Ich bin auch Psychotherapeutin und habe in all den Jahren, in denen ich mich mit den Problemen meiner Patienten beschäftigt habe, immer wieder festgestellt, dass sie sich sehr oft im Grunde ein Mehr an Linking und weniger Ranking wünschten. Auch wenn sie sich über Stress oder Ängste beklagten, ging es meist um übermäßiges Ranking und den Mangel an Linking. Ranking erzeugt in vielen Menschen die Furcht zu versagen, verurteilt zu werden und ganz unten zu landen. Sie fühlen sich dann zurückgewiesen und unterlegen und kämpfen die ganze Zeit unterschwellig an gegen Scham, Ausgrenzung und die daraus folgenden Depressionen.

Selbst wenn wir uns in unserem sozialen Umfeld sicher fühlen und angemessen darin behaupten – indem wir Grenzen setzen, gegeneinander antreten und uns erfolgreich durchsetzen, indem wir andere anleiten, positiven Einfluss nehmen oder einfach nur Augenblicke des Triumphs genießen –, so ist es doch das Ranking, das uns die meisten unangenehmen Gefühle beschert. An der Spitze zu stehen bringt nicht nur Verantwortung mit sich, sondern auch die Sorge, dass es jemand auf unsere Position abgesehen haben könnte. Es kann nur einer ganz oben sein. Viele mögen es auch nicht sehr, wenn andere ständig zu ihnen aufschauen. Es ist nicht leicht, von Menschen umgeben zu sein, die sich pausenlos mit uns vergleichen. Dabei spielt es keine Rolle, ob wir uns unter- oder auf unangenehme Weise überlegen fühlen. Meistens fühlt es sich einfach besser an, nicht ständig Vergleiche anstellen zu müssen und freundschaftlich miteinander umgehen zu können. Somit sind es zwischenmenschliche Beziehungen, die ein dauerhaft gutes Selbstwertgefühl fördern.

Leider wird manchmal Ranking in uns getriggert und es lässt uns nicht mehr los – das betrifft manche mehr, manche weniger. Als mir das bewusst wurde, fing ich an, die Problematik eines niedrigen Selbstwertgefühls mit anderen Augen zu betrachten. Wenn es so schwer ist, gegen ein niedriges Selbstwertgefühl etwas auszurichten, ist es vielleicht biologisch begründet, dass wir uns im Vergleich zu anderen bereitwillig und völlig zu Unrecht als minderwertig einschätzen. Was könnte die Ursache sein? Und könnte ein Verständnis dessen helfen, dass sich endlich nicht mehr so viele Menschen kleinmachen? (Sie werden feststellen, dass ich häufig den Begriff „unterbewertetes Selbst" verwende, damit wir uns von den üblicherweise mit „niedrigem Selbstwert" verbundenen Assoziationen lösen.)

Letztlich läuft alles bei den beiden Instinkten Ranking und Linking zusammen. Sie sind entscheidend für unser Leben und unser Miteinander. Eine Studie von Markus Quirin und seinen Kollegen, die 2013 in *The International Journal of Psychophysiology* veröffentlicht wurde, hat maßgeblich dazu beigetragen, die genauen Bereiche im Gehirn zu identifizieren, auf die die beiden ausgeprägten Instinkte zurückgehen. Umgekehrt wirken Niederlagen und Zurückweisungen ähnlich stark auf das Gehirn ein wie körperliche Schmerzen. So, wie wir vor allem zurückschrecken, das uns äußerliche Verletzungen zufügen könnte, vermeiden wir auch das Risiko, dass uns in sozialer Hinsicht Leid zugefügt wird, indem wir uns zu Unrecht auf die unterste Hierarchieebene begeben. Wir entziehen uns weiteren Auseinandersetzungen und akzeptieren unsere Niederlage. „Ich bin nicht gut genug, also warum sollte ich es weiter versuchen?“

Wenn wir uns *beide* Instinkte bzw. Mechanismen unseres Gehirns bewusst machen – Linking und Ranking mit all den dazugehörenden Ängsten –, können wir uns vielleicht besser entscheiden, wann wir was einsetzen. Ranking könnte zum Beispiel so aussehen: „Will ich mich heute mal durchsetzen, statt wieder nur nett zu sein?“ – „Sollte ich davon ausgehen, dass mich diese Person ebenso mag wie ich sie, und freundlicher zu ihr sein?“ Darüber zu entscheiden ist nicht immer einfach, zumal dies oft sehr schnell gehen muss. Unabhängig davon, ob Sie eher zum Linking oder zum Ranking tendieren: Wäre es nicht besser, nicht immer nur gewohnheitsmäßig oder unter Druck zu reagieren, sondern das zu tun, was in der aktuellen Situation angemessen ist? Und sich so zu verhalten, dass Sie Ihr Ziel erreichen?

Eine Mammutaufgabe, die sich mir zufällig gestellt hat

War es Zufall, dass ich einen Zusammenhang zwischen Ranking und niedrigem Selbstwert hergestellt habe? Warum habe ich angefangen, Ranking als angeborenen, aber kontrollierbaren Aspekt unseres Verhaltens zu sehen, der uns bei zu geringem Selbstwertgefühl helfen könnte, also der vermutlichen Ursache von Ängsten und Depressionen? Vielleicht, weil ich durch meine Arbeit mit Hochsensiblen weiß, dass ein besseres Bewusstsein für unsere angeborenen Eigenschaften – in diesem Fall ein Charakterzug – uns ermöglicht, damit besser zurechtzukommen.

Tatsächlich kontrollieren wir unsere angeborenen Verhaltensweisen permanent. Manche Menschen leiden beispielsweise an immanenten Ängsten wie Höhenangst, Angst vor Blut, an der Angst vor Schlangen oder Spinnen. Diese Ängste haben sich entwickelt, weil sie wichtig für das Überleben sind. Trotzdem lernen die meisten von uns, entsprechende Reaktionen zu kontrollieren, wenn es die Situation erfordert. Wir alle haben auch starke angeborene sexuelle Impulse, die für die Weitergabe unserer DNA an die nächste Generation unerlässlich sind. Auch diese haben wir erstaunlich gut im Griff. Vielleicht können wir ja auch lernen, uns aus übertriebener Furcht vor Niederlagen nicht länger selbst zu unterschätzen.

Wie können wir überzogenes und ungewolltes Ranking vermeiden? In der Psychotherapie gewähre ich meinen Patienten meist zunächst einen Einblick. Vorausgesetzt, sie erkennen die Wahlmöglichkeit zwischen Linking und Ranking, bringe ich ihnen bei, wie sie eine gute Wahl treffen können. Wenn das bei Ihnen auch so ist, müssen Sie wahrscheinlich nur dieses Vorwort und vielleicht Kapitel 1 lesen. Bei vielen Menschen reicht die Erkenntnis, die Wahl zu haben, jedoch nicht aus. Manche haben eine Geschichte oft in der Kindheit erlebter Niederlagen und Traumata, die ihr unterbewertetes Selbst verstärkt haben. Mir ist bewusst, dass bei solchen Lesern Methoden erforderlich sind, wie sie in einer viel Zeit in Anspruch nehmenden, tief greifenden und aufwendigen Psychotherapie zur Anwendung kommen. Aber kann ein Buch das leisten?

Nach zehn Jahren habe ich diese Mammutaufgabe bewältigt. Bei den angeborenen Faktoren, die sowohl beim Linking als auch beim Ranking zur Unterbewertung der eigenen Person beitragen, habe ich mich um größtmögliche Wissenschaftlichkeit bemüht, ohne allzu viele biologische Fachbegriffe zu verwenden. Ich zeige viele Wege auf, wie Sie das oft fehlende Linking in Ihrem Leben verstärken können. Dazu gehört auch die Beschäftigung mit Ihrer persönlichen Geschichte, damit diese Sie nicht von einer klugen Wahl zwischen Linking und Ranking abhält.

Für die Erforschung Ihrer eigenen Geschichte biete ich Ihnen einen vielschichtigen Ansatz an, den die besten Psychotherapeuten verwenden. Auch wenn Sie allein arbeiten, können Sie sich dieses Wissen zunutze machen. Manche von Ihnen befinden sich vielleicht bereits in Psychotherapie oder entscheiden sich nach der Lektüre dieses Buches dafür, sich in Therapie zu begeben. In diesem Fall wird Ihnen dieses Buch helfen, sich auf die eigentlichen Kernpunkte zu konzentrieren. Ich weiß, dass manche von Ihnen keine Möglichkeit haben, sich einer Therapie zu unterziehen. Doch ich glaube, dass Sie auch allein viel tun können, damit es Ihnen besser geht – die richtigen Bedingungen vorausgesetzt. Und genau diese habe ich versucht für Sie zu schaffen.

Ein Weg, die Dinge anders zu sehen und sich neu zu erleben

Ich habe übrigens auch ein unterbewertetes Selbst. Tatsächlich ist es ziemlich stark ausgeprägt und hat mir fast mein ganzes Leben lang Schwierigkeiten bereitet. Ich erinnere mich noch gut an einen Vortrag, den ich kurz nach meinem Berufseinstieg gehalten habe. Anschließend sagten mir ein paar Studenten, dass sie den Vortrag zwar inhaltlich faszinierend gefunden hätten, aber dass meine Vortragsweise sie irritiert habe. Sie hätten den Eindruck gehabt, dass ich mir selbst und meinem Vortrag keinen Wert beigemessen hätte. Letzten Endes musste ich etwas gegen mein unterbewertetes Selbst unternehmen. Zum Glück fand ich ausgezeichnete Hilfe, und das, was mir geholfen hat, wird auch Ihnen helfen.

Dieses Buch ist nun schon seit einer Weile in meinem Heimatland erhältlich, und viele Zuhörer haben sich zu Wort gemeldet und bestätigt, dass es ihr Leben verändert und ihren Blick auf sich selbst und ihr Leben revolutioniert habe. Ich sage das nicht, um mich über andere Autoren zu stellen, sondern um mich besser mit Ihnen zu verbinden und Sie wissen zu lassen, dass dieses Buch auch Ihnen helfen könnte. Wie auch immer, Leser haben mir mitgeteilt, dass sie darin nicht nur ein Buch, sondern ein ernsthaftes, lebensveränderndes Projekt sehen, das Zeit, Geduld und manchmal Mut erfordert.

Und sie haben recht, wenn sie sagen, dass es sich um einen langen Prozess handeln kann. Sie sind aber auch der Meinung, dass sich oft allein das Lesen des Buches auszahlt. Sie werden sehen, dass sich Linking und Ranking überall abspielen, eine einfache Erkenntnis, die sehr viele Interaktionen erklärt. Manche von Ihnen werden wie ich jahrelang daran arbeiten müssen, das unterbewertete Selbst zu heilen. Ich bin keine Zauberin, und dieses Buch bietet keine sofortige Lösung. Sollte Ihr Problem weitreichend und tief verwurzelt sein, wird es einige Anstrengung erfordern, um Ihr unterbewertetes Selbst unter Kontrolle zu bringen. Dieses Buch wird Ihnen jedoch mit seinem einzigartigen Ansatz und meiner sorgfältigen Anleitung Ihre Aufgabe sehr viel leichter machen.

Wie man dieses Buch benutzen sollte

Das Buch von Anfang bis zum Ende zu lesen, ist bereits hilfreich. Allerdings profitieren Sie mehr davon, wenn Sie die Empfehlungen nach jedem Kapitel befolgen. Sie brauchen auch ein wenig Geduld. Dieses Buch ist komplex und vielschichtig. Daraus etwas zu lernen lässt sich mit dem Backen eines Geburtstagskuchens vergleichen. Jedes Kapitel ist eine Zutat, wobei Sie nicht alles auf einmal in die Schüssel geben dürfen. Sie müssen erst eine Basis schaffen und dann nach und nach alles vorsichtig miteinander mischen. Die Mühe lohnt sich, wenn Sie sich danach selbst für die Wiedergeburt eines wertvollen Menschen, wie Sie es sind, feiern können.

Wie lautet nun dieses Rezept? Die Kapitel 1 und 2 sind vergleichbar mit den Eiern und der Butter, die Sie zusammenrühren, wenn Sie einen Kuchen backen wollen. Kapitel 1 beschreibt unsere angeborene Tendenz zum Ranking und Linking, während Kapitel 2 von den Selbstschutzmaßnahmen handelt, die wir alle ergreifen, um uns vor dem Schmerz einer Niederlage zu schützen, den Ranking mit sich bringen könnte.

Diesen beiden fügen wir Kapitel 3 hinzu. Das ist das Aroma, Ihre ureigenen Gründe, warum Sie auf Ranking fokussiert sind und sich manchmal dabei unterschätzen. Manches mag möglicherweise so traumatisch sein, dass Sie es bis jetzt aus Ihrer Erinnerung verdrängt haben.

So, wie Sie abwechselnd Milch und Mehl zum Kuchenteig hinzugeben, fügen Kapitel 4 und später Kapitel 7 die Portion an Menschenliebe, an liebevoller Bindung hinzu, die Ranking auf geschickte Weise ausgleichen. Die Fähigkeit dazu muss jedoch durch die noch tiefer gehende Arbeit in den Kapiteln 5 und 6 erweitert werden. Dies hilft uns, mit unseren Abwehrmaßnahmen gegen Niederlagen und Traumata umzugehen, um uns vor weiterem Kummer zu schützen.

Als Nächstes muss die aus den in diesen sieben Kapiteln enthaltenen Zutaten bestehende Mischung gebacken werden. Vorher werden Sie die Inhalte noch einmal überdenken, damit arbeiten und wahrscheinlich noch mehrmals darauf zurückgreifen müssen. Danach folgt Kapitel 8, die Glasur für den Kuchen, die Anwendung all dessen, was Sie über Ihre engen Beziehungen gelernt haben. Dieser Zuckerguss sorgt nicht nur für Süße, sondern hält auch die verschiedenen Schichten zusammen. Die Bekämpfung der Ursachen von chronischem Ranking und dem Unterbewerten der eigenen Person wird Ihre engen Beziehungen maßgeblich verbessern. Gleichzeitig sind Ihre engen Beziehungen der beste Ort, um mit der Heilung zu beginnen. In Kapitel 8 beschäftigen wir uns behutsam und umsichtig mit diesen Beziehungen. Das ist nötig, damit die Heilung nicht ins Gegenteil umschlägt. Chronisches Ranking und ein unterbewertetes Selbst können enge Beziehungen ruinieren, ebenso können enge Beziehungen das Problem von Ranking und unterbewertetem Selbst verstärken.

Wenn Sie es schaffen, alles in Kapitel 8 Gelernte problemlos anzuwenden, haben Sie wirklich einen Grund, dies mit einem Kuchen zu feiern. Sie werden Ranking und Linking wie durch eine neue Brille sehen, die alles klarer macht. Sie werden Ihren Ranking-Instinkt zulassen, wenn es angebracht ist – jedoch nicht, wenn er die Verwirklichung

Ihrer Ziele beeinträchtigt, sei es in einer Beziehung, in Ihrem Berufsleben oder in einem anderen Bereich. Vor allem werden Sie von Tag zu Tag mit sich und der Welt zufriedener sein.

KAPITEL 1
RANKING, LINKING UND DAS UNTERBEWERTETE SELBST

Wir verwenden jeden Tag viel Zeit darauf, uns mit anderen Menschen zu vergleichen und nach Respekt, Einfluss und Macht zu streben. Das heißt, wir bewerten uns gegenüber anderen. Genauso oft verbinden wir uns mit anderen, indem wir ihnen Zuneigung, Mitgefühl und Liebe entgegenbringen, um uns zusammengehörig und geborgen zu fühlen. Manchmal verbinden wir beides, indem wir unseren Rang nutzen, um das Leben eines mit uns verbundenen Menschen zu verbessern – zum Beispiel, wenn wir jemanden beraten oder ihm etwas beibringen oder wenn wir unsere Kinder erziehen. Ranking und Linking sind aus unserem Leben nicht wegzudenken.

Manchmal sind wir uns dessen bewusst, manchmal aber auch nicht. Auf jeden Fall spielen Ranking und Linking in fast all unseren persönlichen Beziehungen und bei Problemen eine große Rolle, auch wenn wir uns selbst unterbewerten.

Bewerten wir uns zu gering, stufen wir uns zu niedrig ein. Oft stellt sich dann ein Alles-oder-nichts-Denken ein; wir fühlen uns wertlos oder schämen uns, wenn wir uns mit dem Teil unseres Selbst identifizieren, den wir üblicherweise meiden – mit dem unterbewerteten Selbst. Dieses Selbst ist realitätsfremd und schätzt sich viel zu gering ein. Egal, ob wir in diesem Selbst nur einen Moment oder unser ganzes Leben lang gefangen sind – wir leiden sehr darunter und verpassen etliche Chancen.

Ranking ist zwar die Ursache des unterbewerteten Selbst, aber ein ausgewogenes Verhältnis von Ranking und Linking stellt die beste Lösung dar, damit umzugehen. Sobald Sie ein Bewusstsein dafür entwickeln, wie Sie sich mit anderen messen und verbinden, und die tieferen, meist unbewussten und instinktbedingten Gründe erkennen, warum Sie sich selbst unterbewerten, werden Sie oftmals mit überraschender Leichtigkeit verhindern können, dass dieses Selbst Besitz von Ihnen ergreift. Gelingt Ihnen das nicht, ist es umso wichtiger, dass Sie sich das bewusst machen und lernen, mit dem unterbewerteten Selbst besser umzugehen.

Ranking und Linking als Teil ihres Verhaltens werden schon seit Längerem bei höher entwickelten Lebewesen beobachtet. Doch erst vor Kurzem haben Forscher herausgefunden, dass es sich dabei um die primären angeborenen Mechanismen handelt, die unser gesamtes Sozialverhalten lenken. Der Ausdruck „Linking und Ranking" erfasst im weitesten Sinne das, was wir manchmal als „Liebe und Macht" bezeichnen. Liebe zählt zu den Verhaltensweisen, die Linking genannt werden, und beim Ranking wird über Macht entschieden. „Ranking und Linking" als Begriff wurde erstmals 1983 in der politischen Psychologie von Riane Eisler und David Loye verwendet. Erneut aufgegriffen wurde die Bedeutung des Ranking-Linking-Zusammenhangs in den frühen 1990ern in der Sozialpsychologie, doch seitdem wurde von dem Ausdruck nur selten Gebrauch gemacht.[1]

Für sich genommen waren mit Macht und Liebe verbundene Themen schon immer ein Schwerpunkt in der Erforschung von menschlichem und tierischem Verhalten. Ich habe ebenfalls dazu jeweils geforscht. Ihr enger Zusammenhang wurde mir erst klar, als ich mich dem Problem widmete, an dem fast alle meine Patienten leiden: an einem geringen Selbstwertgefühl, das gesunde enge Beziehungen verhindert. Ich erkannte, dass sich meine Patienten nach Liebe oder Verbundenheit sehnten, sie darin aber nur Macht oder ihre Position innerhalb von Beziehungen zu anderen sahen.

Ranking gehört im Wesentlichen zu unserem Leben und wir genießen es sogar – zum Beispiel finden wir beim Sport Gefallen an freundschaftlichem Wettbewerb, und wir sind auch gern bereit, uns bei Bewerbungen auf einen Arbeitsplatz, bei Beförderungen und sogar bei der Auswahl eines zukünftigen Partners mit anderen zu messen. Richten wir jedoch unsere soziale Sichtweise danach aus, kann es in mehrfacher Weise dazu führen, dass wir uns schlecht fühlen. Wir alle müssen hin und wieder Niederlagen einstecken, und wie Sie sehen werden, beeinflusst ein Rückschlag natürlich das allgemeine Selbstwertgefühl und löst eine vorübergehende Depression aus. Wenn wir unser Leben als Abfolge von Wettbewerben und Vergleichen sehen, erleben wir mehr Tiefs als Hochs. Und wenn wir für gewöhnlich oben stehen, fühlen sich die unvermeidlichen Niederlagen umso schlimmer an.

Natürlich spricht nichts dagegen, weiterhin nach Erfolg zu streben und unsere Sache gut machen zu wollen. Aber unser Drang, in der Hierarchie immer weiter nach oben zu steigen, macht uns manchmal blind für die anderen Aspekte von Ranking. Nach einem Misserfolg oder einem Rückschlag sind wir nicht nur deprimiert, sondern werden auch von anderen negativen Gefühlen wie Scham und Unsicherheit heimgesucht, und das ist äußerst unangenehm. Unterstützung von Freunden und Familienmitgliedern kann dabei helfen, aber je unangemessener Ihr Ranking ist, umso weniger starke Bindungen werden Sie haben.

Viele von uns messen der Rangordnung eine viel zu große Bedeutung bei. Das liegt zum Teil an unserem sozialen Umfeld, aber hauptsächlich an schwerwiegenden Niederlagen in unserer Vergangenheit, die sich zu Traumata entwickelt haben. Durch sie sind wir besonders wachsam geworden und versuchen, weitere Rückschläge und Demütigungen zu vermeiden. Dabei nehmen wir oft Ranking wahr, selbst wenn es gar nicht vorhanden ist. Ohne genau zu verstehen, was genau sich hinter Ranking und Linking verbirgt, können wir die Auswirkungen dieser Traumata nicht in den Griff bekommen. Aus welchem Grund auch immer kommt es im Leben der meisten Menschen mehr auf Linking als auf Ranking an, und ohne genaue Kenntnis dieser beiden Instinkte können wir kein ausgewogenes Verhältnis zwischen ihnen herstellen.

Wer vermittelt Ihnen ein gutes Gefühl? Und wer ein schlechtes?

In diesem Buch werden Sie einige Übungen und Selbsttests finden, die Ihnen helfen sollen, den Einfluss von Ranking und Linking sowie des unterbewerteten Selbst auf Ihr Leben zu verstehen. Legen Sie sich für diesen Zweck ein Notizbuch zu, in dem Sie alle Ihre Antworten notieren und später nachschlagen können. Die erste Übung besteht darin, zwei Listen zu erstellen: eine von den Personen, in deren Gegenwart Sie sich üblicherweise wohlfühlen, und eine zweite von Menschen, bei denen eher das Gegenteil der Fall ist. (Sie können eine Person auch auf beide Listen schreiben.) Lassen Sie ausreichend Platz zwischen den Namen, denn Sie werden sich später dazu Notizen machen.

Zu allen Menschen, in deren Gegenwart Sie sich gut fühlen, haben Sie eine Verbindung – das kann sich auf ein freundliches Hallo oder einen gelegentlichen Telefonanruf beschränken, es kann sich aber auch um eine wichtige Liebesbeziehung handeln. Fast all jene, in deren Gegenwart Sie sich unwohl fühlen, scheinen Sie zu bewerten – das reicht von dem vagen Gefühl, beurteilt zu werden, bis zu einem eindeutigen kompromisslosen Wettbewerb, bei dem sich offensichtlich entscheiden soll, wer der bessere Mensch ist. In bindenden Beziehungen entwickeln wir positive Gefühle uns selbst und anderen gegenüber. In Beziehungen, in denen es hauptsächlich um Rangordnung geht, sorgen wir uns oft um unseren eigenen Wert und sind deutlich unglücklicher. Ihre Listen geben Ihnen Aufschluss darüber, wie stark Ranking bei Ihnen mit Unglückseligkeit verbunden werden kann.

Der Tanz von Linking und Ranking

Ranking bezieht sich auf unseren Platz in einer sozialen Gruppe oder auf Hierarchie. Macht ist insoweit mit Ranking verbunden, dass sie von höheren Rängen ausgeht. Macht kann in abgemilderter Form als Einfluss auf andere gesehen werden, der in vielen Facetten auftreten kann, unter anderem auch durch Respekt, der mir von anderen gezollt wird.

Linking ist unser angeborenes Gegengewicht zum Ranking. Wir fühlen uns von anderen angezogen, genießen ihre Gesellschaft, wollen sie besser kennenlernen und ihnen helfen, soweit wir können. Liebe ist schlicht die erweiterte Form von Linking.

Wir versuchen ständig, das richtige Gleichgewicht zwischen Linking und Ranking zu finden: anderen mit Freundlichkeit und Interesse zu begegnen und beides selbst zu erfahren auf der einen und das Bemühen, Respekt zu erlangen, auf der anderen Seite – durch unseren Einfluss, unsere Kompetenz, unseren Geschäftsverstand, unseren guten Ruf, unser Vermögen oder durch gute Freunde und Verbündete. Andere streben eine bessere Position an durch ihr Äußeres, ihre Besitztümer oder die Mitgliedschaft in einer angesehenen Gruppe. Oft haben wir jedoch das Gefühl, dass die Balance nicht stimmt – bei uns selbst oder bei anderen –, und gewöhnlich scheint es an übermäßigem Ranking zu liegen. In manchen Situationen denken wir ständig an unseren Status oder es wird von uns erwartet, dass wir ihn genau einschätzen können. Bei anderen Gelegenheiten denken wir nicht bewusst darüber nach. In manchen Momenten würden wir gern glauben, dass uns niemand beurteilt. Aber in jeder Gruppe von zwei oder mehr Personen geht es immer um Ranking, wenn auch nur hintergründig. Die Balance zu finden und sich nicht von den Umständen lenken zu lassen erfordert jedoch bewusstes Bemühen.

Selbst ohne bewussten Vorsatz versuchen wir meistens, möglichen Unannehmlichkeiten von Ranking entgegenzuwirken, indem wir von unserem Sinn für Gleichheit und Gerechtigkeit Gebrauch machen. So bemühen wir uns zum Beispiel bei Wettkämpfen, fair zu bleiben und die Regeln zu beachten. Im Geschäftsleben halten wir uns an Verträge und pflegen einen freundlichen Umgang miteinander.

Auch bei Freundschaften müssen wir uns mit Ranking auseinandersetzen. Wir wissen, wer mehr Geld hat oder einen angeseheneren

Job. Aber statt zu vergleichen, teilen wir hier lieber. Wir teilen uns die Rechnung, anstatt genau auszurechnen, wer was bestellt hat. Wenn wir ein Kompliment bekommen, versuchen wir, es möglichst schnell zu erwidern. Bei engen Freunden zählt irgendwann nicht mehr, wem was gehört, sondern nur, wer etwas nötiger braucht. Das macht Linking aus.

Wichtige Definitionen zum Linking

Linking: Unsere angeborene Neigung, uns zu anderen hingezogen zu fühlen und ihnen zugeneigt zu sein, Interesse zu zeigen und ihnen zu helfen, wenn wir können.

Liebe: Eine intensive Form von Bindung, basierend auf einer starken Anziehung, die zu dem Wunsch führt, der betreffenden Person nahe zu sein, sie oder ihn besser kennenzulernen, ihre oder seine Bedürfnisse so gut wie möglich zu erfüllen und das Bemühen des anderen, die eigenen Bedürfnisse zu erfüllen, zu genießen. Es ist beinahe so, als würde man den anderen in sich aufnehmen.

Altruismus: Selbstlose Liebe für andere, denen man vielleicht niemals begegnet; sie kann auf die gesamte Menschheit ausgedehnt und als Mitgefühl empfunden werden, wenn andere in Not sind.

Linking und Ranking spielen sich in vielerlei Hinsicht in die Hände. Manchmal hilft Ranking dabei, die Ziele von Linking durchzusetzen. Eltern, Lehrer, Vorgesetzte und Politiker bekleiden einen hohen Rang und besitzen dementsprechend viel Macht. Idealerweise nutzen sie diesen Umstand allerdings für Linking und die, die sie lieben. Wir haben nichts dagegen, wenn Menschen mit höherem Status bestimmte Regeln aufstellen oder in Meetings über uns sprechen, denn wir wissen, dass sie uns damit nur helfen wollen. Wird aber Macht ausgeübt, ohne dass auf die Bedürfnisse anderer Rücksicht genommen wird, empfinden wir dies als Missbrauch. Ranking unterstützt ebenso Linking, wenn wir damit ein Kompliment verstärken wollen: „Du bist eindeutig der Intelligenteste in der Gruppe."

Linking dient auch dann Ranking, wenn wir uns zusammentun, um die Ziele einer Gruppe durchzusetzen, ohne dabei eine länger anhaltende Bindung eingehen zu wollen. Linking kann sich hinter Ranking „verstecken", wenn zum Beispiel ein Professor und eine Studentin, eine Arbeitgeberin und ein Arbeitnehmer oder sogar ein Wärter und ein Gefangener versuchen zu ignorieren, dass sie sich voneinander angezogen fühlen. Umgekehrt kann Ranking im Linking verborgen sein, wenn jemand das Leben eines anderen „zu seinem Besten" kontrolliert.

Ein unangenehmer Aspekt von Ranking tritt häufig zutage, wenn bei dem Versuch, sich mit jemandem zu verbinden, plötzlich das unterbewertete Selbst zum Vorschein kommt. Sie treffen sich zum Beispiel mit einer Freundin zum Mittagessen und erfahren, dass sie befördert wurde. Sie wollen sich für ihre Freundin freuen, und vielleicht tun Sie das tatsächlich, aber Sie vergleichen sich auch sofort mit ihr, möglicherweise ganz unbewusst. Und es geht Ihnen plötzlich schlecht, weil Ihnen klar wird, dass Sie schon seit fünf Jahren nicht mehr befördert worden sind. In gewisser Weise sitzen Sie jetzt nicht mehr mit Ihrer Freundin beim Mittagessen, sondern mit Ihrem unterbewerteten Selbst.

Wichtige Definitionen zum Ranking

Ranking: Die angeborene Neigung, unsere Position in einer sozialen Hierarchie zu festigen und zu verbessern, uns zu einem eigenständigen, individuellen Wesen zu entwickeln und zu versuchen, Gerechtigkeit einzufordern.

Macht: Der Einfluss, den wir gemäß unserer Hierarchiestufe auf andere haben. Macht kann körperlich oder seelisch ausgeübt werden, auf harte oder sanfte Weise, ganz offen oder eher subtil.

Machtausübung im Sinne von Linking: Das Nutzen der eigenen Position und der eigenen Macht, um persönliche Bedürfnisse sowie die anderer zu befriedigen.

Machtmissbrauch: Die Anwendung von Macht für rein egoistische Zwecke.

Linking im Sinne von Ranking: Die Bildung freundschaftlicher Bündnisse, um ausschließlich die eigene Position zu verbessern und die eigene Macht oder die aller Beteiligten zu erhöhen.

Die Veranlagung, ein allgemeines Selbstwertgefühl zu entwickeln

Ich erwähnte bereits, dass übermäßiges Ranking direkt zu unserem unterbewerteten Selbst führt. Zu wissen, wie es dazu kommt, hilft, diesen Pfad nicht einzuschlagen. Als soziale Wesen haben wir gelernt, dass ein Leben in einer Gruppe unser Überleben sichert und unser Wohlbefinden steigert. Gruppen geben ihr Wissen von Generation zu Generation weiter, sodass nicht jeder Einzelne aufs Neue die Steinaxt oder den Computer erfinden muss. Eine Gruppe beschützt ihre Mitglieder, sorgt dafür, dass jeder bekommt, was er zum Überleben braucht, und dass es zu keinen egoistischen Auswüchsen kommt. Von unseren Vorfahren kamen die am besten zurecht, die sich ad hoc so verhielten, dass sie in der Gruppe hoch angesehen waren. Wir neigen immer noch zu Spontanreaktionen, auch wenn sie uns oder anderen hin und wieder keine guten Dienste leisten. Wir können lernen, sie zu unterdrücken, aber zuerst müssen wir wissen, worum es sich dabei genau handelt.

Lebten Sie wie unsere Vorfahren nur in einer Gruppe, hätten Sie einen bestimmten Status in einer genau definierten Hackordnung. Je höher Ihr Rang wäre, umso größer wäre auch Ihr Einfluss auf Gruppenentscheidungen. Würde Sie dann jemand herausfordern oder sich in der Hierarchie über Sie stellen wollen, käme es zur Konfrontation. Einer von beiden würde als Sieger hervorgehen, der andere würde klein beigeben müssen. Um gefährliche Fehler zu vermeiden, müssten Sie einen sofort einsetzenden, oft unbewussten Sinn entwickeln für Ihre Gesamtkraft, den gesellschaftlichen Rückhalt, Vertrauen, Fähigkeiten, Intelligenz und andere Charaktereigenschaften[2]. Und falls Sie vor Kurzem oder schon öfter Niederlagen erlitten haben, wäre es bei Weitem besser, sich selbst zu unterschätzen. Schließlich ist in der Regel davon auszugehen, dass sich Dinge aus der Vergangenheit wiederholen. Da sollte man lieber seine Kräfte sparen und nicht kämpfen. Deshalb wird der eigene Selbstwert oft fälschlicherweise zu niedrig angesetzt.

Heutzutage gehören wir jedoch vielen Gruppen an – Familie, Freundeskreis, Kollegen, Mannschaftskameraden. In all diesen Gruppen nehmen wir zu verschiedenen Zeiten unterschiedliche Positionen ein und müssen uns daher nur selten fragen, ob wir *insgesamt* besser sind als jemand anders. Hier wird die angeborene Neigung, ein allgemeines Selbstwertgefühl zu entwickeln, zu einem Handicap, da es in den unterschiedlichen Situationen nie ganz passend sein wird.

Definitionen zum unterbewerteten Selbst

Allgemeiner Selbstwert: Die Einschätzung der eigenen Fähigkeit, in einer Konfrontation zu obsiegen, unabhängig von speziellen in einem Wettbewerb benötigten Fähigkeiten.

Niederlage-Reaktion: Die Neigung, auf einen Rückschlag mit Depressionen und Scham zu reagieren, wobei die Bereitschaft weiterzukämpfen sinkt und eher ein niederer Rang akzeptiert wird.

Das unterbewertete Selbst: Der Teil Ihrer Persönlichkeit, der sich aus der Tendenz, Niederlagen zu vermeiden, entwickelt. Je häufiger Sie in der Vergangenheit unterlegen waren, umso wachsamer ist dieser Teil. Sie nehmen überall Ranking wahr, selbst dort, wo keines stattfindet, und stufen sich selbst so niedrig ein, dass Sie nicht als Herausforderer oder Rivale dastehen.

Ihre angeborene Reaktion auf Niederlagen

Außer der Strategie, Niederlagen sehr ernst zu nehmen und uns selbst zu unterschätzen, besitzen wir noch eine andere angeborene Neigung: die sogenannte Niederlage-Reaktion.[3] Bei Tieren kann man diese Reaktion gut beobachten: Wenn sie einen Kampf verlieren, schleichen sie davon und wirken deprimiert und beschämt. Sie scheinen alle Hoffnung und das Interesse am Leben verloren zu haben und ihr Körper zeigt alle physiologischen Anzeichen einer Depression. Dieser plötzliche Verlust jeglichen Enthusiasmus bedeutet, dass sie ganz offensichtlich nicht mehr um ihren Rang kämpfen wollen, kein Vertrauen mehr in sich haben und sich mit weiteren Kämpfen nicht mehr in Gefahr bringen wollen.

Auch uns ist diese Reaktion auf Niederlagen angeboren: Scham und depressive Verstimmung. Unterliegen wir, sind wir am Boden zerstört. Uns fehlen dann Energie, Eifer und Zuversicht. Außerdem schämen wir uns und empfinden uns im tiefsten Innersten als nicht gut genug. Bei einer größeren Niederlage kann dieses Gefühl tagelang andauern. Wenn wir uns zurückgewiesen fühlen, können Scham und depressive Verstimmung auch zu Schüchternheit führen – Furcht vor gesellschaftlicher Kritik und generell die Furcht, anderen zu unterliegen, sind die Folge.

Wenn Sie sehr häufig oder sehr schwere Niederlagen haben einstecken müssen oder wenn Sie zum Zeitpunkt einer Niederlage vielleicht noch sehr jung und damit leicht zu beeindrucken waren, fühlen Sie sich fast ständig kraftlos, wertlos, auf unangenehme Weise befangen und antriebslos – und Sie schämen sich. Sie haben das Gefühl, an allem selbst schuld zu sein, und schätzen sich daher ständig zu gering ein. Solche Gefühle sind der Kern depressiver Erkrankungen, die oft das Resultat von „selbstbewussten“ Emotionen[4] sind, wie sie oft in Situationen auftreten, in denen wir uns mit anderen Vergleichen – beim Ranking also.

Selbstbewusste Emotionen

Als soziale Wesen verfügen wir über selbstbewusste Emotionen, die darüber entscheiden, wie wir uns in bestimmten Situationen in Gegenwart anderer verhalten. Diese Emotionen sorgen dafür, dass wir rasch reagieren, wenn es darum geht, uns unseren Platz in einer Gruppe zu sichern oder erneut zu bestätigen. Stolz, Schuld, Angst, die soeben beschriebene depressive Verstimmung und Scham werden selbstbewusste Emotionen genannt, weil sie durch unsere Sicht auf unseren allgemeinen Selbstwert entstehen. Natürlich können Angst und depressive Verstimmung auch außerhalb sozialer Situationen auftreten, aber meistens empfinden wir sie als Reaktion auf soziale Interaktionen.

Diese Emotionen variieren je nach individuellem Temperament und Erziehung, aber bis zu einem gewissen Grad spüren wir sie alle. Oft sind sie nicht sehr anpassungsfähig, weil wir eben nicht mehr unser gesamtes Leben in nur einer Gruppe verbringen. Möglicherweise wohnen Sie mit jemandem zusammen (zwei Personen bilden bereits eine Gruppe), arbeiten in einer anderen Gruppe, spielen Basketball in einer dritten und so weiter. Häufig nehmen wir starke Emotionen von einer Gruppe in die anderen mit.

Diese Gefühle sind oft viel früher, etwa in einer ehemaligen Gruppe, entstanden, nämlich innerhalb der Familie oder in einer Spielgruppe. Oder sie gehen zurück auf eine Gruppe, in der Sie vor Kurzem eine Niederlage erlitten haben. Möglicherweise haben Sie jemanden per SMS um eine Verabredung gebeten und eine Absage erhalten. Kurz darauf gehen Sie zu einem Vorstellungsgespräch und haben ein ungutes Gefühl dabei. Sie gehen davon aus, dass es schlecht laufen wird. Beim Softball-Spiel am Abend verhindert ein Impuls, dass Sie den Schläger rechtzeitig schwingen, und Sie verlieren den Punkt. Sie wollten nicht noch eine Niederlage riskieren, aber genau diese ist eingetreten, weil Sie unbewusst Ihre Angst davor von einem Schauplatz zum anderen mitgenommen haben.

Stolz

Stolz als eine positive selbstbewusste Emotion empfinden wir, wenn wir eine hohe Position einnehmen oder in der Rangordnung aufsteigen. Sind wir stolz, dann erstrahlt unser Selbstwert, und wir sehen zukünftigen Konfrontationen hinsichtlich unserer Stellung zuversichtlich entgegen. Nehmen andere unseren Stolz wahr, kann das unsere Position sogar verbessern oder uns dabei helfen, unseren hohen Rang zu behalten.

Stolz hat jedoch auch eine Kehrseite. Schlägt sich Stolz zu stark auf unseren allgemeinen Selbstwert nieder, kann das zu übermäßigem Selbstvertrauen führen und, wenn wir den Bogen überspannen und dabei scheitern, tiefe Depressionen und Schamgefühle hervorrufen. Vor allem Scham ist besonders intensiv, wenn Stolz einer Niederlage vorausgegangen ist. Wenn wir Stolz empfinden, sind wir oft weniger empathisch und mitfühlend, was ein weiteres Problem darstellen kann. In Forschungsstudien stuften sich mit Stolz erfüllte Personen als gleichwertig mit anderen in hohen Positionen ein und sahen keine Gemeinsamkeiten mit jenen, die niedriger gestellt oder schwächer waren als sie selbst.

Schuld

Wir sind schuldbewusst, wenn wir wissen, dass wir etwas falsch gemacht haben, aber die Möglichkeit besitzen, es wieder rückgängig zu machen, den anderen zu entschädigen, Verzeihung zu erfahren, eine gute Entschuldigung liefern zu können oder auf irgendeine andere Weise den Schaden unseres Tuns zu begrenzen. Im ersten Moment kann Schuld dazu führen, dass wir uns wertlos fühlen und uns unterbewerten – eine nötige Reaktion, die uns dazu motiviert, alles zu tun, um unseren Fehler wiedergutzumachen. Sobald wir aktiv werden, reagiert die Gruppe darauf und wir können aufhören, uns wertlos zu fühlen. Schuldgefühle halten für gewöhnlich nicht lange an, denn dabei geht es um unser Handeln und nicht um unser eigentliches Wesen.

Für unsere Vorfahren war Schuld eine sehr wichtige Emotion. Empfanden starke Gruppenmitglieder, die gute Jäger waren, keine Schuldgefühle, wenn sie sich die besten Fleischstücke schnappten, mussten Mütter, Kinder und Alte hungern. Also überlebten Gruppen mit zu Schuldgefühlen fähigen Mitgliedern. Heutzutage wird üblicherweise dafür gesorgt, dass Familienmitglieder sich schuldig fühlen, wenn sie sich nicht regelmäßig zu Hause melden oder bei Hochzeiten nicht erscheinen. Befindet sich allerdings ein Mitglied einer starken Familie in Schwierigkeiten, kümmern sich die anderen um ihn. Dafür sorgt das Schuldgefühl, falls es nicht die Liebe tut.

Angst und Schüchternheit

Angst entsteht meist, wenn wir befürchten, eine Niederlage zu erleiden. Selbst wenn wir uns vor Schlangen oder Tornados fürchten, ist es gewissermaßen die Angst vor einer Niederlage. Die Angst, die uns am stärksten lähmt und am wenigsten zu erklären ist, entsteht jedoch im sozialen Kontext, wobei es um unseren Status in einer Gruppe geht. Rutschen wir auf der Leiter nach unten? Besteht die Gefahr, dass wir uns mit jemandem messen und klein beigeben müssen? Müssen wir mit Ablehnung rechnen?

Schüchternheit ist eine Form sozialer Angst. Die Angst davor, beobachtet, bewertet und möglicherweise im Rang herabgestuft zu werden. Angst und Schüchternheit werden durch ein unterbewertetes Selbst verstärkt und führen dazu, dass wir uns noch geringer einschätzen. „Ich bin zu schüchtern – mir fehlt es an Selbstvertrauen.“

Angst und Schüchternheit können zu ständigen Begleitern des unterbewerteten Selbst werden: 40 Prozent aller Betroffenen sagen, dass sie in beinahe allen sozialen Situationen schüchtern sind.[5] Auch hier nehmen wir soziale Emotionen von einer Gruppe, in der wir wahrscheinlich eine Niederlage erlitten haben und beurteilt wurden, in andere Gruppen mit, wo noch keine Bewertung stattgefunden hat. Wir sind ängstlich, obwohl dazu kein Anlass besteht. Angst und Schüchternheit können jedoch selbsterfüllend sein, da Menschen andere, ängstlich und schüchtern wirkende Menschen tendenziell niedrig bewerten. Soziale Emotionen wie diese führen zu maladaptivem Verhalten.

Depressive Verstimmungen

Wie bereits gesagt, sind depressive Verstimmungen oft eine Reaktion auf eine Niederlage (obwohl sie auch in anderen Situationen auftreten können, denn meist spielt ein Mangel an Neurotransmittern eine Rolle, ausgelöst durch besonders stressreiche Erlebnisse). Depressive Verstimmungen infolge eines Rückschlags dienen dazu, uns vor körperlicher Versehrtheit oder Rangverlust zu schützen, wozu es bei einer weiteren Auseinandersetzung kommen könnte. Heutzutage ist das Risiko äußerlicher Verletzungen während eines Rangordnungskonflikts sehr gering. Im Gegensatz dazu beeinträchtigt eine Depression die eigene Gesundheit und die Beziehungen zu anderen enorm, weswegen diese Reaktion heute alles andere als angemessen ist.

Wenn Sie einmal darüber nachdenken, wann Sie sich deprimiert gefühlt haben, werden Sie überrascht feststellen, dass Sie meist dabei waren, eine Niederlage zu verarbeiten. Es ist seit Jahren bekannt, dass sowohl depressive Verstimmungen wie auch allgemeine Ängste nach extrem belastenden Erlebnissen sehr wahrscheinlich sind. Neueren Erkenntnissen zufolge manifestieren sich depressive Verstimmungen vor allem in Verbindung mit Demütigungen.[6] Ebenso wurde ein erhöhter Cortisolspiegel in Zusammenhang mit Stress und Angst nur dann festgestellt, wenn diese von anderen negativ bewertet wurden.[7]

Insbesondere Menschen, die vor allem in der Kindheit mehrfach Niederlagen einstecken und Trennungen durchmachen mussten, leiden an einer chronischen Depression. Anderen Kindern unterlegen zu sein kann ein Grund sein, der weitaus größere Schaden entsteht allerdings durch die Ablehnung von Erwachsenen, zu denen sie eigentlich eine vertrauensvolle Bindung hätten haben sollten. In diesem Fall werden der hohe Rang und die Macht der Erwachsenen nicht als bindungsförderlich und hilfreich empfunden. Setzt der Erwachsene dann auch noch seinen Willen durch, erlebt das Kind wiederholt Niederlagen und depressive Verstimmungen. Erstere können zu einem lebenslangen Gefühl der Hoffnungslosigkeit und Wertlosigkeit führen – und damit zu einem wahrhaft unterbewerteten Selbst.

Scham

Neben depressiven Verstimmungen stellt sich nach einer Niederlage instinktiv auch Scham ein, wobei sie auch in anderen sozialen Situationen auftreten kann. Scham ist das Gefühl, dass unser zentrales Selbst wertlos, voller Fehler und nicht gut genug ist; von daher handelt es sich dabei um die Emotion, die unser unterbewertetes Selbst am meisten bestärkt. Ebenso wie depressive Verstimmungen zwingt uns Scham dazu, den niedrigsten Rang einzunehmen, dort zu verharren und uns damit zufriedenzugeben, wenigstens noch miteinbezogen zu werden.

Scham ist die mächtigste und schmerzhafteste aller selbstbewussten Emotionen; unser Gehirn nimmt sie wie körperlichen Schmerz wahr.[8] Aufgrund dessen ist Scham der beste Schutz davor, aus einer Gruppe verbannt zu werden. Ein kurzer Moment der Scham, vergleichbar mit dem Stromschlag eines Viehtreibers, bringt uns schnell zur Räson. Wir verhalten uns sofort wieder so, wie die anderen es von uns erwarten. Betretenheit – ein ähnliches Gefühl wie Scham, jedoch schwächer und kurzlebiger – vermittelt uns ebenfalls den Eindruck, die sozialen Erwartungen nicht zu erfüllen, und zwingt uns gleichsam dazu, uns rasch wieder der Gruppe anzupassen.

Scham hinderte unsere Vorfahren daran, unnütz Kämpfe vom Zaun zu brechen, und bewahrte sie vor dem Ausschluss aus ihrer Gruppe. Heutzutage, wo wir Mitglied vieler Gruppen sind, kann Scham unsere Sicherheit sogar verringern. Denn das Gefühl absoluter Wertlosigkeit unabhängig von der Situation und Gruppe erzeugt Angst und mangelndes Selbstvertrauen und führt zu schlechter Leistung. Forscher haben herausgefunden, dass Menschen, die sich darauf konzentrieren, gute Leistungen zu erbringen, besser zurechtkommen als solche, die ausschließlich darum bemüht sind, keine Fehler zu machen.[9] Und gute Leistungen und gute Stimmung tragen dazu bei, diversen Gruppen weiterhin anzugehören.

Carol fällt durch eine Prüfung und schämt sich sehr

Carol hatte sich wochenlang auf ihre Prüfung zur lizenzierten Sozialarbeiterin vorbereitet. Unter anderem musste sie einen Essay verfassen, und da sie wegen einer Handgelenksverletzung nur mit Mühe schreiben konnte, durfte sie dafür einen PC verwenden, auf dem sich keine fachbezogenen Dateien befanden.

Sie glaubte, eine gute Arbeit abgegeben zu haben, aber eine Woche später erhielt sie das Ergebnis: 21 Punkte von 100 möglichen. Carol war so verzweifelt, dass sie nicht mehr essen und schlafen konnte. Sie war wie betäubt und schämte sich so sehr, dass sie eine ganze Weile mit niemandem darüber sprach.

Nachdem sie sich schließlich erst einer Freundin und dann ihrer Familie anvertraut hatte, fühlte sie sich ein wenig besser. In Gesellschaft von Menschen, die an sie glaubten, schöpfte sie wieder Mut. Allein zu sein war für sie hingegen kaum zu ertragen. Der Gedanke an ihre schlechte Leistung quälte und entsetzte sie. Carol war die Einzige in ihrer Studiengruppe, die durch das Examen gefallen war, also war sie davon überzeugt, vollkommen unfähig zu sein. Sie fühlte sich dumm und wertlos.

Als ihre Therapeutin wusste ich, dass Carol eine sehr kluge und äußerst gewissenhafte Frau war. Vor allem wusste ich, dass sie sich gut auf die Prüfung vorbereitet hatte. Wie also war es zu diesem schlechten Ergebnis gekommen? Schließlich überzeugte ich sie davon, sich ihre Prüfungsunterlagen zeigen zu lassen, auch wenn sie das als demütigende Tortur empfand.

Die Prüfungskommission schickte ihr per E-Mail, was sie in der Prüfung geschrieben hatte. Das Essay begann gut, aber nach wenigen Absätzen wurde es unübersichtlich. Carol begriff sofort, dass sie bereits zu Beginn ihren Rohentwurf auf die ihr zur Verfügung gestellte Diskette und später versehentlich die viel längere letzte Fassung nur auf die Festplatte gespeichert hatte. Die Kommission sah ebenfalls, was da passiert war. Für den richtigen Text erhielt sie schließlich ganze 96 Punkte.

Carols Beispiel zeigt uns sehr gut, wie depressive Verstimmungen und Scham als Folge einer Niederlage uns unnötigen Qualen aussetzen können. Carol gehörte außer ihrer Studiengruppe noch mindestens fünf anderen Gruppen an: ihrer Clique, einem festen Kreis aus Familienangehörigen, einer Arbeitsgruppe, einem Verband aus Züchtern und Ausstellern von Labrador-Retrievern (ihre Leidenschaft) und unserer Zweiergruppe, bestehend aus ihr und mir. Als Therapeutin kannte ich sie gut genug, um ihr zu versichern, dass sie weder wertlos noch dumm war. In allen fünf Gruppen hatte sie einen sehr guten Stand. Trotzdem war sie am Boden zerstört und depressiv und schämte sich für ihr „Versagen" in einer Gruppe. Diese Gefühle führten dazu, dass sie aufgab, anstatt herauszufinden, warum sie die Prüfung nicht bestanden hatte. Und sie zog sich von den Menschen zurück, die sie liebten, denn sie glaubte, dass sie wegen ihrer beschämenden Leistung zu niemandem mehr Kontakt haben dürfte.

Niemandem in Carols Umfeld wäre in den Sinn gekommen, sie wegen ihres schlechten Prüfungsergebnisses zu meiden. Aber wir alle reagieren manchmal wie Carol, wenn wir in einem wichtigen Bereich unseres Lebens einen vergleichbaren Misserfolg erleiden. Müssen wir so reagieren? Zumindest können wir eine derart starke Reaktion vermeiden, wenn wir begreifen, welchen Einfluss Linking und Ranking als Teil von uns haben.

LINKING UND LIEBE

Linking kann sich ähnlich wie gute Manieren ganz automatisch einstellen. „Guten Morgen, wie geht es Ihnen? Ich wünsche Ihnen einen schönen Tag." Darin drückt sich aus, dass Sie Ihrem Gegenüber freundlich gesinnt sind, dass Sie bereit sind, mit ihm zu kooperieren. Diese Art von Linking schmiert die Räder des sozialen Miteinanders und hilft uns dabei, ohne große Rangordnungskonflikte zusammenzuarbeiten. Linking kann aber auch stark gerichtet sein, beispielsweise wenn wir uns aufrichtig freuen, jemanden zu treffen oder mit jemandem zusammen zu sein, den wir sehr mögen. Wir wollen wissen, wie es ihm geht, wollen ihm helfen und uns von ihm helfen lassen. Liebe ist die intensivste Form dieser Art von Reaktion auf einen anderen Menschen.

Zahlreiche Studien zeigen, dass Linking Spannungen und Stress in Gruppen abbaut und Wohlbefinden sowie Langlebigkeit fördert.[10] Oft arbeiten Menschen, allein um die Bindung zu den von ihnen geschätzten Kollegen aufrechtzuerhalten. Manchmal ist die Kameradschaft, die durch die Bindung zu diesen entsteht, die einzige Freude, die Angestellte bei ihrer Arbeit empfinden. In vielen Studien hat sich tatsächlich herausgestellt, dass gute soziale Beziehungen der wichtigste Faktor für Zufriedenheit am Arbeitsplatz sind.[11]

Liebe hingegen ist viel intensiver und rätselhafter. Wir benutzen das Wort „Liebe" unabhängig davon, ob es sich um verzweifelte, zwanghafte oder leidenschaftliche sexuelle Liebe handelt. Oder für kameradschaftliche Liebe in der Ehe, zwischen Eltern und ihren Kindern oder unter Freunden, für die unerwiderte Liebe sowie die selbstlose Liebe allen Menschen gegenüber. Aber wenn ich in diesem Buch über Liebe spreche, meine ich damit etwas ganz Bestimmtes. In erster Linie meine ich die Liebe zwischen zwei Menschen, die häufig mit einer plötzlichen starken Anziehung beginnt. Bisher weiß noch niemand genau, wie wir uns diesen speziellen Menschen aussuchen, hingegen scheint es uns angeboren zu sein, uns jeweils auf eine Person zu konzentrieren.[12] Wie auch immer diese Liebe entsteht – es entwickelt sich der Wunsch, diesen Menschen ganz genau kennenzulernen, Teil des anderen zu werden und den anderen zu einem Teil von sich selbst zu machen, um sich in seiner oder ihrer Realität zu verlieren. Sie wollen spontan die Bedürfnisse des anderen so gut Sie können erfüllen, so als wären es Ihre eigenen. Und Sie fühlen sich wohl, wenn der andere Ihre Bedürfnisse erfüllt.[13]

Beachten Sie dabei die Formulierungen „so gut Sie können“ und „so als“. Es gibt immer noch Unterschiede zwischen Ihnen beiden; verschiedene Präferenzen und damit mögliche Konflikte. Es gibt eine klare Grenze, wo Sie aufhören und der andere beginnt. Zumindest in dieser Hinsicht findet auch Ranking statt. Wie sich überschneidende Kreise sind Sie zwar jeweils ein Teil des anderen, doch Sie sind auch vom anderen getrennt und verschieden.[14] Diese Art von Liebe ist fast immer gegenseitig und schließt Geben und Nehmen ein. (Selbst zwischen Eltern und Kindern kommt es im Laufe des Lebens zu dieser Wechselwirkung.)

Linking und Liebe führen letztendlich zu einer Vielzahl von Gefühlen – Freude, Schuld, Vergnügen, Trauer, Frustration, Neugier –, aber hauptsächlich erzeugen sie großes Wohlgefühl. Sie schenken uns die Freude des Verbundenseins, indem wir mit anderen scherzen, Komplimente austauschen und unsere Sorgen teilen. Sie machen das Leben lebenswert.

Jake entdeckt Linking und Liebe in seinem Leben

Jake war ein besonnener Mann, der sich hervorragend mit Computern auskannte, aber kein besonderes Geschick beim Linking aufwies. Er kam zu mir in Therapie, weil er in unsere Gegend gezogen war und sich schwer damit tat, neue Freunde zu finden. Er wollte gern heiraten, aber er hatte Probleme, sich mit Frauen zu verabreden. Obwohl er sich Mühe gab, wurde er oft zurückgewiesen oder machte selbst einen Rückzieher. Als Folge dessen ging er immer weniger aus, und ich machte mir Sorgen, dass sich seine Ängstlichkeit in depressive Verstimmungen und Scham verwandeln könnte. Wir sprachen darüber und er gestand mir, dass er sich nicht vorstellen könne, jemals eine Frau zu finden, die er mochte und die sich auch von ihm angezogen fühlte.

Mir fiel auf, dass Jake oft eine Frau namens Cheryl erwähnte, die in seinem Haus wohnte. Sie hatten sich kennengelernt, als eines Abends der Feueralarm losging und sie beide im Bademantel dastanden und ihre Katzen festhielten. Sie fanden es lustig und grüßten sich von da an, wenn sie sich im Treppenhaus begegneten.

Ein paar Monate später erzählte Jake mir, dass er sich während Cheryls Urlaub um ihre Katze und ihre Pflanzen gekümmert habe. Er scherzte sogar darüber, dass er ihre Katze seiner vorgestellt habe und die beiden erstaunlich gut miteinander ausgekommen seien. Und einmal hatte Cheryl um fünf Uhr morgens bei ihm geklingelt, um sich ein wenig Milch zu borgen, nachdem sie gehört hatte, dass er bereits wach war. Er beschrieb mir, wie Cheryl ihn auf der Treppe gefragt habe, wie es ihm gehe, und dass sie sich dann eine Stunde lang unterhalten hätten. Doch als ich feststellte, dass ihm diese Begegnungen sehr zu gefallen schienen, wehrte Jake ab und meinte, „so“ sei das nicht. Er war sogar der Meinung, dass sie sich „lediglich gegenseitig benutzten“. Er sah nur das Ranking und nicht das Linking, das sich hier tatsächlich entwickelte.

Wieder ein paar Monate später bezeichnete er Cheryl als „eine Freundin“. Jake begriff allmählich, dass hier eine Bindung entstand. In der Hoffnung, ihn weiter in dieser Richtung bestärken zu können, fragte ich ihn eine Weile später, ob er Cheryl attraktiv fände.

„Auf diese Weise sieht sie mich nicht“, erwiderte er. „Sie hat sehr viele Verabredungen.“

„Haben Sie Angst davor, dass Sie sie so sehen und damit das verderben könnten, was Sie jetzt miteinander verbindet?“, fragte ich ihn.

Er nickte bedrückt. Ich hoffte, dass ich ihm geholfen hatte zu sehen, wie sehr Ranking ihm bei der sich entwickelnden Bindung im Weg stand.

Eines Tages war Jake ausnahmsweise ganz aus dem Häuschen. Er hatte sich gerade mit dem Hausverwalter unterhalten, als Cheryl vorbeiging. Der Verwalter flüsterte ihm zu, dass Cheryl einem Nachbarn gesagt habe, eines der besten Dinge dort sei Jake. Sie habe sogar hinzugefügt, dass sie ein wenig für ihn schwärme. Als er mir das erzählte, sah ich, dass er endlich bereit war, das Risiko, sich zu verlieben, einzugehen.

Ein Jahr später heirateten Jake und Cheryl, und natürlich luden sie den Hausverwalter zu ihrer Hochzeit ein.

RANKING UND MACHT

Wenn wir über Ranking und die von höheren Hierarchieebenen ausgehende Macht sprechen, erscheint das vielen von uns weitaus weniger angenehm als das Thema Linking und Liebe. Aber sowohl Linking wie auch Ranking begleiten uns ständig, und auch Ranking kann Freude bereiten, wenn es richtig eingesetzt wird. Ranking und Macht erfüllen unser Bedürfnis, uns abzugrenzen, hervorzustechen, unseren Teil zu bekommen, wahrgenommen zu werden, den Respekt anderer zu genießen und einen gewissen Einfluss zu haben. Diese Wünsche sind jedem angeboren und wir empfinden physiologisch messbar Freude, wenn sie erfüllt werden.[15]

Je höher Ihr Rang ist, umso größer ist Ihr Einfluss oder Ihre Macht. Macht umfasst eine enorme Bandbreite.[16] Wir besitzen möglicherweise Macht, weil wir uns in einer bestimmten Position befinden, die wir uns entweder erarbeitet oder zugeteilt bekommen haben. Oder weil wir körperlich einschüchternder wirken als andere oder einfach weil andere Menschen unser Wissen schätzen oder gern mit uns zusammen sind.

Natürlich können Macht und Rang sich auch ändern. Werden wir herausgefordert oder fordern wir selbst jemanden heraus, können wir gewinnen oder verlieren. Oder andere weisen uns einen höheren oder niedrigeren Rang zu. In manchen Gruppen verändern sich die Rangpositionen oft, denn die Rangordnung ist flexibel und der jeweiligen Situation angepasst. Manchmal rutschen wir nach unten, weil unsere Ranking-Fähigkeiten nicht gut genug sind. Wenn wir zum Beispiel versuchen, einer Person von niedrigerem Rang etwas zu befehlen, und dabei scheitern, müssen wir uns danach mit einer niedrigeren Position zufriedengeben.[17] Und selbst wenn wir dabei erfolgreich sind, können wir im Rang fallen, wenn wir zu harte Methoden anwenden mussten. Wenn zum Beispiel eine Highschool-Lehrerin eine ganze Klasse mit zusätzlichen Hausaufgaben bestraft, weil ein paar Schüler ständig den Unterricht stören, hat sie das Gefühl, die Kontrolle über die Situation und somit die ihr zustehende Position wiedererlangt zu haben. In Wahrheit hat sie jedoch an Rang verloren, weil sie es nicht schaffte, auf andere Weise mit den Unruhestiftern klarzukommen.

Obwohl Ranking im Allgemeinen nicht so viele gute Gefühle erzeugt wie Linking, erspart es uns die unangenehme Aufgabe, immer wieder herausfinden zu müssen, wer über uns steht. Stellen Sie sich vor, Sie müssten jeden Tag an Ihrer Arbeitsstelle von Neuem erkunden, wer dort das Sagen hat. Beim Sport macht uns Ranking sogar sehr viel Spaß. Wir entwerfen begeistert Strategien und nehmen einiges auf uns, um den Nervenkitzel eines sich ändernden Punktestands zu erleben, wobei Fans stellvertretend mitfiebern. Manchen Menschen verschaffen Glücksspiel, risikoreiche Investitionen und Verabredungen ähnliche Erregung. Die Fragen lauten dann: „Wie wirst du wohl abschneiden?" – „Worauf setzt er?" – „Wie steht der Kurs heute?" – „Mit wem trifft sie sich zurzeit?"

Ranking im Dienst von Linking

Obwohl es unserem Naturell entspricht, Macht zu genießen, fühlen sich viele Menschen unbehaglich, wenn sie darüber verfügen oder sich darum bemühen. Vor allem Menschen, die im Wesentlichen altruistisch und kooperativ veranlagt sind, vermeiden Macht. Wird ihnen diese übertragen, verhalten sie sich nicht egoistischer, sondern noch uneigennütziger.[18] Sie möchten ihre Position nutzen, um sich mit anderen zu verbinden, gleichgültig, ob sie diese kennen oder nicht. Dazu neigen eigentlich alle von uns, wenn wir unsere Kinder erziehen, einer Lehrtätigkeit nachgehen, im Management tätig sind oder eine Beratungs- bzw. Mentoringfunktion ausüben.

Liebe empfindet der Mensch erstaunlich oft – wahrscheinlich häufiger als jede andere Spezies. Seine Liebe ist groß genug, um anderen seine Zeit, seine Energie und sogar sein Leben zu schenken. Häufig ist zu beobachten, wie Menschen dank ihrer Position Mittel und Einfluss nutzen, um auch jenen zu helfen, die nicht ihrer Familie angehören oder umgekehrt nicht helfen können. Wissenschaftler haben für diese Art selbstloser Liebe eine Erklärung gefunden.[19] So haben sie nachgewiesen, dass Gruppen mit hauptsächlich altruistisch veranlagten Mitgliedern sehr oft besser zurechtkommen. Wie schon bei der Beschreibung von Schuld erwähnt, bedeutete in der Vergangenheit altruistisches Verhalten – also jenes, das allen beim Überleben half –, sein Fleisch mit anderen zu teilen. Heutzutage geht es beim Überleben einer Gruppe um Teamwork am Arbeitsplatz und in der Familie um Loyalität. Altruismus kann genetisch oder kulturell in Form von moralischen Werten weitergegeben werden und dient auf jeden Fall dem Fortbestand. Gruppen, denen ausschließlich Schmarotzer und nur auf ihren Rang fixierte Personen angehören, werden es nur selten in die nächste Generation schaffen.

Die meisten Gruppen sind eine Mischung aus Altruisten und Egozentrikern. Die besten Chancen zu überleben haben Gruppen, in denen Altruisten Nutznießer und hochrangige Egoisten unter Kontrolle haben. Seit Millionen von Jahren ist die Menschheit darum bemüht, die wenigen einzelnen, auf sich Bezogenen in Schach zu halten, um das Wohl aller zu fördern.[20]

Uneigennützigkeit muss jedoch nicht auf die Mitglieder der eigenen Gruppe beschränkt sein. Unsere Fähigkeit zu altruistischem Verhalten und zu Mitgefühl für Schwächere beruht auf unserem Empathievermögen und dass wir verstehen können, was andere empfinden. Altruismus kann sich auf jeden Menschen erstrecken, weil wir alle uns vorstellen können, wie sich andere fühlen, selbst wenn sie sich auf der anderen Seite der Erde befinden. Natürlich kann auch Ranking weitreichend sein. So können wir uns Menschen überlegen fühlen, denen wir noch nie begegnet sind. Tatsächlich hat die Überzeugung, die eigene Gruppe sei anderen überlegen, zu den meisten Übeln dieser Welt geführt. Dank der Medien wissen wir jedoch inzwischen sehr genau, wie es Menschen auf anderen Erdteilen ergeht. Ich möchte gern daran glauben, dass Empathie uns dazu veranlasst, alle Menschen als Teil der eigenen Gruppe anzusehen.

Machtmissbrauch

Wird auf Ranking zurückgehende Macht nicht durch Linking oder die kulturell bedingte Neigung zu Altruismus gemäßigt, kann sie missbraucht werden. Der Machtausübende verfolgt dann Ziele, wobei die

Bedürfnisse anderer keine Berücksichtigung finden, und kontrolliert diese oft ohne dass sie es wissen. Da Ranking ein angeborenes Verhalten ist, können wir alle die mit einem hohen Rang einhergehende Macht potenziell missbrauchen. Wird beispielsweise einem Teilnehmer eines Experiments der Platz hinter einem Schreibtisch zugewiesen und der Eindruck vermittelt, der Stuhl, auf den sich eine zweite Person später setzen werde, bedeute einen geringeren Status, wird Ersterer Entscheidungen treffen, die ungünstig für die noch nicht eingetroffene Person sind – unter anderem in Bezug darauf, wer die einfacheren Aufgaben zugeteilt bekommt.[21]

Macht ohne Rücksicht auf andere wird oft mit harten Methoden ausgeübt: Hohn und Spott, Betrug und sogar die Androhung körperlicher Gewalt und deren Gebrauch. Noch schlimmer ist es, wenn jemand seine Macht missbraucht und dabei „sanfte" Methoden anwendet und andere bezirzt, um seinen Willen durchzusetzen, oder „vernünftige" Argumente ins Feld führt und andere damit beschämt und dazu bringt, ihre eigenen Gefühle zu ignorieren. „Du musst einfach nur deine eigenen läppischen Interessen aufgeben." Wer seine Macht missbraucht, versucht, Ihnen Verbundenheit vorzugaukeln, indem er zum Beispiel sagt: „Ich tue das nur zu deinem Besten." Dabei ist er in Wahrheit nur auf sein eigenes Wohl bedacht.[22] Eine beliebte Methode eines Gewaltherrschers besteht darin, die Bürger davon zu überzeugen, dass er sie vor den Angriffen anderer beschützen kann. Dabei lenkt er die Aufmerksamkeit aller auf die Bedrohung von außen, während er und seine Handlanger die daraus resultierende Macht genießen.

Missbrauch ist ein Zeichen von reinem Egoismus. Verursacht Machtmissbrauch großen Schaden und wird kaltblütig begangen – ist er also nicht das Resultat eines momentanen Verlangens nach Rache oder des Wunsches zu gewinnen –, betrachten wir dies als böse.

Warum drehen manche Menschen mit Macht regelrecht durch? Möglicherweise haben sie eine genetische Veranlagung für Psychopathie. Wird diese bereits in der Kindheit erkannt, kann man wahrscheinlich durch eine sachkundige Erziehung verhindern, dass sie zum vollen Ausbruch kommt – extreme Fälle ausgenommen.[23] Weitaus öfter haben Menschen, die ihre Macht missbrauchen, von ihren Eltern gelernt, dass Liebe zu geben ein Zeichen von Schwäche und risikobehaftet ist. Daher füllt Macht die Lücke, die fehlende Bindung hinterlässt. Oder Geschwistern wird nicht beigebracht, mit ihrer Eifersucht umzugehen, sodass einer den anderen brutal unterbuttert und Machtmissbrauch zur Gewohnheit wird. In der Schule kommt es zu Machtmissbrauch, wenn es den Lehrern nicht gelingt, die Schulhofschläger in Zaum zu halten. Ihre Opfer sind möglicherweise so sehr auf Rache aus, dass sie durchdrehen, sobald sie Oberwasser haben – manchmal mit einer Waffe.

Manche Situationen verführen fast jeden Menschen dazu, seine Macht zu missbrauchen. So zum Beispiel, wenn ein Vorgesetzter seine Untergebenen zu etwas zwingt oder Angst vor Ablehnung schürt, weil sich ihm jemand nicht fügt. Oft geben diese Untergebenen dieses Verhalten wiederum an die unter ihnen Stehenden weiter. Das geschieht bei Völkermorden und in Gefängnissen, wenn Wärter dazu angehalten werden, Gefangene schlecht zu behandeln. Die gesellschaftlichen Normen und Hemmschwellen, die für einen angemessenen Umgang mit Macht gelten, fallen, und Menschen sind plötzlich dazu fähig, sehr böse Dinge zu tun. Meist lassen sie sich dazu hinreißen, weil sie Angst haben, die Bindung zu den anderen in ihrer Gruppe zu verlieren.[24]

Linking im Dienst von Ranking

Linking wird manchmal auf konstruktive Weise im Dienst von Ranking eingesetzt. Zum Beispiel erklären Sie sich mit Ihren Kollegen solidarisch und treten einer Gewerkschaft bei, um Ihre Position in Beziehung zum Management zu verbessern. Oder zwei Leute tun sich zusammen, um gemeinsam für eine Prüfung zu lernen. Währenddessen teilen sie ihr Wissen großzügig miteinander, aber während der Prüfung selbst bemüht sich jeder für sich um eine bestmögliche Leistung.

Es ist von unschätzbarem Wert zu begreifen, wann Linking bewusst eingesetzt wird, um Macht auszuüben, egal ob im guten oder im schlechten Sinne. Wenn es zum Guten ist, sollten Sie darauf vorbereitet sein, dass die Verbindung sich abschwächen kann oder sogar abbricht, sobald das Ziel erreicht ist. Das mag traurig sein, ist aber ganz natürlich. Dient Linking rein egoistischen Zwecken, sollten Sie das durchschauen und sich weigern, mit dem Betreffenden eine Bindung einzugehen.

Persönliche Grenzen

Jeder hat seinen eigenen Rang; er ist bestimmt davon, wer wir sind, unabhängig von allen anderen. Wir haben unsere persönlichen Ansichten, Vorlieben und eingefahrenen Verhaltensweisen. Wir haben jeweils einen Terminplan und individuelle Arbeitsrituale. Wir haben unseren persönlichen Bereich. Kurzum, wir haben Grenzen, die wir belassen wollen, wie sie sind. Je höher unsere Position ist, umso leichter können wir unsere Grenzen schützen und umso weniger müssen wir anderen nachgeben in Sachen Einstellung, Vorlieben, Zeitplan oder bezüglich ihrer Forderungen. Wer sich jedoch selbst unterbewertet, hat naturgemäß Schwierigkeiten, seine Grenzen zu wahren.

Je geringer Ihr Rang ist oder je geringer Sie ihn einschätzen, umso leichter ist es für Höhergestellte, Ihre Grenzen zu ignorieren oder Ihr Verhalten zu ihren eigenen Gunsten zu beeinflussen. Wenn diese dann Zeit und Energie von Ihnen einfordern, werden Sie wahrscheinlich das Gefühl haben, ihnen bei beidem nachkommen zu müssen. Sie glauben, ihnen Respekt entgegenbringen zu müssen, erwarten das im Gegenzug aber nicht von ihnen. Sie schauen Ihnen direkt in die Augen, und Sie haben das Gefühl, den Blick senken zu müssen.

Wenn wir das Gefühl haben, dass unsere Grenzen verletzt oder unsere Wünsche missachtet wurden, empfinden wir Zorn. Wer sich selbst zu gering einschätzt, verleiht seinem Ärger normalerweise nicht genügend Ausdruck. Dabei würden seine Grenzen und Wünsche viel eher respektiert werden, wenn er das täte. Ärger kann ein unangenehmes Gefühl sein, und oft ist es kontraproduktiv, ihn in vollem Ausmaß zu zeigen. Wenn wir ihn allerdings richtig einsetzen, können wir damit eine gute Wirkung erzielen. Lassen wir uns anmerken, dass wir erbost sind, erinnern wir andere daran, die Regeln einzuhalten, an die sich jeder halten muss. Es zeigt einem Menschen, der Ihnen am Herzen liegt, dass er Ihnen Kummer bereitet. Und es hilft uns in einer Konfliktsituation dabei, uns zu behaupten und eine Lösung durchzusetzen, die für alle Beteiligten zufriedenstellend ist. Seinem Ärger Luft zu machen ist jedoch zwecklos, wenn man eine sehr niedrige Position innehat. Denn üblicherweise ignorieren die anderen die Forderungen, die man stellt. Tatsächlich kann man in der Rangordnung noch tiefer sinken, wenn man seinem Ärger auf unangemessene Weise oder ohne jede Wirkung freien Lauf lässt oder Forderungen stellt.

Melissa wird sich über Ranking und Macht bei der Arbeit bewusst

Melissa hatte gerade ihren Collegeabschluss gemacht und war wegen einer neuen Situation bei der Arbeit sehr verärgert. Direkt neben ihrem Platz war ein Fotokopierer aufgestellt worden, und die lauten Geräusche des Geräts waren unvermeidbar, genauso wie die Gespräche, die um den Kopierer herum geführt wurden, vorprogrammiert waren. Das brachte sie auf die Palme. Sie wollte sich beschweren, aber als ein befreundeter Kollegen sich über eine ähnliche Situation beklagt hatte, war außer einem Eintrag in seine Personalakte nichts dabei herausgekommen. Sie war schockiert und erzürnt, dass ihre Firma sich ihren Angestellten gegenüber so rücksichtslos verhielt.

Ich wies sie behutsam darauf hin, dass die Geschäftswelt von Natur aus wettbewerbsorientiert sei. Das Unternehmen, für das sie und ihr Freund arbeiteten, würde sie daher nie mit der gleichen Rücksicht behandeln, wie sie es von ihrer wundervollen Familie gewohnt war. Sie würde sich stattdessen um das Wesentliche kümmern und dafür sorgen, dass ihre besten Mitarbeiter zufrieden waren und produktiv arbeiteten. Soweit ich wusste, war sie im Gegensatz zu ihrem Freund in der Firma hochgeschätzt. Melissa, die sich selbst immer zu gering bewertete, schlug ich vor, ihre Bitte in Zusammenhang mit ihren vor Kurzem erzielten Leistungen vorzutragen und dabei ihren im Vergleich zu ihren Kollegen hohen Stellenwert hervorzuheben. Sie sollte darauf hinweisen, dass es große Konzentration erforderte, um ihr bisheriges Arbeitsniveau zu halten. Um Fehler zu vermeiden, sollte sie außerdem besser nicht in direkter Nähe des Fotokopierers sitzen.

Nach dem Gespräch mit ihrem Vorgesetzten wurde ihr ein ruhigerer Arbeitsplatz zugewiesen, und sie erkannte erfreut, dass sich mit ihrer guten Position auch eine gewisse Macht eingestellt hatte.

Linking sticht Ranking

Obwohl Ranking und Linking wichtige Faktoren in unserem Alltagsleben sind und viele Situationen bestimmen, sticht Linking im Endeffekt Ranking aufgrund seiner Tragweite in biologischer, emotionaler und spiritueller Hinsicht. Das große Abenteuer, ein soziales Wesen zu sein, besteht darin, dass wir uns miteinander verbinden, indem wir uns gegenseitig helfen, unversehrt zu bleiben, unsere Kinder großzuziehen, uns gut zu ernähren, uns von Krankheiten oder Verletzungen zu erholen, zu spielen oder zu üben und über vieles gründlich nachzudenken. Wie bereits gesagt: Altruismus kann für das Überleben wichtiger sein als die „Überlebensfähigkeit des Tüchtigsten“.

Schauen Sie sich einmal um. Wir arbeiten mit anderen zusammen, um in Gemeinschaft zu leben, etwas auf die Beine zu stellen und über uns selbst bestimmen zu können. Das ultimative Phänomen im Bereich Linking ist wohl das Internet mit all den E-Mail-Accounts, Chatrooms, Blogs, sozialen Netzwerken, Datingportalen und Möglichkeiten, sich über seine Ideen frei auszutauschen. Das Internet kann mit Sicherheit auf viele Weise ein wettbewerbsorientierter Ort sein, aber es geht dabei unbestritten hauptsächlich ums Sich-Verbinden und nicht um Konkurrenz.

Wir bemühen uns doch nicht täglich nur um unser eigenes Wohlergehen, sondern auch um das unserer Liebsten sowie derer, die wir gar nicht kennen. Unsere Liebe für andere kann weit über Ranking hinausgehen. Spirituell betrachtet steht selbstlose Liebe im Mittelpunkt aller großen Religionen. Sie alle lehren uns, dass es sich immer auszahlt, etwas für andere zu tun. In keiner Religion und nur bei wenigen Philosophien ist vorgesehen, seine eigenen Bedürfnisse über die anderer zu stellen, um sein Heil zu finden.

BERÜCKSICHTIGEN SIE DEN ZUSAMMENHANG ZWISCHEN RANKING UND LINKING

Mittlerweile nehmen Sie vermutlich überall Ranking und Linking wahr, und damit liegen Sie keineswegs falsch. Jedes Gruppenmitglied begreift unbewusst, welchen Rang die anderen jeweils einnehmen und wer mit wem verbunden ist. Aber um das unterbewertete Selbst zu heilen, müssen Sie sich Ranking und Linking bewusst machen. Wenn Sie verstehen, wie sie ineinandergreifen, werden Sie sehen, welcher der beiden Instinkte in einer Situation gerade arbeitet. Wenn sich jemand so verhält, als ob er sich in einem dieser beiden Modi befände, in Wahrheit aber genau im anderen ist, sollten Sie das erkennen können – dies ist besser, als von Ranking – oder Linking – auszugehen, wenn es gar nicht der Fall ist. Und wenn Sie die beiden als voneinander unabhängig betrachten, so als wären sie nicht miteinander verbunden, dann sind Sie in Ihrer Wahl zwischen den beiden viel stärker eingeschränkt.

Es kostet ein wenig Mühe, sich die Möglichkeit des gemeinsamen Auftretens von Linking und Ranking bewusst zu machen, denn wir neigen dazu, in vielen Situationen jeweils von nur einer Kraft auszugehen, die gerade am Werk ist. Wir versuchen am Arbeitsplatz, Probleme mit Rangordnung und Macht zu klären, um mit unserer Karriere besser voranzukommen. Aber vielleicht liegt unser eigentliches Problem in dem Versäumnis, eine Bindung einzugehen oder entsprechende Angebote anderer zu sehen. Außerhalb des Jobs konzentrieren wir uns auf Linking, um unsere engen Beziehungen zu verbessern und Freunde zu gewinnen. Oft drehen sich etwaige dabei entstehende Schwierigkeiten jedoch um Ihren niedrigen Rang – Sie fühlen sich nicht attraktiv und intelligent genug, schaffen es nicht, sich zu behaupten, oder fühlen sich von anderen kontrolliert.

Menschen können Linking und Ranking sehr raffiniert einsetzen. Wir können „Ich liebe dich“ sagen, um jemanden zu beeinflussen, während ein „Tu, was ich dir sage“ eine Liebeserklärung sein kann. Auch in unseren Köpfen spielt sich viel Linking und Ranking ab, was häufig dazu führt, dass wir uns selbst zu gering bewerten. Wir denken oft unbewusst an unsere Ängste, die auf Erfahrungen in der Vergangenheit oder auf unzureichenden Informationen basieren, spielen sie immer wieder durch und bestätigen damit falsche Annahmen über unseren eigenen Wert jeglicher Art. Wenn Sie sich im unpassenden Moment zu sehr auf Ranking und Macht konzentrieren, egal ob Sie das sehr häufig oder nur hin und wieder tun, kann Ihnen das die Freude an den guten Dingen des Lebens nehmen – Dinge wie sich mit anderen zu verbinden, Ihr Potenzial ganz auszuschöpfen und erfolgreich zu sein. Sie sind für Linking und Liebe bestimmt. Und Sie sind auch dafür bestimmt, auf angemessene Weise Einfluss zu nehmen, Spaß am Wettbewerb zu haben und es zu genießen, wenn man Ihnen Autorität verleiht. Vor allem aber können Sie entscheiden, was in welcher Situation am besten funktioniert. Der erste Schritt, um durch das unterbewertete Selbst verursachte Probleme zu lösen, besteht darin, genau zu erkennen, wo sich in Ihrem Leben Ranking und Linking abspielen.

MIT DEM ERLERNTEN ARBEITEN

Jetzt, da Sie wissen, auf welche Weise Ranking und Linking das Fundament für das unterbewertete Selbst legen, sollten Sie sich anschauen, wie Sie mit beidem umgehen. Lesen Sie sich die folgenden Listen durch und kreuzen Sie die auf Sie zutreffenden Aussagen an.

Linking

- ☐ Ich weiß, wie ich Menschen helfen kann, ihre tiefsten Gefühle auszudrücken.
- ☐ Die, die ich mag, überrasche ich oft mit Geschenken oder Gefälligkeiten.
- ☐ Ich weiß, wie ich anderen ihre Unsicherheit nehmen kann.
- ☐ Es fällt mir nicht schwer, die Hilfe oder Fürsorge anderer anzunehmen.
- ☐ Ich verstehe mich darauf, eine Beziehung vertraulicher zu gestalten.
- ☐ Ich vermag Streitigkeiten beizulegen.
- ☐ Wenn ich Leute kennenlerne, gehe ich davon aus, dass wir uns mögen werden.
- ☐ Wenn ich die Einzige bin, die etwas isst, biete ich den anderen davon an, oder ich esse nicht in Gegenwart der anderen.
- ☐ Es gibt mehrere Menschen in meinem Leben, mit denen ich tief gehende, vertrauliche und aufrichtige Gespräche führen kann.
- ☐ Wenn ich mich mit anderen unterhalte, schaue ich Ihnen in die Augen und lächle, wenn es angebracht ist.

- ☐ Wenn ich mit jemandem nicht einer Meinung bin oder jemanden nicht mag, habe ich trotzdem Verständnis für seine Sichtweise und begreife, was er fühlt.
- ☐ Wenn es mir schlecht geht, kann ich auf bestimmte Leute zählen, denen es gelingen wird, mich aufzuheitern.

Ranking

- ☐ Ich habe keine Angst zu versagen, wenn ich etwas Neues beginne.
- ☐ Ich kann deutlich erkennen, wenn jemand zu meinem Besten von seiner Macht Gebrauch macht.
- ☐ Wenn ich eine gute Leistung vollbringe, bin ich sehr stolz auf mich.
- ☐ Wenn ich bei etwas Wichtigem versage und mich wertlos fühle, weiß ein Teil von mir, dass ich nicht wirklich wertlos bin.
- ☐ Ich glaube nicht, dass es mich mehr als andere deprimiert, wenn ich bei etwas Wichtigem scheitere.
- ☐ Ich habe bestimmte Methoden, um nach einem Misserfolg über meine depressive Verstimmung hinwegzukommen.
- ☐ Wenn jemand etwas Nettes sagt oder tut, kann ich normalerweise beurteilen, ob er es ernst meint oder damit nur etwas bei mir erreichen will.
- ☐ Ich kann gut mit Kritik umgehen.
- ☐ Wenn ich eine gute Idee habe, kann ich sie problemlos einer Gruppe fremder Menschen vortragen.
- ☐ In der Öffentlichkeit zu sprechen macht mir nichts aus.
- ☐ Wenn ich mich auf eine Aufgabe oder einen Wettbewerb gut vorbereitet habe, fühle ich mich selbstsicher.
- ☐ Es fällt mir nicht schwer, meine Meinung zu äußern und die Grenzen zu verteidigen, die ich gesetzt habe.
- ☐ Ich kann in bestimmten Situationen erkennen, ob mich jemand benutzt, ohne von dem mir damit eventuell zugefügten Schaden betroffen zu sein.

- ☐ Ich kann Bündnisse schließen, um Machtmissbrauch dauerhaft abzuwehren.
- ☐ Ich kann eine Beziehung, in der ich missbraucht werde, beenden, bevor ich daran Schaden nehme.

Je weniger Aussagen Sie bei den Linking- und Ranking-Listen angekreuzt haben, umso größeren Nutzen werden Sie aus diesem Buch ziehen. Wenn Sie auf einer der beiden Listen unverhältnismäßig viele Aussagen angekreuzt haben, wird Ihnen das Buch dabei helfen, das Ungleichgewicht zwischen Ranking und Linking zu korrigieren.

Wählen Sie die richtige Gesellschaft

Glücklicherweise gibt es gegen jede angeborene oder erworbene Neigung ein Mittel, selbst gegen die Reaktion auf eine Niederlage. So wie Sie das reflexhafte Zwinkern bei der Anwendung von Augentropfen unterdrücken können, können Sie den flexiblen Umgang mit selbstbewussten Emotionen lernen, wenn Sie sich dafür entscheiden. Hier finden Sie eine Methode, die Sie sofort anwenden können.

Nehmen Sie das Notizheft zur Hand, das Sie zu Beginn der Lektüre des Buches begonnen haben, und schauen Sie sich die beiden Listen an, die Sie eingangs zu diesem Kapitel erstellt haben. Dort steht, in wessen Gesellschaft Sie sich wohl- und in wessen weniger wohlfühlen. Vergleichen Sie gegebenenfalls anhand der Liste Ihrer Kontaktpersonen und Ihres Adressbuchs, ob Sie nicht jemanden vergessen haben. Decken Sie nun die Liste mit den Personen ab, die Ihnen ein gutes Gefühl vermitteln. Jetzt sehen Sie nur noch die Namen derer, die Ihnen den Eindruck vermitteln, nicht gut genug zu sein, und die Sie in eine Ranking-Stimmung versetzen. Achten Sie darauf, wie Ihre Stimmung sinkt. Nun decken Sie die Liste der Menschen ab, in deren Gegenwart Sie sich schlecht fühlen, sodass Sie nur die Namen derjenigen sehen, mit denen

Sie sich verbunden fühlen. Dabei hebt sich Ihre Stimmung und Ihr Selbstbewusstsein steigt. Dies zeigt, wie Sie ganz bewusst eine angeborene Reaktion verändern können – indem Sie hier die Menschen auswählen, mit denen Sie zusammen sein oder an die Sie denken wollen.

Ihre Linking- und Ranking-Beziehungen unter der Lupe

Notieren Sie sich neben oder unter jedem Namen auf den beiden Listen alles, was Sie hinsichtlich Linking und Ranking in der jeweiligen Beziehung festgestellt haben. Fühlen Sie sich von einer der Personen auf der Ranking-Ebene ausgenutzt? Oder übt diese Person Macht nur „zu Ihrem Besten" aus? Wie viele Linking-Beziehungen erreichen das Niveau einer Liebesbeziehung? Beobachten Sie in einer Linking-Beziehung auch Ranking? Und gibt es in einer Ranking-Beziehung auch Linking? Ihr Ziel sollte es sein zu erkennen, wo in Beziehungen Ranking und Linking eine Rolle spielen.

Gibt es Abweichungen vom üblichen Muster, wobei ein gutes Gefühl immer mit Linking und ein schlechtes grundsätzlich mit Ranking verbunden ist? Zur Verdeutlichung ein Beispiel:

1. Befindet sich auf Ihrer „Wohlfühl-Liste" jemand, mit dem Sie eine Ranking-Beziehung haben? Warum könnte das der Fall sein? Eine ranghöhere Person kann Ihnen ein Wohlgefühl vermitteln, indem sie Sie lobt oder einfach nur präzise Ihre Arbeitsleistung beschreibt. Sie freuen sich über eine nützliche Beziehung wie diese, auch wenn Ihnen bewusst ist, dass es sich dabei nicht um eine langjährige Freundschaft handelt, sondern dass Sie beide sie nur pflegen, um auf der Karriereleiter weiter nach oben zu klettern. Vielleicht befinden Sie sich auch in einer Ranking-Beziehung, wobei Sie die höhere Position bekleiden und den Respekt des anderen oder Macht und Einfluss auf andere genießen.

2. Gibt es jemanden auf Ihrer „Unwohlsein-Liste", von dem Sie dachten, mit ihm verbunden zu sein, nun jedoch feststellen, dass Sie sich vor allem mit ihm messen müssen? Vermittelt Ihnen dieser Mensch zum Beispiel oft ein Gefühl von Unterlegenheit, Scham oder Machtlosigkeit? Oder fühlen Sie sich in seiner Gegenwart nicht wohl, weil Sie sich ihm überlegen fühlen, gelangweilt sind oder dessen Anschauungen und Überzeugungen nicht respektieren können?
3. Scheint jemand auf beide Listen zu gehören, weil er Ihnen ein gutes und ein schlechtes Gefühl vermittelt? Liegt es daran, dass Sie oder der andere Ranking im Dienst von Linking verwendet? Oder Linking im Dienst von Ranking?
4. Denken Sie an die Menschen, die Sie lieben. Vermutlich stehen ihre Namen auf der Wohlfühl-Liste. Messen Sie sich dennoch manchmal mit ihnen? Befürchten Sie, dass Sie sie mehr lieben und brauchen als umgekehrt?
5. Würden Sie gern Ihre Verbindung zu jemandem auf der Wohlfühl-Liste intensivieren? Wie könnten Sie das anstellen – vielleicht sogar noch heute?
6. Betrachten Sie die Ranking-Beziehungen auf Ihrer Unwohlsein-Liste. Missbraucht einer der Menschen seine Macht über Sie? Falls Sie einen höheren Rang einnehmen als jemand von dieser Liste: Warum verursacht Ihnen diese Person ein schlechtes Gefühl? Bürdet Ihnen der höhere Rang möglicherweise eine zu große Verantwortung auf? Ist der andere zu hilfsbedürftig oder stört es Sie im Allgemeinen, Macht zu haben?

Wählen Sie die richtigen Gruppen

Erstellen Sie eine Liste der Gruppen, denen Sie angehören: Familie, Vereine, Teams, soziale Netzwerke, Kollegen und so weiter. Schließen

Sie auch Zwei-Personen-Gruppen wie die bestehend aus Freunden oder mit dem Lebensgefährten ein. Auch wichtige Gruppen aus der Vergangenheit gehören dazu wie etwa die Highschool-Klasse. Ebenso jene, von denen Sie nicht alle Mitglieder kennen, wie beispielsweise eine Organisation, Ihre Generation oder die ethnische Gruppe, der Sie angehören. Mit anderen Worten: Führen Sie alle Gruppen auf, die einen starken Einfluss darauf haben, wie Sie sich selbst sehen. Nun unterstreichen Sie die Gruppen, die Ihnen ein gutes Gefühl über sich selbst vermitteln. Als Nächstes ziehen Sie einen Kreis um die Gruppe, die derzeit am stärksten auf Ihr allgemeines Selbstwertgefühl einwirkt. Sollte es ein negativer Einfluss sein, richten Sie Ihre Aufmerksamkeit auf die Gruppe, die Ihnen im Moment das beste Gefühl verschafft.

Erkennen Sie Linking und Ranking an einem ganz normalen Tag

Denken Sie an gestern. Wählen Sie ein paar Interaktionen aus, an die Sie sich erinnern, und beschreiben Sie anhand ungefährer Prozentangaben, wie viel Linking und Ranking Sie dabei wahrgenommen haben. Die Werte müssen nicht exakt sein, sondern sollen nur Ihren Eindruck wiedergeben. Finden Sie heraus, ob Sie sich in Ranking-Situationen selbst unterbewertet haben.

Wenn Sie zum Beispiel nach dem Aufwachen Ihrem Lebensgefährten einen guten Morgen gewünscht haben, haben Sie vielleicht 90 Prozent Linking empfunden. Das ist ein guter Start in einen Tag. Es könnten sogar 100 Prozent Linking sein, wenn Sie sich nicht immer Sorgen machen würden, dass Ihr Lebensgefährte Sie direkt nach dem Aufwachen nicht attraktiv findet. Wahrscheinlich unterbewerten Sie sich damit – Ihr Lebensgefährte sieht sicher auch nicht toll aus.

Auf dem Weg zur Arbeit waren Sie den anderen Autofahrern gegenüber eher wettbewerbsorientiert oder sind sogar mit ihnen aneinandergeraten – 80 Prozent Ranking. Dabei haben Sie einmal gebremst, damit jemand anders die Spur wechseln konnte, und später wurde das auch für Sie gemacht. Sie haben sich selbst nicht unterbewertet.

An Ihrer Arbeitsstelle angekommen, grüßten Sie Ihren Kollegen. Ihn schmerzt es noch immer, weil Sie ihn als Liebling des Chefs abgelöst haben, was allerdings nicht Ihre Absicht war – 70 Prozent Ranking. Obwohl Sie jetzt eine höhere Position haben, fühlten Sie sich ein wenig schuldig, schämten sich sogar, weswegen es zu einer leichten Unterbewertung kam.

Sie hatten eine Besprechung mit Ihrem Chef, bei der Sie sich ausgezeichnet verstanden haben – 50 Prozent Ranking, weil er Ihr Boss ist, und 50 Prozent Linking. Sie haben sich in seinem Beisein nicht unterbewertet.

Dann folgte ein Gespräch mit einer Kundin, das Sie sehr genossen haben – 60 Prozent Linking, aber 40 Prozent Ranking, weil Sie es sich nicht leisten können, diese Kundin zu verlieren, weswegen Sie ihr häufiger zugestimmt haben, als Sie es normalerweise getan hätten. Sie fühlten sich dabei aber gut und haben sich nicht zu gering bewertet.

Mittags gingen Sie mit einer guten Freundin essen – 90 Prozent Linking. Es wären 100 Prozent Linking gewesen, Ihnen war jedoch anschließend ein wenig unwohl. Sie und Ihre Freundin wechseln sich beim Bezahlen der Rechnung immer ab, aber Sie konnten sich nicht mehr erinnern, wer beim letzten Mal dran war, und Ihre Freundin witzelte, dass Sie das immer nur allzu gern vergessen würden. Nach einem Treffen mit ihr fühlen Sie oft in gewisser Weise Scham. Nun fragen Sie sich, ob es in Ihrer Beziehung mehr um Ranking geht, als Sie bisher glaubten, da Ihre Freundin regelmäßig Ihr unterbewertetes Selbst aktiviert.

Nach der Arbeit gingen Sie ins Fitnessstudio und hatten das Gefühl, dass dort alle anderen viel gesünder und fitter waren als Sie. 100 Prozent Ranking, und Sie spürten, dass Sie sich selbst zu gering einschätzten.

KAPITEL 2
SECHS SELBSTSCHUTZMECHANISMEN, MIT DENEN WIR EINEN NIEDRIGEN RANG VERLEUGNEN

Es ist nicht immer leicht zu erkennen, dass wir uns im Ranking-Modus befinden und uns so stark unterbewerten, dass wir uns wertlos fühlen. Denn bei uns allen greifen, meist unbewusst, Selbstschutzmechanismen, die uns vor Scham bewahren. Das auf einen sozialen Misserfolg folgende Schamgefühl wird, wie im letzten Kapitel erklärt, im Gehirn ähnlich wahrgenommen wie körperlicher Schmerz. Kein Wunder, dass wir sagen, dass es wehtut, wenn wir abgelehnt werden oder versagen, und dass wir Mittel und Wege gefunden haben, um diesen Schmerz nicht zu spüren. Um zu erkennen, wann und wie sehr wir uns unterbewerten, müssen wir zunächst unsere Scheuklappen ablegen.

Die sechs wichtigsten Selbstschutzmechanismen sind: Bagatellisierung, Schuldzuweisung, Konkurrenzvermeidung, übertriebene Leistungsorientierung, Überhöhung und Projektion. Sie helfen uns manchmal dabei, schlechte Gefühle zu verdrängen oder zu vermeiden. Diese Mechanismen können uns allerdings ebenso große Schwierigkeiten bereiten wie die Reaktionen auf Niederlagen und die negativen selbstbewussten Emotionen, vor denen sie uns eigentlich schützen sollen. Geben wir etwa anderen zu Unrecht die Schuld an unserem Misserfolg, verschafft uns das nur so lange ein gutes Gefühl, bis uns das Gegenteil bewiesen wird – und das ist zwangsläufig fast immer der Fall.

Meist sind wir uns unserer Selbstschutzmechanismen nicht bewusst, denn sonst würden sie nicht funktionieren. Mit ihrer Hilfe versuchen wir, uns selbst – und vielleicht auch anderen – hinsichtlich unseres Rangs etwas vorzumachen. „Wer, ich? Ich fühle mich nicht machtlos und beschämt." Da aber mithilfe dieser Selbstschutzmechanismen Situationen ausgeblendet werden, in denen Sie sich gering geschätzt gefühlt haben, müssen Sie sie abstreifen, um das Gefühl von Wertlosigkeit zu erkennen, zu spüren und zu unterbinden. Das steigert nicht nur Ihr Bewusstsein dafür, wann Sie Selbstschutzmechanismen einsetzen, sondern ermöglicht es Ihnen auch zu erkennen, wenn andere dies tun. Dieses Bewusstsein wird Ihnen dabei helfen, Schuldgefühle zu vermeiden oder sich jemandem gegenüber unterlegen zu fühlen, der seinen Rang hochspielt. Außerdem wird es Sie vom unterbewerteten Selbst anderer ein Stück weit entlasten.

EINSCHÄTZUNG IHRER SELBSTSCHUTZMECHANISMEN

Normalerweise sind Sie sich der sechs Selbstschutzmechanismen, die Sie möglicherweise in Ranking-Situationen entwickelt haben, nicht bewusst. Daher brauchen Sie ein paar Vorabinformationen, um die Fragen auf der folgenden Liste beantworten zu können.

- Markieren Sie jede Aussage mit einem „Z" für zutreffend, wenn sie jetzt zutrifft oder zu irgendeinem Zeitpunkt in der Vergangenheit zugetroffen hat, auch wenn Ihnen die Aussage irrational vorkommt oder unangenehm ist.
- Markieren Sie die anderen Aussagen mit „N" für nicht zutreffend. Nehmen Sie sich Zeit zu überlegen, ob sie nicht vielleicht doch zutreffen könnte und Sie sich das nur nicht eingestehen wollen. Ihre Aufgabe besteht darin, sich das bewusst zu machen, was Sie normalerweise nicht bewusst wahrnehmen wollen.
- Beantworten Sie jede Frage unabhängig von allen anderen. Machen Sie sich keine Sorgen, falls eine Antwort vorherigen Antworten zu widersprechen scheint. Betrachten Sie es stattdes-

sen als Möglichkeit für alle Teile Ihres Selbst, darauf zu reagieren, Ihr unterbewertetes Selbst eingeschlossen. Jeder Aspekt Ihrer Persönlichkeit wendet seine eigenen Selbstschutzmaßnahmen an.

- Halten Sie sich mit einem Urteil zurück. Wenn Sie etwas als zutreffend erkennen, kann das manchmal lediglich bedeuten, dass Sie zwar daran gedacht, es aber nicht in die Tat umgesetzt haben. Oder Sie haben tatsächlich so gehandelt, wobei Ihr Handeln damals durchaus verständlich war.
- Wenn Sie Ihre Privatsphäre schützen wollen, schreiben Sie Ihre Antworten auf ein separates Blatt Papier anstatt direkt ins Buch. Aber halten Sie den Zettel mit den Antworten parat, denn Sie werden noch einmal darauf zurückgreifen.

1. Ich glaube, dass sich jeder nur um sich selbst kümmert.
2. Tief in meinem Inneren ist mir klar, dass man niemandem vertrauen kann.
3. Wird mir gesagt, dass ich etwas gut gemacht habe, kommt das nicht wirklich bei mir an.
4. Ich glaube, dass ich mit hoher Wahrscheinlichkeit irgendwann überfallen und ausgeraubt, vergewaltigt oder ermordet werde.
5. Wenn etwas halbiert wird, um zu teilen, achte ich automatisch darauf, welches Stück größer ist.
6. Es macht mich rasend, dass andere Dinge tun, die ich sorgfältig zu vermeiden versuche, wie zum Beispiel egoistisch, charakterschwach, faul oder hilfsbedürftig zu sein.
7. Anstatt mich wegen meines Tuns oder wegen einer Bemerkung schuldig zu fühlen oder mich zu schämen, stelle ich mir vor, dass es keine Rolle spielt, und versuche, es zu vergessen.
8. Hätte ich die Wahl, würde ich den Rest meines Lebens lieber damit verbringen, andere glücklich zu machen als mich selbst.
9. Ich fühle mich machtlos.
10. Ich komme nicht voran, weil ich unfair behandelt wurde.

11. Selbst wenn sich Menschen lieben, benutzen sie wahrscheinlich einander.
12. Meine Feinde sind böse.
13. Versage ich bei einer Sache, die mir sehr am Herzen liegt, tue ich so, als sei mir das nicht wichtig.
14. Manche Menschen kann ich auf den Tod nicht ausstehen, obwohl es dafür keinen ersichtlichen Grund gibt.
15. Ich bin oft von mir selbst enttäuscht, aber ich bemühe mich, es besser zu machen.
16. Gleichgültig, wie viel Ärger mir jemand bereitet – wäre ich perfekt, würde ich trotzdem mit Liebe reagieren.
17. Misslingt mir etwas, gehe ich davon aus, dass ich einfach Pech gehabt habe.
18. Wenn man ehrlich ist, muss man zugeben, dass einige Menschen besser behandelt werden sollten als andere.
19. Mein Leben lang wurde fast immer der Zweitbeste in mir gesehen.
20. Ich arbeite so hart, dass ich mich nicht um meine Gesundheit kümmern kann.
21. Von den meisten Menschen bin ich sehr enttäuscht.
22. Ich bemühe mich immer, anderen möglichst keine Schwierigkeiten zu bereiten.
23. Beim Autofahren merke ich sofort, wenn sich jemand vor mir in die Spur drängeln will.
24. Ich tue fast alles, um einen Konflikt zu vermeiden.
25. Ich bin bereit, Regeln zu brechen, wenn dadurch voraussichtlich niemand zu Schaden kommt.
26. Wenn ich das Gefühl habe, etwas nicht zu schaffen, neige ich dazu, das Ganze für dumm oder banal zu halten.
27. Andere sagen, ich würde mich ausnutzen lassen.
28. Wenn ich Teil einer neuen Gruppe oder Organisation werde, weigere ich mich, deren Regeln zu beachten.
29. Ich habe mich schon mehrmals in jemandem total getäuscht.

30. Ich bin der Meinung, dass um alles viel zu viel Wirbel gemacht wird.
31. Ich glaube, dass es viele schlechte Menschen auf der Welt gibt.
32. Ich werde meine Karriere weiterverfolgen, bis ich mich bewiesen habe.
33. Wenn ich weiterhin gemocht werden will, muss ich die Leute auch in Zukunft beeindrucken.

- Das Gros der Aussagen dieser Liste soll erfassen, auf welche Weise wir alle versuchen zu vermeiden, uns unterbewertet zu fühlen oder es zu sein. Manche dieser Aussagen – 1, 2, 5, 11, 18 und 19 – geben auch Auskunft darüber, inwieweit Sie dazu neigen, in Ranking eine Lebensphilosophie zu sehen. Menschen, die diese Aussagen als „zutreffend“ empfinden, halten im Allgemeinen viele der anderen genannten Punkte als ebenso wahr. Bei einem Teil dieser Aspekte scheint es sich eher um die simple Realität als um Selbstschutzmaßnahmen zu handeln.
- Beispielsweise sind Sie vielleicht tatsächlich der Meinung, dass Menschen nur auf ihren eigenen Vorteil aus sind – das ist eine weitverbreitete Annahme. Und natürlich trifft das in vielen Fällen auch zu. Aber wenn jemand glaubt, dies treffe *immer* zu, handelt es sich um einen Selbstschutzmechanismus.
- Bei der Anwendung von Ranking und Selbstschutzmethoden gibt es keinen „Normalzustand“. Wir greifen manchmal auf beides zurück, und Ihre Aufgabe besteht darin, sich dies einzugestehen und an sich selbst zu beobachten. Ich habe Sie außerdem gebeten, schonungslos ehrlich zu sein. Es wäre nicht fair Ihnen gegenüber oder gut für Ihr unterbewertetes Selbst, wenn ich Ihnen nun mitteilte, dass Ihr Ergebnis von der Norm abweicht und Sie sich dafür schämen sollten. Die folgenden Hinweise sollen Ihnen lediglich helfen, die Selbstschutzmechanismen auszumachen, auf die Sie am häufigsten zurückgreifen.

Schützen Sie sich durch

- „Bagatellisierung“, haben Sie wahrscheinlich die Fragen 7, 13, 17, 26 und 30 mit „zutreffend“ markiert.
- Schützen Sie sich durch „Schuldzuweisung“, haben Sie wahrscheinlich die Fragen 1, 2, 4, 9, 10 und 19 mit „zutreffend“ markiert.
- Schützen Sie sich durch „Konkurrenzvermeidung“, haben Sie wahrscheinlich die Fragen 8, 16, 22, 24, 27 und 28 mit „zutreffend“ markiert.
- Sind Sie zu Selbstschutzzwecken „übertrieben leistungsorientiert“, haben Sie wahrscheinlich die Fragen 3, 15, 20, 32 und 33 mit „zutreffend“ markiert.
- Schützen Sie sich durch „Überhöhung“, haben Sie wahrscheinlich die Fragen 1, 11, 18, 21, 23 und 25 mit „zutreffend“ markiert. (1 und 11 legen den Ranking-Fokus auf andere Personen.)
- Schützen Sie sich durch „Projektion“, haben Sie wahrscheinlich die Fragen 6, 12, 14, 29 und 31 mit „zutreffend“ markiert.

DIE SECHS SELBSTSCHUTZMECHANISMEN

Jeder von uns bedient sich hin und wieder dieser sechs Selbstschutzmechanismen – Bagatellisierung, Schuldzuweisung, Konkurrenzvermeidung, übertriebene Leistungsorientierung, Überhöhung und Projektion. Wenn wir jedoch unsere Selbstschutzmechanismen verstehen und sie aufgrund dessen weniger brauchen, können wir friedlicher und glücklicher leben. Falls Sie mehr als 18 Fragen auf der Liste mit „zutreffend“ beantwortet haben, ist Ihr Schutzbedürfnis wahrscheinlich sehr groß. Sie sehen fast überall Ranking und bewerten sich wahrscheinlich sehr oft oder sogar immer zu niedrig. Vielleicht fühlen Sie sich verletzbar, wenn Sie lernen, sich dieser Schutzmechanismen so gut wie möglich zu entledigen. Sie werden jedoch immer mehr in der Lage sein, Beziehungen zu vertiefen, und Sie werden die Angst ablegen, die aus dem ständigen Messen mit anderen entsteht. Sie werden also zu all dem kommen, was Sie derzeit mithilfe von Selbstschutzmaßnahmen zu erreichen versuchen.

DIE SECHS SELBSTSCHUTZMECHANISMEN

Bagatellisierung: Sie spielen Ihre Rolle in einer nicht so gut verlaufenen Situation herunter oder verleugnen sie. Ebenso stellen Sie Ihr Licht unter den Scheffel, wenn Sie eine Erwartung erfüllt haben.

Schuldzuweisung: Um Ihr Versagen zu erklären, beschuldigen Sie andere, sich unfair zu verhalten, obwohl davon nicht die Rede sein kann.

Konkurrenzvermeidung: Sie leugnen jegliches Interesse an Ranking oder geben sogar vor, sich dessen nicht bewusst zu sein, und möchten um jeden Preis eine Verbindung aufbauen.

Übertriebene Leistungsorientierung: Sie arbeiten ohne Unterlass, um eine höhere Position zu erreichen, fühlen sich aber trotzdem nicht gut genug.

Überhöhung: Sie halten sich für den Besten oder die Beste bzw. wollen zumindest so gesehen werden und tun fast alles dafür, um ständig im Rampenlicht zu stehen.

Projektion: Sie streiten Ihre eigenen Fehler ab und sehen welche bei anderen, obwohl sie gar nicht vorhanden sind.

Selbstschutz durch Bagatellisierung

Bagatellisierung oder Verleugnung sind die beiden Hauptpunkte, wenn wir an Abwehrhaltung denken. Zum Beispiel erklären wir, dass wir heute schlecht Tennis gespielt haben, weil wir einen harten Tag in der Arbeit hatten. Das schlechte Punkteergebnis können wir nicht verfälschen, aber wir können unsere Rolle und die „Schuld“, die wir dabei hatten, herunterspielen. Oder wir spielen unsere Bemühungen herunter: „Ich habe mich heute gar nicht richtig angestrengt.“ Oder wir messen dem Spiel eine scheinbar geringe Bedeutung bei oder geben sogar vor, kein Interesse daran zu haben: „Tennis war eigentlich noch nie mein Ding.“

Eine weitere sanfte Methode, unsere eigene Rolle zu bagatellisieren, besteht darin, dem Zufall oder Schicksal mehr Gewicht zu geben. „Heute war das Glück nicht auf meiner Seite.“ Oder nach einer misslungenen Schwimmprüfung: „Das Schicksal hat es nicht für mich vorgesehen, Rettungsschwimmer zu werden.“

Wir bagatellisieren auch, indem wir bereits vor einer angstbesetzten Situation ankündigen, dass wir nicht sehr gut seien. „Putten liegt mir beim Golf am wenigsten, aber ich versuch's mal.“ Oder: „Eigentlich bin ich sehr schüchtern, aber ich gehe trotzdem auf die Party.“ Auf diese Weise erwartet man nur wenig von uns. Wenn wir dann versagen, wird jeder verstehen, warum, und wissen, dass wir uns nicht selbst überschätzen – denn das wäre ein möglicher Auslöser für Scham.

Ein Nachteil von Bagatellisierung liegt daran, dass sie sich sehr leicht durchführen lässt und so üblich ist, dass jeder sie sofort als Selbstschutzmaßnahme erkennt; daher ist es fast unvermeidlich, dass sie immer nach Abwehr klingt. Sie signalisiert auch, dass Sie sich im Ranking-Modus befinden. Wenn Sie und eine Freundin sich zum Beispiel zum Schwimmen umziehen, sagen Sie vielleicht: „Du siehst toll aus. Dieser Badeanzug hat mir letztes Jahr viel besser gestanden. Ich habe ein bisschen zugenommen, aber das gibt sich sicher, wenn ich jetzt wieder regelmäßig schwimmen gehe.“ Das mag ja alles stimmen, aber wer hat danach gefragt? Wenn Sie solche Gedanken haben, hat Ihr unterbewertetes Selbst eingegriffen und versucht, Schamgefühle zu unterdrücken.

Bagatellisierung bei der Arbeit

Stewart arbeitet seit Jahren auf derselben Stufe. Er ist in seinem Arbeitsbereich kompetent und besucht alle Kurse, die ihm zu einer Beförderung verhelfen könnten, aber er legt nie die Prüfungen zum Nachweis seiner Kenntnisse ab. Er behauptet, ihm sei nicht daran gelegen, weiter nach oben zu kommen. Er findet es belustigend zu beobachten, wie alle sich für eine Beförderung abplagen, „nur um ein paar Dollar mehr zu verdienen und härter arbeiten zu müssen."

Stewart leidet an einer Lernschwäche und hat daher in Prüfungen schon immer schlecht abgeschnitten. Als er ein kleiner Junge war, wurde seine Lernschwäche nicht erkannt, und nach vielen Jahren schlechter Prüfungsnoten ergab er sich in sein Schicksal. Aber dann erkannten einige Lehrer, dass Stewart eigentlich sehr klug war. Sie halfen ihm, sich in anderen Bereichen, in denen diese Schwäche kein Problem war, beweisen zu können. Trotzdem will Stewart sich nie wieder in die erniedrigende Situation von schriftlichen Prüfungen begeben. Er empfindet alles andere als besser, selbst ein niedrigeres Gehalt. Stewart bagatellisiert sein Problem immer noch so wie in seiner Kindheit, als er ein kleiner Junge war, um sich vor der Angst vor Blamage zu schützen.

Bagatellisierung in Beziehungen

Seit Jahren musste Claudia sich von Ron anhören, dass er wünschte, sie wäre „ein bisschen sorgfältiger." Er wünschte sich, dass sie abnähme, sich besser kleide und gemeinsam mit ihm das Haus sauberer hielte. Claudia spielte die Probleme hinter seinen Wünschen herunter. „Ich esse eben gern. Himmel, da kann ich mich oft einfach nicht beherrschen. Zumindest gehe ich nicht dauernd shoppen."

Manchmal spielte Ron auch herunter, wie sehr ihn das alles störte. „So ist Claudia eben. Sie gehört nicht zu den Frauen, die den ganzen

Tag vor dem Spiegel stehen und sich Sorgen um ihr Aussehen machen. Und wir haben am Wochenende etwas Besseres zu tun, als das Haus zu putzen.“

Claudia wusste, dass sie ein Essproblem hatte, und schämte sich sehr, dass sie sich nicht beherrschen konnte. Weil sie übergewichtig war, hielt sie den Versuch, sich ein wenig hübsch zu machen, für sinnlos. Ihre allgemeine Verzweiflung erstreckte sich auch auf andere Lebensbereiche, aber sie bagatellisierte alles. Ihre Eltern waren Alkoholiker gewesen, hatten ihre Sucht jedoch ins Lächerliche gezogen, und so hatte Claudia von „Experten“ gelernt, Probleme herunterzuspielen.

Dann wechselte Ron seine Arbeitsstelle und musste nun mehr reisen. Während eines Besuchs bei einem alten Collegefreund in einer anderen Stadt lernte er eine Frau kennen, die ganz anders war. Sue Ellen war attraktiv und hatte ein gepflegtes Zuhause. Außerdem war sie gewissenhaft, verlässlich und fähig, über ihre Fehler zu sprechen – auch darüber, warum sie den falschen Mann geheiratet hatte. Sue Ellen war inzwischen Single.

Ron stellte fest, dass er andere Möglichkeiten in seinem Leben hätte, wenn er mit jemandem wie Sue Ellen zusammen wäre. Er hasste den Gedanken, Claudia zu betrügen, wenn auch nur in Gedanken. Es erschreckte ihn, als er begriff, wie unglücklich er zu Hause war. Er wollte nicht, dass die Beziehung den Rest seines Lebens so weiterginge. Nach dieser Reise versuchte er sofort, mit Claudia über seine Gefühle zu sprechen. Er schlug vor, zu einer Eheberatung zu gehen.

Aber Claudia lachte nur. „Wir? Dafür sind wir beide nicht der Typ.“

Als Ron darauf bestand und wieder eine bagatellisierende Antwort bekam, wusste er, dass es vorbei war.

Ironischerweise änderte sich Claudia, nachdem Ron sie verlassen hatte. Sie konnte ihre Schwächen nicht mehr weiter herunterspielen und suchte sich endlich Hilfe. Ein Mensch zu werden, den sie selbst lieben konnte, war zu ihrer Überraschung viel leichter, als sie angenommen hatte.

Anzeichen von Selbstschutz durch Bagatellisierung

Unbewusste Annahme: „Gering eingestuft zu werden kann mich nicht verletzen, wenn ich das Ranking unbedeutend erscheinen lasse."

Verallgemeinernde Aussagen: „Ich habe mich heute gar nicht richtig angestrengt, das war nur zur Übung." – „Ich war einfach zu beschäftigt, um mich voll und ganz darauf zu konzentrieren." – „Ich verstehe nicht, warum manche Leute eine solche Sache so ernst nehmen." Oder: „Ich habe zurzeit wirklich eine Pechsträhne."

Andere mögliche Anzeichen:

- Bei einem Gespräch über Ihre Leistung reden Sie sich heraus, indem Sie zum Beispiel sagen, Sie seien heute etwas angeschlagen oder hätten zu wenig geschlafen.
- Sie denken und reden, als ob Schicksal oder Glück fast alles in Ihrem Leben bestimmen würden.
- Sie versuchen, unangenehme Dinge bei sich selbst oder bei Ihnen nahestehenden Personen zu ignorieren.
- Sie verleugnen, dass etwas wichtig für Sie ist, obwohl Sie tief in Ihrem Inneren wissen, dass es wahrscheinlich doch der Fall ist.
- Sie streiten ab, ein Problem zu haben, obwohl Sie wissen, dass es sich so verhält.

Selbstschutz durch Schuldzuweisung

„Ich bin gestürzt, weil sie mir ein Bein gestellt hat." – „Ich habe verloren, weil bei dem Spiel betrogen wurde." Natürlich kann es sein, dass Ihnen jemand ein Bein gestellt oder Sie betrogen hat. Manchmal beschuldigen Sie zu Recht andere, statt sich fälschlicherweise selbst als Verursacher zu sehen. Aber wenn Sie sich sehr häufig ungerecht behandelt fühlen, könnte es sich um Selbstschutz handeln.

Selbstschutz durch Schuldzuweisung wird oft durch einen inneren Wechsel von Linking zu Ranking ausgelöst, den Sie kaum bemerken. Zum Beispiel helfen Sie einer Freundin beim Umzug. Mittendrin stellen Sie fest, dass diese nicht gut geplant hat. Es sind noch nicht alle Kisten gepackt und es ist niemand da, der die schweren Sachen trägt. Sie sind mit Recht verärgert. Anstatt zu begreifen, dass sie mit Ihrer Freundin reden, ihr Ihre Grenzen aufzeigen und ihr helfen müssen, einen realistischen Plan zu entwerfen, fühlen Sie sich von ihr ausgenutzt. Sie fühlen sich unterbewertet. Ranking ersetzt Linking. Sie sind der Meinung, ihre Freundin glaubt, sie herumkommandieren zu können, so wie Höhergestellte es mit Leuten von niedrigerem Rang tun. Auch wenn das nur ein vager Gedanke ist, fühlen Sie sich benutzt und wahrscheinlich beschämt, dass Sie das zugelassen haben.

Sie wollen keine lieblose, selbstsüchtige und kleinliche Freundin sein, aber genau so fühlen Sie sich. In dieser Situation gibt es nur einen Selbstschutzmechanismus: Sie geben Ihrer Freundin die Schuld und machen ihr Vorwürfe. Sie fordern Gerechtigkeit und erwarten ein Schuldeingeständnis oder eine Entschuldigung von ihr. Das hilft Ihnen, sich nicht mehr zu gering eingeschätzt zu fühlen. Aber dann ist Ihre Freundin die im Rang niedrigere Person. Dieser Selbstschutz durch Schuldzuweisung tut Ihrer Freundschaft nicht gut.

Was auch immer der Grund dafür ist, dass Sie sich schlecht fühlen – wenn Sie ein glaubhaftes Ziel haben, können Sie Selbstschutz durch Schuldzuweisung anwenden, um sich selbst vor Schamgefühlen zu schützen. Ich nenne das „Schamball spielen“. Oft werfen wir die Scham schnell jemand anderem zu, sobald wir sie auf uns zukommen sehen. „Das ist deine Schuld, nicht meine.“ – „Das Problem liegt bei dir – ich habe keine Probleme.“ – „Ja, ich habe das gemacht, aber du machst das auch ständig.“ Wenn wir in einer solchen Gemütsverfassung sind, kommt es uns nicht in den Sinn, den Schamball einfach fallen zu lassen. Unsere Angst vor Scham ist zu groß.

Wenn Schuldzuweisung einen Grund hat, der weiter zurückliegt

Anderen Schuld zuzuweisen kann zur Gewohnheit werden, wenn Sie in der Vergangenheit einmal tief verletzt worden sind. Wenn jemand Sie früher durch beispielsweise durch Vorurteile zutiefst gekränkt hat, kann wohl kaum jemand erwarten, dass Sie Ranking anstreben oder vermeiden, wenn Sie sich jemandem gegenübersehen, der Ihnen gegenüber voreingenommen ist. Tatsächlich ist es vollkommen richtig, in diesem Fall misstrauisch zu sein. Aber dieses Misstrauen, mit dem Sie jede Situation durch die Ranking-Brille betrachten, macht es sehr schwer, ein normales Leben zu führen. Sie verlieren die Lust an weiteren Versuchen, wenn sich scheinbar alles gegen Sie verschworen hat. Damit begeben Sie sich jedoch auf einen Beobachterposten, von dem aus Sie dem Geschehen nur noch zuschauen können. Und wenn andere versuchen, Ihnen zu helfen oder Ihnen ihre Freundschaft anbieten, dann glauben Sie, sich schützen zu müssen, indem Sie sie zurückweisen und ihnen vielleicht sogar Hintergedanken unterstellen.

Wenn Sie Vorurteilen ausgeliefert waren, dann hat man Sie erheblich unterbewertet. Um eine realistische Vorstellung von Ranking und Linking aufzubauen, müssen Sie sich klarmachen, dass Sie Opfer eines Vorurteils geworden sind und dass Sie das schwer getroffen hat. Tun Sie das nicht, verdrängen Sie die mit Vorurteilen verbundenen negativen Gefühle und die Tatsache, dass Ihr allgemeines Selbstwertgefühl geschwächt wurde. Sie werden sich kaum Ihres unterbewerteten Selbst bewusst. Infolge dessen werden Sie Ihren Selbstschutz durch Schuldzuweisung stur weiter aufrechterhalten und Ranking oftmals sehen, wo es gar nicht vorhanden ist.

Wenn Sie sich das Vorurteil bewusst machen, werden Sie alle negativen Emotionen zu spüren bekommen, die Sie selbst betreffen: Schuld, Angst, Depression und Scham – und sich außerdem darüber ärgern, dass es Ihnen nicht gelungen ist, sich offen dagegen zur Wehr zu setzen, weil Sie sich auf einen niedrigeren Rang versetzt gefühlt haben. Aber über kurz oder lang ist dieses Eingeständnis nötig, damit Sie den Schaden beheben und sich dem Linking öffnen können. Um das Ausmaß und die Auswirkungen von Vorurteilen in vollem Umfang zu verstehen, braucht es normalerweise die Unterstützung durch Gruppenbewusstsein. Das heißt, Sie müssen sich mit anderen zusammentun, die verstehen, was Sie durchgemacht haben. Wenn Sie Teil einer Gruppe sind, kann Ihnen das die Sicherheit vermitteln, die Sie brauchen, damit Sie Ihren Ärger und andere negative Gefühle offen auszudrücken wagen. Andere Selbstschutzmaßnahmen, die oft nach einer Konfrontation mit Vorurteilen getroffen werden, sind Selbstschutz durch Konkurrenzvermeidung und übertriebene Leistungsorientierung bzw. Strebsamkeit.[1]

Schuldzuweisung und Vorurteile am Arbeitsplatz

Maude ist eine lesbische Afroamerikanerin, die zugibt, dass sie ständig darauf achten muss, sich nicht durch Schuldzuweisung selbst schützen zu wollen. Sie will nachdrücklich den Menschen Vorwürfe machen, die es verdient haben, aber sich nicht benehmen, als wäre die ganze Welt schuldig, bis das Gegenteil bewiesen ist. Die Vorurteile, die sie erfahren hat – von Weißen wegen ihrer ethnischen Herkunft und von Weißen und Schwarzen wegen ihrer sexuellen Orientierung –, sind zum zentralen Punkt ihres Lebenswerks geworden. Als Studentin war sie fasziniert von einigen Sozialpsychologen, die Vorurteile aufdeckten, indem sie die unbewussten Reaktionen von Menschen auf unterschwellige Signale beobachteten. Diese fanden heraus, dass fast jeder in den Vereinigten Staaten Vorurteile gegen Afroamerikaner hat – einschließlich der Afroamerikaner selbst.[2] Das Gleiche gilt auch für Frauen. Zum Beispiel beurteilen sowohl Studentinnen wie auch Studenten die Mitschriebe einer Vorlesung schlechter, wenn sie wissen, dass sie von einer Frau stammen.[3]'

Maude bewarb sich für die Betreuung ihrer Abschlussarbeit bei einem der Professoren, der an diesen Forschungen beteiligt war. Kurz nachdem sie ihr Aufbaustudium begonnen hatte, erhielt sie einen anonymen Brief mit der Warnung, dass der Vorsitzende des Fachbereichs Lesben hasse und sie daher ihre sexuelle Orientierung besser verschweigen solle. Doch sie hatte sich in ihrer Bewerbung deutlich dazu bekannt. Und sie wusste, dass in den Fachbereichen eine Minderheitenquote erfüllt werden musste. Nun fragte sie sich, ob sie nur wegen ihrer ethnischen Herkunft angenommen worden war, obwohl man ihre sexuelle Orientierung missbilligte. Plötzlich meinte sie im Nachhinein kleine Anzeichen der Ablehnung zu erkennen – der Vorsitzende war zu einigen Veranstaltungen nicht gekommen, an denen sie teilgenommen hatte, und seine Blicke und seine Stimme waren manchmal etwas merkwürdig gewesen.

Maude war wütend und brütete tagelang darüber nach, wie sie darauf reagieren sollte. Sie hatte sich mit zwei immer gut gelaunten Kommilitoninnen angefreundet und hatte viel Spaß mit ihnen. Sie fragten sie, was denn mit ihr los sei, aber sie wollte nicht mit ihnen darüber reden. Die beiden weißen Frauen ließen jedoch nicht locker und wollten unbedingt wissen, warum sie so durcheinander war, aber sie verriet es ihnen nicht.

Schließlich hielt Maude es nicht mehr aus. Sie marschierte in das Büro des Vorsitzenden und wollte ihn sofort sprechen. Als seine Assistentin sie abweisen wollte, drohte sie damit, sie notfalls niederzuschlagen. Sie stürmte in das Büro, warf den Brief auf den Tisch und sagte: „Erklären Sie mir das, oder ich werde dafür sorgen, dass jede psychologische Fachabteilung in diesem Land davon erfährt." Glücklicherweise blieb der Vorsitzende ganz ruhig und las den Brief.

„Wer hat das geschrieben?", fragte er.

Maude gestand, dass sie das nicht wisse. In diesem Augenblick ging ihr durch den Kopf, dass dieser Mann sich ihr gegenüber immer freundlich und äußerst liebenswürdig verhalten hatte. Warum vertraute sie einem anonymen Schreiber mehr als ihm?

Dann hörte sie hinter sich an der offenen Tür die Stimmen ihrer beiden Freundinnen. „Gott sei Dank haben wir mitbekommen, dass du dich auf den Weg hierher gemacht hast, und sind dir sofort gefolgt." Sie gaben zu, dass sie sich einen Scherz erlaubt und den anonymen Brief geschrieben hatten.

Wieder spürte Maude Zorn in sich aufsteigen. Und es war eindeutig, wer die Schuld trug. Weiße, die das Schamgefühl verursachten und unterschätzten, das sie als Farbige und Lesbe in sich trug. Aber diese beiden weißen Freundinnen hatten es nicht böse gemeint, und sie sah ein, dass sie diesen dummen Brief und die scherzhaften Bemerkungen und Fragen ihrer Freundinnen hätte durchschauen müssen. Um es mit unseren Begriffen auszudrücken: Ihr unterbewertetes Selbst war so stark, dass sie ohne ihre Selbstschutzmechanismen gegen ihr Schamgefühl – wobei Selbstschutz durch Schuldzuweisung nur einer der Mechanismen war – nicht das hätte erreichen können, was ihr gelungen war. Und sie war beinahe zu erfolgreich gewesen, denn diese Weißen hatten in ihr, wie alle anderen auch, einfach eine starke, kluge, selbstbewusste und belastbare Frau gesehen. Zu ihrem eigenen Besten fand sie auch zu dieser Sichtweise und mäßigte ihre Vorwürfe.

Maude ist mittlerweile selbst bekannt für ihre Beiträge zur Vorurteilsforschung. Sie ist eine sehr beliebte Dozentin, und die Studenten reißen sich um die Plätze in ihren Kursen. Aber sie gibt zu, dass sie immer noch gegen den Selbstschutzmechanismus der Schuldzuweisung ankämpfen muss, denn er kann jederzeit wieder die Oberhand gewinnen.

Wenn Ihnen zu Hause früher Unrecht geschehen ist

Vielleicht sind es Vorurteile, die Sie in Ihrer eigenen Familie erlebten und die dann zu Selbstschutz durch Schuldzuweisung geführt haben. Don war eine große Enttäuschung für seine Eltern, weil er in ihren Augen nicht talentiert genug war und seine Leistungen im Sport und im Studium für ein Mitglied dieser angesehenen Familie nicht genügten. Seine Eltern machten sogar Scherze darüber, dass er wohl nicht ihr Kind sein könne.

Don gab sich die Schuld für seine „Schwächen", wie Kinder es eben tun, und natürlich erwartete er, auf seinem Lebensweg zu scheitern. Als er zu studieren begann, war er sich dieser Erwartung kaum bewusst. Eigentlich sah er das College, wo ihn niemand kannte, als geeigneten Ort für einen Neustart. Zuerst arbeitete er hart und erzielte in einigen Bereichen gute Leistungen, da er tatsächlich sehr klug war. Aber er konnte das Gefühl der Wertlosigkeit nicht abschütteln, es überfiel ihn immer wieder, wenn er keine Bestnoten erreichte. Um mit diesem Gefühl zurechtzukommen, schützte sich Don durch Schuldzuweisung. „Dieser Dozent hatte es von Anfang an auf mich abgesehen."

Aus Protest nahm er seine Aufgaben nicht mehr ernst und hatte ständig an den grundlegenden Voraussetzungen etwas auszusetzen. An allem entdeckte er Fehler. Oder er behauptete felsenfest, seine Arbeiten seien hervorragend, aber für das Verständnis der Dozenten eben zu „unkonventionell". Um seine Überlegenheit zu demonstrieren, schwänzte er Kurse oder kam zu spät. Durch dieses selbstzerstörerische Verhalten enttäuschte Don seine Lehrer tatsächlich, aber er sah sich durch ihre unvermeidliche Missbilligung nur in seiner Einstellung bestärkt.

Anfänglich waren seine Freunde auf seiner Seite. Für Lehrer Partei zu ergreifen, ist nicht cool, und Dons Freunde sahen, wie klug er war. Aber nach einiger Zeit begriffen sie, dass da irgendetwas falsch lief. Sie verbrachten immer weniger Zeit mit Don. Dummerweise fand Don es leichter, seinen Freunden dafür die Schuld zu geben, anstatt sich seiner größten Angst zu stellen: dass er unbelehrbar und damit nicht liebenswert sein könnte. Er richtete sein ganzes Leben nach Selbstschutz durch Schuldzuweisung aus.

Anzeichen von Selbstschutz durch Schuldzuweisung

Unbewusste Annahme: „Wenn meine Misserfolge nicht meine Schuld sind, sondern das Resultat der Ungerechtigkeit anderer, dann bin ich nicht wertlos."

Verallgemeinernde Aussagen: „Irgendjemand will mich scheitern sehen." – „Alle sind gegen mich." – „Die Leute erzählen Lügen über mich, untergraben meine Autorität und machen mich schlecht." – „Das Schicksal meint es nicht gut mit mir."

Andere mögliche Anzeichen:

- Andere lassen öfter anklingen, dass Sie sich „mal wieder selbst bemitleiden" oder stellen berechtigte Fragen, ob Sie nicht etwa Fakten verfälschen.
- Sie beenden häufig Freundschaften oder Arbeitsverhältnisse, weil Sie sich schlecht behandelt fühlen.
- Manchmal fühlen Sie sich ein wenig schuldig, weil Sie vermuten, dass Sie andere einer ungerechten Behandlung beschuldigt haben, obwohl Sie wissen, dass diese es nicht so gemeint haben.
- Sie sind passiv-aggressiv und behindern mit kleinen Aktionen die Ziele anderer, von denen Sie sich ungerecht behandelt fühlen.
- Sie verabscheuen es zutiefst (oder akzeptieren es bereitwillig), wenn man Sie als „Opfer" bezeichnet.

Selbstschutz durch Konkurrenzvermeidung

Wenn wir uns durch Konkurrenzvermeidung schützen wollen, versuchen wir unbewusst, die bloße Existenz von Macht zu verleugnen. Wir fürchten das Thema Ranking, weil es die Möglichkeit einer schrecklichen Niederlage in sich birgt. Bei dieser Form von Selbstschutz geht es nicht um eine bewusste, religiös oder moralisch begründete Entscheidung, seine eigenen Bedürfnisse zugunsten aller anderen zurückzustellen und damit dem Allgemeinwohl zu dienen. Das wäre kein Selbstschutz, sondern ein altruistischer Wert. Bei Selbstschutz durch Konkurrenzvermeidung handelt es sich auch nicht um die Akzeptanz eines niedrigeren Rangs, um anderen einen Vorteil zu lassen, denn das setzt voraus, dass Ranking als solches akzeptiert wird. Es geht dabei eher um das Gefühl, über Ranking erhaben zu sein. Wenn Sie diese Form des Selbstschutzes verwenden, sagen Sie vielleicht etwas wie: „Wer führt denn über so etwas Buch? Ich nicht." – „Ich bin derjenige, der hier für einen friedlichen Ablauf sorgt." – „Mir ist es egal, was andere denken." – „Ich will keine Anerkennung, ich will nur helfen."

Sosehr Sie sich jedoch bemühen, mit dieser Selbstschutzmethode Ranking zu verleugnen, sehen andere darin möglicherweise lediglich Ihre Bereitschaft, den niedrigsten Rang einzunehmen. Daher bürden sie Ihnen vielleicht noch mehr Arbeit auf, lassen Sie alle unangenehmen Aufgaben erledigen und ignorieren Ihre Ideen. Ein weiteres Problem mit Selbstschutz durch Konkurrenzvermeidung könnte sich ergeben, wenn Sie zögern, Macht über andere auszuüben, obwohl es eigentlich zu Ihren Aufgaben gehört. Wenn Sie keine Führungsqualitäten zeigen, kann das zu diversen Formen von Missbrauch und Konflikten bei denen führen, denen Sie eigentlich helfen wollen.

Wenn jemand Macht übertragen bekommt, der sich selbst durch Konkurrenzvermeidung schützt

Eine Person, die stillschweigend einen niedrigen Rang akzeptiert, indem sie Ranking verleugnet, gerät in große Schwierigkeiten, wenn ihr Macht übertragen wird. Für Weston war das eine Herausforderung. Die Beziehung zu seinem geliebten Sohn Bud hatte Weston geholfen, sich nicht mehr so wertlos zu fühlen, aber er war nicht darauf vorbereitet, dass sein Sohn mit zwölf Jahren begann, ihn geringschätzig zu behandeln; er wollte sich nicht mehr in der Öffentlichkeit mit ihm zeigen und griff ihn auf alle möglichen Arten an, um zu bekommen, was er sich in den Kopf gesetzt hatte. Bud kam oft erst in den frühen Morgenstunden nach Hause, und Weston hatte keine Ahnung, wo er sich herumtrieb. Er übernahm heimlich die Pflichten seines Sohns, weil es ihm peinlich gewesen wäre, vor seiner Frau zugeben zu müssen, dass er es nicht schaffte, Bud dazu anzuhalten. Bud hatte für sein negatives Verhalten keinerlei Konsequenzen zu tragen.

Weston erklärte, dass er seinen Sohn auf eine „kindzentrierte" Weise erzog, und erlaubte Bud deshalb, seine echten Gefühle zu äußern und seine eigenen Entscheidungen zu treffen. Tatsächlich haben Forschungen ergeben, dass ein zu freizügiger Erziehungsstil für Kinder ebenso schlecht ist wie eine autoritäre Erziehungsweise. Am besten fährt man mit einfacher, liebevoller Autorität: Man setzt realistische Grenzen, die dem Kind zeigen, dass man sich um es sorgt und es liebt, und erklärt sie so, dass das Kind sie versteht. Stattdessen vermied Weston aus Angst davor konsequent jegliche Konfrontation – er fürchtete sich davor, dass sein Sohn ihm dann schreckliche Dinge an den Kopf werfen und er selbst noch mehr die Kontrolle über den Jungen verlieren könnte.

Aber weil Weston sich seiner Angst vor einer Niederlage nicht stellen und entsprechend handeln konnte, fügte er seinem Sohn großen Schaden zu.

Extremer Selbstschutz durch Konkurrenzvermeidung

Die immer lustige und gut gelaunte Sharon war 55 und arbeite schon bei derselben Firma für denselben Chef, seit sie 31 war. Sie sagte oft, dass ihre Kollegen eine Art Familienersatz seien. Sharon stellte nie Vergleiche an und es kümmerte sie nicht, wer Anerkennung bekam. Als rechte Hand ihres Chefs arbeitete sie ebenso unermüdlich wie er für den Erfolg der Firma. Sie erklärte, dass ihr die Arbeit selbst an Abenden und Wochenenden viel Spaß mache. Es war besser, als allein zu Hause zu sitzen. Aber dann verkaufte ihr Boss die Firma mit großem Gewinn, ging in den Ruhestand und ließ sich auf Hawaii nieder. Er zahlte ihr einen Bonus aus und empfahl sie wärmstens den neuen Besitzern. Sie war dankbar für seine Großzügigkeit und stolz darauf, dass sie sich nicht gierig verhielt. Ihr einziges Ziel war ein eigenes Heim, und sie hatte bereits für eine Anzahlung gespart.

Die neuen Besitzer der Firma planten jedoch eine Umstrukturierung, und Sharon gehörte zu den Ersten, die entlassen wurden, da sie sich nicht sehr gut mit ihrem streitbaren neuen Chef verstand. Die Veränderungen waren für alle sehr belastend, und in dem allgemeinen Chaos bemerkte niemand Sharons besondere Notlage. Alle versprachen ihr, mit ihr in Kontakt zu bleiben, doch ihr war klar, dass alle mit ihren Familien beschäftigt waren und sich wahrscheinlich nie wieder bei ihr melden würden. Dieses Kapitel ihres Lebens war vorüber.

Sharon suchte eineinhalb Jahre vergeblich nach einer neuen Stelle. Sie lebte von Arbeitslosenhilfe und ihren Ersparnissen, bis sie schließlich einen Job annahm, bei dem sie ein Drittel weniger verdiente. Da sie sich damit finanziell nicht mehr sicher genug fühlte, gab sie ihre Pläne für ein Eigenheim auf. Sie hatte sich um alle anderen gekümmert anstatt um sich selbst, und immer versucht zu ignorieren, dass Ranking ein Hauptbestandteil einer Organisation ist, vor allem einer Firma, und dass sie, wenn sie auf der Karriereleiter nicht nach oben stieg, dafür würde büßen müssen.

Anzeichen von Selbstschutz durch Konkurrenzvermeidung

Unbewusste Annahme: „Ich bin wertlos, also trete ich besser nie gegen jemanden an; niemand will mich bei sich haben, außer ich zeige deutlich, dass ich nicht vorhabe, jemanden herauszufordern."

Verallgemeinernde Aussagen: „Ich mache gern andere Menschen glücklich." – „Ich stelle keine Vergleiche an." – „Es macht mir nichts aus, wenn ich nicht gewinne." – „Ich mache gern, was von mir verlangt wird."

Andere mögliche Anzeichen:

- Zwischen Ihnen und Ihren Freunden gibt es eine ungeschriebene Regel, dass Sie sie nicht kritisieren und dass Sie auch nicht von ihnen kritisiert werden wollen.
- Sie möchten gern glauben, dass Menschen, die sich falsch verhalten, Ihre Lektion letztendlich lernen, ohne dass Sie etwas dazu sagen müssen.
- Sie behaupten steif und fest, dass es Sie nicht kümmert, was andere von Ihnen halten.
- Sie stellen nach vielen Jahren fest, dass Sie jemandem gefolgt sind oder sich von jemandem haben kontrollieren lassen, dem nicht an Ihrem Wohlbefinden lag.
- Sie haben regelmäßig Sex, um einen anderen Menschen glücklich zu machen, obwohl Sie in diesem bestimmten Moment eigentlich keine Lust dazu haben.

Selbtschutz durch übertriebene Leistungsorientierung

Wer sich durch übertriebene Strebsamkeit und Leistungsorientierung schützt, hat gelernt, dass das Gefühl, zu nichts nutze zu sein, schnell verschwindet, wenn man gelobt wird. Normalerweise nimmt man diesen Schutzmechanismus sehr früh an und bleibt für den Großteil seines Lebens dabei, aber manchmal tritt er auch nur vorübergehend auf. Zum Beispiel wenn man Ihnen den Laufpass gegeben hat, und obwohl Sie wissen, dass Sie noch nicht bereit für eine neue Beziehung sind, beginnen Sie fieberhaft, sich wieder zu verabreden – nur, um sich zu beweisen, dass Sie immer noch für jemanden attraktiv sein können.

Dieser Selbstschutz beginnt oft schon in der Kindheit mit Eltern oder Lehrern. Wenn ein Kind zu Hause oder in der Schule Probleme hat, die zu einem ständig anhaltenden Gefühl von Niederlage, depressiven Verstimmungen und Schamgefühl führen, kann seine Fähigkeit, eine Reihe von freundlichen, verständnisvollen Lehrern zufriedenzustellen, diesen Selbstschutz stimulieren. Lehrer ermutigen oft zu einer übertriebenen Strebsamkeit; sie finden großen Gefallen daran, ohne zu begreifen, was sie einem Kind in dieser Situation antun, einem Kind, das ständig versucht, seinen Wert zu beweisen, anstatt einfach anzuerkennen, dass es vollkommen in Ordnung ist, so wie es ist.

Auch Menschen mit Behinderung, Angehörige einer Minderheit oder solche, die glauben, von irgendeinem Makel behaftet zu sein, neigen zu dieser Art von Selbstschutz. Der Schmerz wird durch übertriebene Strebsamkeit in einem bestimmten Bereich gelindert. Dabei kann es sich um ein wissenschaftliches Studium, Musik, Sport, Computer oder ein anderes Talent handeln, dem sich der Betroffene bis zur Erschöpfung widmet. Wenn Sie diese Selbstschutzmaßnahme praktizieren, sind Sie überzeugt davon, sich auf diese Weise beweisen zu können und Macht zu erlangen. Sie können triumphieren, anstatt sich geschlagen geben zu müssen. Das Problem liegt jedoch darin, dass es sich dabei nur um eine zeitlich beschränkte Lösung handelt. Ihr richtiger Sinn für Ihr allgemeines Selbstwertgefühl wird dadurch nicht gefördert. Sie glauben, für das bewertet zu werden, was Sie tun, und dass Sie, sobald Sie damit aufhören, wertlos sind. Also fühlen Sie sich ständig getrieben, bis zu einem Punkt, an dem Sie sich im wahrsten Sinne des Wortes vor Überanstrengung beinahe umbringen.

Natürlich ist übertriebene Leistungsorientierung und Strebsamkeit nicht immer Selbstschutz, selbst wenn andere behaupten, Sie würden sich überarbeiten. Vielleicht arbeiten Sie so hart, weil Sie Ihren Beruf lieben. Wenn Sie jedoch kaum mehr in der Lage sind, sich um sich selbst zu kümmern, sich auch einmal freizunehmen und Ihren Lieben Zeit zu widmen, dann nutzen Sie wahrscheinlich diese überzogene Arbeitshaltung als Selbstschutz.

Geschwister und übertriebene Leistungsorientierung

Oft übersehen wir die Rivalität zwischen Geschwistern, die bei falscher Erziehung durch die Eltern eine lebenslange Versagensangst bei einem der Kinder erzeugen kann.

Chelsea und Cameron sind zweieiige Zwillinge, die jüngsten von fünf Kindern. Wie bei allen Zwillingen war auch hier schon im Mutterleib einer von beiden größer und dominanter. In diesem Fall war das Chelsea. Sie war in den Augen der anderen schon immer hübscher, ausgeglichener und aufgeschlossener als ihre Zwillingsschwester. Cameron ist die Ruhigere von beiden und war bis zu ihrer Pubertät ziemlich pummelig. Wenn Freundinnen zum Spielen zu ihrer Schwester kamen, war sie nur eine Randfigur. Ihre Eltern versuchten zu helfen, indem sie sehr gewissenhaft auf gerechte Behandlung achteten, aber Cameron brauchte mehr als das, um sich nicht selbst zu gering einzuschätzen.

In der Mittelstufe fiel sie einem Mathematiklehrer positiv auf, und er lobte sie für ihre Fähigkeiten. Sie war begeistert von seiner Reaktion und lernte Tag und Nacht, um ihm zu gefallen. Bei der Abschlussfeier weinte sie, weil sie ihn nun nicht mehr sehen würde.

In der Highschool fiel ihr der Umgang mit den anderen sehr schwer. Ihre Schüchternheit verstärkte sich, weil sie ständig mit ihrer Schwester verglichen wurde, dem „hübschen, lustigen, aufgeschlossenen Mädchen". Aber auch hier fand sie Zuflucht bei ihren Lehrern in Mathematik und denen der anderen naturwissenschaftlichen Fächer, von denen sie ständig ermutigt wurde. Cameron glänzte vor allem in Chemie und beschloss, das Fach auf dem College zu studieren. Insgeheim befürchtete sie, dass sie niemals heiraten würde, also wollte sie sich selbst ernähren können. Sie studierte Chemotechnik und wurde Dozentin, während Chelsea einen Abschluss in Geisteswissenschaften machte und dann semiprofessionell als Schauspielerin arbeitete.

Als Chelsea heiratete und zwei Kinder bekam, war Cameron immer noch Single und beneidete ihre Schwester zutiefst. Plötzlich waren ihr Chemotechnik und all die Männer, die in ihr nur eine Kollegin und Freundin und nicht mehr sahen, verhasst. Als einige Studenten sie baten, ihr dabei zu helfen, Gifte in einem örtlichen Wasserwerk zu ermitteln, entschloss sie sich dazu, sich dem Umweltschutz zu widmen. Im Hinterkopf reifte in ihr der Gedanke, dass der Kampf für eine saubere Umwelt viel wichtiger war als das, was ihre Schwester tat – nämlich „nur Mutter zu sein". Sie engagierte sich so stark für den Umweltschutz, dass andere ihren Mut und ihre Bereitschaft, gesundheitliche Risiken auf sich zu nehmen und ihre eigenen Bedürfnisse zurückzustellen, sehr bewunderten. Sie war stolz darauf, dass sie mit nur wenigen Stunden Schlaf pro Nacht auskam. Schließlich erhielt sie eine Auszeichnung für ihre bahnbrechende Arbeit, aber zu dieser Zeit litt sie bereits an einer chronischen stressbedingten Erkrankung.

Ihre Schwester war mittlerweile eine bekannte Kinderbuchautorin geworden und half ehrenamtlich Schülern aus einkommensschwachen Familien. Ohne dabei irgendeine Verbindung festzustellen, beschloss Cameron, Bücher über ihre Erlebnisse beim Kampf gegen Großunternehmen zu schreiben. Während Chelsea durch ihren Einsatz für bessere Bildung landesweit bekannt wurde, bewarb Cameron sich als Umweltschützerin für ein öffentliches Amt. Chelsea schaffte es, ein glückliches, ausgeglichenes Leben zu führen, während Cameron für ihre selbstlose

Aufopferung berühmt wurde, sich aber mit zahlreichen Krankheiten herumplagen musste. „Sie arbeitet so hart bei allem, was sie in Angriff nimmt“, sagten die Leute von ihr. Jeder, der die beiden Schwestern von Kindesbeinen an kannte, sah, dass Cameron zu beweisen versuchte, dass sie zumindest halb so gut war wie ihre Schwester.

Anzeichen von Selbstschutz durch übertriebene Leistungsbereitschaft

Unbewusste Annahme: „Wenn ich hart genug arbeite, dann wird mich jemand lieben; niemand kann behaupten, ich sei nicht gut genug, und ich werde mich schließlich nicht mehr wertlos fühlen.“

Verallgemeinernde Aussagen: „Was auch immer du willst, ich kann es tun – ich werde einen Weg finden.“ – „Ich widme mein gesamtes Leben dieser Aufgabe – alles andere zählt nicht.“ – „Ich werde mich viel besser fühlen, wenn ich mein Gesicht habe liften lassen (abgenommen habe, meine Doktorarbeit geschrieben habe).“ – „Man sagt, dass ich schon viel erreicht habe, aber in meinen Augen ist das nicht so.“

Andere mögliche Anzeichen:

- Auch wenn Sie noch so viel Erfolg haben, sind Sie eigentlich nie mit sich zufrieden.
- Sie fühlen sich wie ein Hochstapler, auch wenn andere Sie als Experten bezeichnen.
- Wenn andere Kritik äußern oder an einem ähnlichen Projekt wie Sie arbeiten, greifen Sie sie oder ihre Arbeit mit überraschender Heftigkeit an.
- Sie müssen sich öfter anhören, dass Sie ständig arbeiten und nicht genug Zeit für Ihre Freunde und Ihre Familie haben.
- Wenn Sie nicht arbeiten, fühlen Sie sich unwohl, aber wenn Sie arbeiten, geht es Ihnen normalerweise gut und Sie fühlen sich wohl in Ihrer Haut.

Selbstschutz durch Überhöhung

Beim Selbstschutz durch Überhöhung geht es, anders als beim Selbstschutz durch übertriebene Leistungsbereitschaft, nicht darum, sich vor Schamgefühlen zu schützen; stattdessen begeben Sie sich damit direkt in das Schloss auf dem Berg. Sie sind attraktiver, klüger oder gebildeter als andere, Sie sind der beste Verkäufer, ganz oben auf dem Gipfel des Bergs, den Sie sich ausgesucht haben, der Konkurrenz weit überlegen und weit entfernt von dem Risiko, sich wertlos zu fühlen. Don, der hauptsächlich Selbstschutz durch Schuldzuweisung anwendete, neigte hin und wieder auch zur Überhöhung, wenn er zum Beispiel behauptete, zu kreativ für seine Dozenten zu sein.

Wir alle haben schon Narzissten kennengelernt, die sich in einem bestimmten Bereich oder ganz allgemein gewaltig aufblasen. Normalerweise handelt es sich um Selbstschutz, aber einige haben wohl einfach das Gefühl, ein Recht dazu zu haben. Manchmal ist diese Selbstschutzmethode aber auch schwer zu erkennen. Wir alle verwenden sie hin und wieder. Man hat erforscht, dass manche Menschen aus Angst vor Niederlagen ihren Selbstwert unbewusst erhöhen.[4] Möglicherweise befinden Sie sich in einer Situation, in der Anzeichen von Zweifel oder Selbstunterschätzung sofort ein Schamgefühl auslösen würden. Sie setzen Ihren Rang hinauf und glauben, dass diese Übertreibung Sie vor einer Niederlage schützen wird.

Manchmal greifen wir auch auf Überhöhung zurück, wenn uns alle anderen Selbstschutzmaßnahmen zu defensiv erscheinen. Stellen Sie sich vor, Sie spielten mit Ihrem Chef und anderen Vorgesetzten in der Arbeit Karten und verlören haushoch. Sie befürchten, schlecht dazustehen, wenn Sie die üblichen selbstschützenden Entschuldigungen anwenden – Sie hätten einfach Pech gehabt, zu gewinnen sei Ihnen nicht so wichtig oder Sie würden online ein paar Unterrichtsstunden im Pokern nehmen und beim nächsten Mal alle schlagen. Sie haben das Gefühl, etwas sagen zu müssen, womit Sie sich wieder an die Spitze setzen, auch wenn es nicht ganz der Wahrheit entspricht: „Nur gut, dass ich so gute Verkaufsergebnisse erzielt haben und es kein Problem für mich ist, euch auszubezahlen."

Wie immer gibt es auch hier Beispiele, wo sich eine Behauptung nach Selbstschutz anhört, es aber nicht ist. Manchmal ist Prahlerei keine Überhöhung, sondern nur gesunder Stolz oder eine gute Öffentlichkeitsarbeit. Hin und wieder ist es einfach nötig, Ihrem Boss, Ihrem Partner oder Ihren Eltern von Ihrem Erfolg zu erzählen. „Ja, ich bin jetzt tatsächlich auf Platz eins vorgerückt." In anderen Situationen handelt es sich jedoch um eine reine Verteidigungsstrategie. Wie verhält es sich mit folgendem Satz? „Ihr mögt ja alle einen Universitätsabschluss haben, aber ich bin schon seit 30 Jahren in diesem Geschäft." Vielleicht passt die Bemerkung an dieser Stelle, aber möglicherweise versuchen Sie damit auch nur, ein starkes Minderwertigkeitsgefühl und Scham wegen Ihrer unzureichenden Ausbildung zu vertuschen.

Wenn wir Selbstschutz durch Überhöhung praktizieren, reichen uns unsere tatsächlichen Leistungen und Erfolge nicht. Wir schämen uns trotzdem noch für das, was wir sind. Uns beruhigt nur der gute Eindruck, den andere von uns haben, oder vielmehr das Gefühl, erfolgreich unsere Wertlosigkeit vertuscht zu haben. Es reicht uns nicht, Geld zu haben, wir müssen unseren Reichtum zur Schau stellen. Es genügt nicht, belesen zu sein, wir müssen ständig betonen, was wir alles wissen. Es reicht uns nicht, schlanker zu sein als andere in unserem Alter, wir müssen drei Tage vor einem wichtigen Ereignis hungern, um in ein bestimmtes Kleidungsstück zu passen.

Eine weitere Form dieser Selbstschutzmaßnahme ist das übermäßige Betonen der eigenen Position. Sie sind zum Beispiel Vorsitzender eines Komitees oder Träger einer Auszeichnung, und wenn Sie sich in Gegenwart einer Person plötzlich wertlos fühlen, bringt Ihr unterbewertetes Selbst Sie dazu, Ihre wichtige Position in die Konversation einfließen zu lassen, obwohl das vollkommen überflüssig ist. Oder Sie beziehen sich auf Ihren allgemeinen Status, wenn Sie sich in einer bestimmten Situation unterbewertet fühlen. „Natürlich bin ich noch neu in diesem Land, aber ich bin Arzt, und dieses Krankheitsbild ist auf der ganzen Welt das gleiche."

Ein weiteres Beispiel ist der Kauf von Dingen, um andere zu beeindrucken. Wir müssen das beste Auto oder Eigenheim besitzen, die tollsten Ferien machen und beim Spaziergang mit dem schönsten Hund gesehen werden. Wir strengen uns zu sehr an, um attraktiv zu bleiben oder sportliche Erfolge zu erzielen, beinahe so, als würden wir andernfalls sterben. In Situationen, in denen wir uns unsicher fühlen, benehmen wir uns auffallend oder reißen dumme Witze, um die Aufmerksamkeit aller auf uns zu ziehen.

In jedem dieser Beispiele dient Selbstschutz durch Überhöhung dazu, ein Gefühl der Überlegenheit zu stärken und das Gegenteil zu vermeiden: Angst, Scham, Depression und das Gefühl, versagt zu haben. All das könnte entstehen, wenn Sie sich in den starken Bann Ihres unterbewerteten Selbst ziehen lassen.

Selbstschutz durch Überhöhung in der Kindererziehung

Selbst wenn wir mit unseren Bemühungen eigentlich anderen helfen wollen, können sie negativ sein, falls wir damit unbewusst hauptsächlich einen höheren Rang behalten wollen, um uns vor Scham zu schützen. Zum Beispiel bestehen wir manchmal darauf, jemandem zu helfen, der keine Hilfe mehr braucht, nur um ihm weiterhin überlegen zu sein. Wir leiden dann vielleicht unter dem kleinsten Fehler, den diese Person macht, und lassen uns Entschuldigungen dafür einfallen. Dieses Risiko besteht vor allem bei Eltern, die sich selbst unterbewerten und unbedingt die besten Eltern sein oder das beste Kind haben wollen, um jegliche Niederlage oder Schamgefühle zu vermeiden.

Schämen Sie sich, wenn Ihr Sohn nicht in die Baseballmannschaft aufgenommen wird, Ihre Tochter schlechte Noten an der Highschool hat oder Ihr Jüngster immer noch Windeln trägt? Es ist nicht falsch, sich zu bemühen, die besten Eltern auf der Welt zu werden (oder der beste Angestellte, das beste Teammitglied und so weiter). Und es spricht auch nichts dagegen, wenn Sie stolz auf Ihre Kinder sind oder selbst gerne ein Lob hören wollen. Kindererziehung ist eine schwere Aufgabe, und hingebungsvolle Eltern verdienen Lob. Aber es kommt zu Problemen, wenn wir dabei nicht zum Besten unserer Kinder handeln. So ignoriert eine Mutter, die unbedingt möchte, dass ihr Kind in der Schule beliebt ist, möglicherweise völlig, dass ihr Kind stark introvertiert ist.

Marilyn und Steve lernten sich während des Studiums kennen. Sie heirateten und bekamen sofort ein Kind. Steve verfolgte seine Karriere, während Marilyn gezwungen war, mit ihrer Doktorarbeit zu warten. Der Sexismus, den sie in ihrer Kindheit erfahren hatte, und ihr naturgemäßes Konkurrenzdenken trugen dazu bei, dass sie sich in ihrer Rolle als „nur Mutter“ wertlos fühlte. Oft hatte sie depressive Verstimmungen. Aber sie war eine starke Frau, kam darüber hinweg und konzentrierte sich ganz darauf, ihrer Tochter Darren alles beizubringen, was nötig war, um sie in jedem Bereich ihrer Wahl zur Besten zu machen. Durch diese Bestrebungen konnte Darren mit vier Jahren bereits hervorragend lesen, turnen, singen und schwimmen und hatte hervorragende Manieren – sie war auf jedem Gebiet ein Champion. Aber nach einem Monat im Kindergarten beschwerten sich die anderen Eltern und die Lehrer, dass Darren alle herumkommandieren und die anderen Mädchen zum Weinen bringen würde. Als Marilyn diese Anschuldigungen hörte, war sie sehr niedergeschlagen und wurde wieder depressiv. Ihre Versuche, ihrer Tochter durch ihre Erziehung in den Augen der anderen einen sehr hohen Rang zu verschaffen, hatten eigentlich nur dazu gedient, die Tatsache zu kompensieren, dass sie ihrer Meinung nach in ihrem Beruf gar keinen Rang erreicht hatte.

Selbstschutz durch Überhöhung am Arbeitsplatz

Rays Spitzenstellung in seiner Organisation bedeutet einen hohen Rang und enorme Macht. Trotzdem beherrscht ihn eine übertriebene Angst vor der Konkurrenz der jungen Leute, die sich rasch nach oben arbeiten. Anstatt wahre Führungsqualitäten zu zeigen, indem er seine Unsicherheit bekämpft und die potenziellen Aufsteiger zum Vorteil aller fördert, hat er begonnen, sich derart aufzublasen, dass andere an seinem Selbstbewusstsein zweifeln und ihm nicht mehr vertrauen. Er kritisiert nicht nur Vorschläge, die wirklich sehr gut sind, und spricht schlecht über andere, die von allen respektiert werden, sondern prahlt auch noch ständig von seinen vor Kurzem erzielten Leistungen. Er muss sich darauf verlassen können, dass sein Können und seine Erfahrung – ohne übertriebene Darstellung – ihm weiterhin den Einfluss ermöglichen, den er naturgemäß verdient hat.

Anzeichen von Selbstschutz durch Überhöhung

Unbewusste Annahme: „Ich muss mir selbst und den anderen klarmachen, dass ich hoch qualifiziert oder der Beste bin, um die Tatsache zu verschleiern, dass ich mich wertlos fühle."

Verallgemeinernde Aussagen: „Für mich ist es schwer, Menschen zu finden, die mit mir mithalten können oder mich nicht langweilen." „Ich scheine Dinge zu wissen, die andere nicht wissen." – „Mir kann man nur schwer widerstehen." – „Wenn du das Beste willst, solltest du dich auf meine Seite schlagen."

Andere mögliche Anzeichen:

- Sie achten wie besessen darauf, schlank und jugendlich oder muskulös zu bleiben, und zeigen sich bevorzugt mit Personen, die diese Kriterien ebenfalls erfüllen.

- Sie stellen Ihre eigenen Leistungen übertrieben dar und spielen die der anderen herunter.
- Wenn Sie sich bedroht fühlen, spielen Sie Ihren höheren Rang aus oder betonen Ihre Überlegenheit.
- Sie ziehen in Erwägung, eine enge Freundschaft zu beenden, wenn die andere Person sich einen Ausrutscher geleistet hat, der auf Sie zurückfallen könnte.
- Ihre Gefühle für eine Person, die Sie eigentlich lieben sollten, sind nicht sehr stark, weil Sie sich ihr überlegen fühlen.

Selbstschutz durch Projektion

Selbstschutz durch Projektion ist extrem, aber sehr weit verbreitet. Was Psychologen als „defensive Projektion" bezeichnen, ist die am schwersten zu erkennende Selbstschutzmaßnahme, aber diejenige, die sich am leichtesten beenden lässt. Wenn wir uns ihrer bedienen, sehen wir das, was in uns das Gefühl der Wertlosigkeit erzeugt, nicht bei uns selbst, sondern bei anderen. Das Kunststück, das wir bei dieser mentalen Übung vollbringen, ist erstaunlich. Die einfache Aussage „Ich kann Snobs nicht leiden", könnte darauf hinweisen, dass Sie selbst in gewisser Weise ein Snob sind. Der Grund, dass Sie diesen Wesenszug so sehr hassen und ständig darauf herumreiten, könnte einen Grund haben – vielleicht hat Sie irgendwann jemand bezichtigt, sich wie ein Snob zu benehmen, und Sie haben sich dafür sehr geschämt. Snobismus wurde für Sie eine richtige Sünde, und Sie möchten gerne glauben, dass Sie sie niemals begehen werden. Oder vielleicht sagen Sie: „Ich kann nicht fassen, wie kritisch sie ist", obwohl ganz offensichtlich Sie derjenige sind, der Kritik übt. Sie hassen das so sehr an sich selbst, dass Sie regelrecht besessen davon sind, aber Sie sehen es ständig nur bei anderen. Wenn Sie sich dauernd Sorgen darüber machen, ob Sie möglicherweise nicht attraktiv genug sind, aber das Gefühl haben, dass Sie das nicht tun sollten, sagen Sie vielleicht, ohne weiter darüber nachzudenken: „Diese Leute sind so eitel – sie kümmern sich immer nur um ihr Aussehen."

Am besten kommen Sie einer Projektion auf die Spur, wenn Sie Menschen, die Sie nicht mögen (und nicht deshalb, weil diese Sie oder andere schlecht behandeln), genau betrachten – Menschen, die Sie auf eine irrationale Weise ablehnen. Überlegen Sie, was genau Sie an diesen Menschen besonders stört – ein Charakterzug, eine Verhaltensweise wie Arroganz Hilflosigkeit, Hinterhältigkeit, Habgier, Eifersucht oder Leichtgläubigkeit. Schauen Sie sich diese verhasste Eigenschaft ganz genau an. Geht es dabei nicht um etwas, was Sie an sich selbst nicht tolerieren würden, um etwas, wofür Sie sich schämen würden, wenn Sie es auch nur ansatzweise bei sich selbst zuließen? Ihre Vernunft sagt Ihnen, dass niemand, Sie selbst eingeschlossen, ganz frei von solchen Verhaltensweisen ist; trotzdem haben Sie gelernt, sich sehr schlecht zu fühlen, wenn Sie dementsprechend handeln.

Manchmal projizieren wir auch unsere guten Eigenschaften auf andere, wenn wir uns beschämt und wertlos fühlen, weil wir das Gefühl haben, diese positiven Züge könnten unmöglich auf uns zutreffen. Wir glauben, dass die anderen glücklich, vom Schicksal begünstigt und talentiert sind, sehen uns selbst aber so – auch wenn die anderen sich gar nicht so glücklich fühlen, wie wir annehmen.

Selbstschutz durch Projektion mittels Zurückweisung eines potenziellen Partners

Rosanne war das älteste von sechs Kindern und ließ sich nicht so leicht unterkriegen. Ihr Vater war ein ehrgeiziger Selfmademan aus einem Entwicklungsland, der seine Familie in die Vereinigten Staaten gebracht hatte, als Rosanne fünf Jahre alt war. Ihre Mutter war sehr zurückhaltend, kränklich und depressiv. Ihre Kinder überforderten sie und sie hatte Mühe, sich in einem Land zurechtzufinden, das ihr nicht gefiel. Also übernahm Rosanne schon früh viele Aufgaben, folgte den Anweisungen ihres Vaters und war stolz auf ihre Rolle. In ihrem ersten Jahr an der Highschool wurde ihr Vater zurück in ihre Heimat versetzt. Auf den Wunsch ihres Vaters hin kehrte Rosanne nicht mit ihrer Familie zurück. Ihr Vater wollte, dass sie blieb und alle ihr zur Verfügung stehenden Möglichkeiten nutzte. Das erste Jahr war schrecklich. Rosanne vermisste ihre Angehörigen und fühlte sich unwohl bei ihrer Gastfamilie. Das folgende Jahr war noch schlimmer: Sie musste entweder ein Stipendium an einem College in einer fremden Stadt annehmen oder in ihre Heimat zurückgehen. Rosanne entschied sich für das Stipendium. Nach dem College nahm sie die amerikanische Staatsangehörigkeit an, fand einen ausgezeichneten Job und stieg rasch in der Firma auf. Dann kam sie zu mir. Sie sehnte sich nach einer Beziehung, aber es klappte einfach nicht. Rosanne zog viele Männer an, aber keiner genügte ihren Ansprüchen. Sie waren in ihren Augen alle Faulenzer, die es nur auf ihr Geld abgesehen hatten, oder zu anhänglich.

Dann träumte Rosanne von einem Mann in ihrem Leben, den sie jedoch wieder ablehnen wollte. In ihrem Traum lernte sie ihn in ihrem Abschlussjahr an der Highschool kennen. Nachdem sie mir das erzählt hatte, rief sie sich zum ersten Mal wieder die damaligen Nächte ins Gedächtnis, in denen sie sehr traurig gewesen war und sich verunsichert und einsam gefühlt hatte. Es hatte ihr große Angst gemacht, ganz allein und von ihrer Familie getrennt zu sein und sie hatte den Glauben an sich selbst als starke, unabhängige Person verloren. Rosanne erkannte, wie sehr sie sich immer noch wünschte, umsorgt zu werden.

Aber sich umsorgen zu lassen würde sie ihrer Mutter zu ähnlich machen. Ihr Vater hatte ihr beigebracht, dass es ein Zeichen von Schwäche war, andere zu brauchen. Also hatte sie ihren Wunsch nach Nähe und Unterstützung von ihrer Mutter auf die Männer projiziert, mit denen sie sich traf, und nahm an, dass diese von ihr erwarteten, dass sie sich um sie kümmern würde. Was Rosanne passiert ist, erleben wir sehr häufig: Wir verabscheuen einen Wesenszug, den unsere Eltern an uns nicht mochten oder den wir an ihnen nicht leiden konnten, und projizieren ihn auf andere. Rosanne verachtete die Schwäche ihrer Mutter, und ihr Vater hätte sie verurteilt, wenn Rosanne es gewagt hätte, solche Anzeichen zu zeigen.

Projektion am Arbeitsplatz

Burt wuchs in ärmlichen Verhältnissen auf. Seine Lehrer deuteten sein ungepflegtes Äußeres als Zeichen geringer Intelligenz, und er wurde nie zu Kursen ermutigt, die ihn an ein College hätten bringen können. Also verwendete er seine Energie darauf, Autos zu reparieren. Er tüftelte mit Begeisterung an technischen Vorrichtungen und erfand schließlich ein zweckmäßiges Werkzeug, mit dem sich Bremsbeläge leichter wechseln ließen. Mit der Hilfe eines Bibliothekars reichte er einen Patentantrag dafür ein. Eine Geschäftsfrau, die ebenfalls Interesse daran zeigte, lieh ihm Geld, und er begann mit der Herstellung des Werkzeugs. Inzwischen besitzt er dank seines großen Ehrgeizes und seines Wunsches, sich selbst zu beweisen, eine Firma mit einigen Hundert Angestellten.

Burt verabscheut Ungerechtigkeit. Er rühmt sich, einfachen Leuten eine Chance zu geben. In den Augen seiner Angestellten verhält er sich jedoch alles andere als gerecht. Er stellt zwar „einfache Leute" ein, achtet aber ganz genau darauf, ob sie versuchen, sich nach oben zu kämpfen. Allen, die sich „zu sehr in den Vordergrund drängen", verweigert er eine Beförderung. Tatsächlich hat er sich selbst sein ganzes Leben lang nach oben gekämpft und versucht, an mehr Macht zu kommen. Da er als Kind unfaires Ranking und zu wenig Linking erlebt hatte, war er von dem Gedanken besessen, nach oben zu kommen. Nun sieht er in allen Menschen um sich herum rücksichtslosen Ehrgeiz, und das verabscheut er so sehr, dass er nie zugeben könnte, selbst in solches Verhalten an den Tag gelegt haben zu können.

Anzeichen von Selbstschutz durch Projektion

Unbewusste Annahme: „Ich kann das Gefühl von Scham und Wertlosigkeit nicht ertragen. Manche meiner Eigenschaften sind besonders schlecht, also muss ich sie ablegen. Trotzdem verfolgen sie mich. Ich sehe sie überall, in jedem."

Verallgemeinernde Aussagen: „Ich weiß nicht, warum, aber ich hasse diese Person." – „Ich bin nicht verärgert über deine Bemerkungen. Du bist derjenige, der sich aufregt." – „Ich habe nicht vor, mehr Macht zu übernehmen (obwohl Sie das unbewusst gern tun würden), aber du solltest diese Leute nicht aus den Augen lassen ... Sie täuschen dich mit ihrer Freundlichkeit und reißen dann plötzlich die Herrschaft an sich."

Andere mögliche Anzeichen:

- Sie sehen an anderen für Sie unakzeptable Verhaltensweisen, nehmen sie aber kaum an sich selbst wahr.
- Andere sind in Ihren Augen gut, während Sie selbst schlecht sind. (Sie sehen Ihre eigenen guten Eigenschaften an anderen anstatt an sich selbst.)
- Sie bemängeln oft an anderen, dass sie zu kritisch sind, und nehmen nicht wahr, dass Sie sich selbst so verhalten.
- Sie glauben zu wissen, dass jemand unehrlich oder egoistisch ist, bis Sie herausfinden, dass Ihre Meinung über denjenigen völlig unbegründet ist.
- Sie schreiben anderen schlechte Eigenschaften zu, sich selbst aber nicht.

MIT DEM ERLERNTEN ARBEITEN

Nun haben Sie festgestellt, zu welchen Selbstschutzmethoden Sie neigen. Jetzt, da Sie mehr darüber wissen, kehren Sie zu Ihrer Selbsteinschätzung zurück und überprüfen Sie, ob einige Ihrer mit „nicht zutreffend“ bewerteten Punkten nicht vielleicht doch der Wahrheit entsprechen.

Sie sind nun so weit zu erforschen, wie Sie diese Selbstschutzmaßnahmen in bestimmten Situationen angewendet haben und wie Sie sie in Zukunft vermeiden können. Erwarten Sie aber nicht zu viel von sich. Je weiter Sie sich in diesem Buch vorarbeiten, umso leichter wird es Ihnen fallen, ohne diese Methoden auszukommen und die Kraft Ihres unterbewerteten Selbst zu verringern. Wenn Sie auf eine Selbstschutzmaßnahme verzichten, werden Sie sich selbst und andere weniger in eine Hierarchie einordnen und dafür Ihre Beziehungen zu ihnen verbessern. Beginnen Sie mit der Betrachtung Ihrer bisherigen Verhaltensweisen und überlegen Sie, was Sie hätten anders machen können.

Finden Sie heraus, wann genau Sie sich selbst schützen

Schreiben Sie alle sechs Selbstschutzmaßnahmen in Ihr Notizheft. Verwenden Sie für jeden Begriff eine eigene Seite. Werfen Sie einen Blick in Kapitel 1 auf die Liste der Personen, in deren Gegenwart Sie sich wohlfühlen, und derjenigen, bei denen das nicht der Fall ist. Schreiben Sie drei Situationen auf, in denen Sie in Gegenwart dieser Personen Selbstschutzmaßnahmen ergriffen haben. Manchmal fällt es schwer, sich an einen konkreten Moment zu erinnern, in dem Sie sich geschämt haben oder dieses Gefühl unterdrücken wollten. (Etwas zu vergessen ist eine andere Form von Selbstschutz, aber dies ist schwer zu beurteilen.) Denken Sie nach und gehen Sie eventuell weiter in der Zeit zurück.

Vergewissern Sie sich, dass es sich nur um Momente handelte, in denen Sie sich selbst schützen wollten. Bagatellisierung zählt zum Beispiel dann nicht, wenn der Anlass tatsächlich keine große Sache war. Genauso wenig zählt Schuldzuweisung, wenn Sie ungerecht behandelt wurden. Auch Bemühungen, Ihr Bestes zu geben, ohne es dabei zu übertreiben, oder wenn Sie anderen ganz sachlich von Ihren Fähigkeiten berichtet haben (nicht um damit ein Minderwertigkeitsgefühl zu unterdrücken), sind hier nicht gemeint. Ebenso wenig, wenn Sie etwas projiziert zu haben scheinen, es sich jedoch tatsächlich um das Problem der anderen Person und nicht um Ihr eigenes handelte.

Was hätten Sie anstelle einer Selbstschutzmaßnahme tun können?

Wie haben Sie sich in bestimmten Beziehungen in Selbstschutzmaßnahmen geflüchtet? Sie werden sich mit dieser Übung die guten Gefühle vorstellen können, die Sie bei einer Vermeidung dieser Maßnahmen hätten empfinden können, und lernen, wie Sie ohne einen solchen Selbstschutz auskommen. Stellen Sie sich zu jedem der 18 oben aufgelisteten Ereignisse folgende Fragen und überlegen Sie, wie Sie anders mit den jeweiligen Situationen hätten umgehen können.

- Wie hat Ihrer Meinung nach die andere Person auf Ihre Selbstschutzmaßnahme reagiert?
- Was hätten Sie stattdessen sagen können? Was wäre gewesen, wenn Sie nur ein wenig Ihrer Angst vor dem Gefühl, ein Versager oder schlechter Mensch zu sein, gezeigt hätten?
- Was hätte die andere Person in diesem Fall als Reaktion darauf möglicherweise gedacht oder getan?

Nehmen wir an, dass Sie bei einem gemeinsamen Projekt allein vorausgeprescht sind, und Ihre Arbeitskollegin hat davon erfahren. Sie hatten den Eindruck, dass die anderen Ihre Fähigkeiten unterschätzten, deshalb wollten Sie zeigen, dass Sie die Aufgabe auch allein bewältigen konnten. Aber Ihnen war klar, dass das Ihrer Kollegin nicht gefallen würde, und als sie es herausfand, waren Sie beschämt und fühlten sich erwischt.

Bevor sie böse werden konnte und Sie größere Scham empfanden, sagten Sie rasch: „Ich bin nicht davon ausgegangen, dass dir das etwas ausmachen würde.“ Sie haben die Angelegenheit bagatellisiert, um sich selbst zu schützen, indem Sie die Sache herunterspielten. Vielleicht kam noch eine Schuldzuweisung hinzu, falls Sie ihr damit bedeuten wollten, dass es ihr nichts auszumachen habe. Ihre Aufgabe besteht nun darin, sich zu überlegen, was in Ihrer Arbeitskollegin vorgegangen ist und was Sie anderes hätten sagen können.

- *Wie hat die andere Person Ihrer Meinung nach aufgenommen, was Sie gesagt haben?* Sie hat mir nicht geglaubt.
- *Was hätten Sie stattdessen sagen können?* Vielleicht: „Es tut mir leid – ich hätte mir denken können, dass dir das nicht gefällt. Ich wollte den anderen zeigen, dass ich diese Aufgabe auch ohne deine Hilfe schaffe. Es tut mir wirklich leid, dass ich ohne dich weitergemacht und die Chance auf eine Zusammenarbeit mit dir ausgeschlagen habe, nur um selbst besser dazustehen."
- *Wenn Sie das gesagt hätten, was hätte sich die andere Person dann möglicherweise gedacht und darauf erwidert?* Sie wäre vielleicht beeindruckt gewesen, dass ich in dieser unangenehmen Lage ehrlich zu ihr war. Möglicherweise wäre sie auch wütend gewesen, und das zu Recht. Aber weil ich zugegeben habe, dass ich etwas falsch gemacht habe und das sehr bedauere, hätte sie mir das nicht lange übel nehmen können. Und zumindest musste ich mich nicht noch schlechter fühlen, was der Fall gewesen wäre, wenn ich gelogen hätte, um meinen Fehler zu vertuschen.

Selbstschutzmaßnahmen verbergen das unterbewertete Selbst

Ein wichtiges Ziel für Sie besteht darin, weniger in Selbstschutzmaßnahmen zu flüchten. Sie sollten die von Ihnen verwendeten Selbstschutzmaßnahmen zu identifizieren, durchschauen und erkennen, wie sehr Sie dadurch von Ihrem unterbewerteten Selbst beherrscht werden. Denken Sie darüber nach und schreiben Sie Ihre Erkenntnisse auf. Verwenden Sie diese Selbstschutzmaßnahmen öfter, als Sie dachten?

Erkennen Sie, wie oft Sie sich im Ranking-Modus befinden und versuchen, die Angst vor Versagen und Scham zu vermeiden? Falls Sie sich darüber noch nicht ganz sicher sind, ist das vorerst nicht weiter schlimm.

KAPITEL 3
IN DER VERGANGENHEIT LIEGENDE GRÜNDE FÜR EINE ZU GERINGE SELBSTBEWERTUNG

Es gibt Momente, in denen Ihnen bewusst ist, dass Sie die Welt durch die Augen des unterbewerteten Selbst sehen, und jetzt, seit Sie mehr über Ihre Selbstschutzmechanismen wissen, werden sich solche Augenblicke vielleicht schon bald häufiger einstellen. Bezeichnend für solche Momente ist Ihr Glaube, dass Sie generell einfach nicht gut genug sind. Sie sagen sich: „Ich bin ein Verlierer und wertlos. Kein Wunder, dass mich niemand mag." Aber Sie *wissen*, dass das irrational ist.

Manchmal hat uns das unterbewertete Selbst so fest im Griff, dass wir keinen Ausweg aus diesem düsteren Tal sehen, bis irgendein Ereignis unseren bisherigen Blickwinkel *verschiebt* und wir begreifen, dass wir uns erheblich, ja sogar drastisch unterbewerten. Waren Sie schon einmal mit jemandem zum Mittagessen verabredet und fest davon überzeugt, dass diese Person von Ihnen extrem gelangweilt war und sich nie wieder bei Ihnen melden würde? Und dann erhielten Sie am nächsten Tag eine Nachricht, in der Ihnen genau dieser Mensch mitteilte, dass er Sie möglichst bald wiedersehen möchte. Das ist die Art von Verschiebung, die ich meine.

Damit diese Verschiebung schneller stattfindet, müssen Sie Ihre persönlichen Gründe für diese starke Unterbewertung aufdecken. Herauszufinden, was Ihren Gefühlen der Scham und Wertlosigkeit zugrunde liegt, wird es Ihnen leichter machen zu entdecken, was diese Gefühle auslöst. Das wiederum kann Ihnen dabei helfen, sich nicht mehr zu gering einzuschätzen. Die Erforschung Ihrer Geschichte wird auch Ihre Überzeugung verringern, dass das Gefühl der Wertlosigkeit Ihre eigene Schuld ist.

ZWEI FAKTOREN, DIE DAZU BEITRAGEN, DAS UNTERBEWERTETE SELBST ZU STÄRKEN

Aus Kapitel 1 kennen Sie bereits den ersten Faktor – das unterbewertete Selbst resultiert teilweise aus angeborenen Neigungen: Sie haben eine allgemeine Wahrnehmung des Selbstwertgefühls, das fälschlicherweise zur Unterbewertung tendiert (damit Sie Situationen vermeiden, in denen Sie sich unterlegen und beschämt fühlen könnten), und besitzen eine angeborene Abwehrreaktion bei Niederlagen und starke soziale Emotionen. Aber diese Neigungen werden nur durch persönliche Niederlagen aktiviert, die Sie erlebt haben, und das ist der zweite Faktor. Je mehr Niederlagen Sie durchgemacht haben, umso wichtiger ist es, dass Sie Ihre persönliche Geschichte erforschen, während Sie dieses Buch lesen. In diesem Kapitel werden Sie lernen, wie Sie das anstellen. Dabei werden Sie erkennen, warum fast jede Art von Trauma (jedes Erlebnis, das zu überwältigenden, scheinbar unerträglichen Emotionen führt) tief greifenden Einfluss darauf nimmt, wie stark Sie sich unterbewerten.

Unsere angeborene Neigung, uns selbst niedrig einzustufen, ist schon schwer genug zu handhaben, aber wenn Traumata in der Vergangenheit diese Unterbewertung noch verstärkt haben, wird sie chronisch, und die Konsequenzen sind noch weitreichender. Vielleicht haben Sie sich an Ihrem Arbeitsplatz in einer Gruppe schon lange nicht mehr zu Wort gemeldet, weil Sie aufgrund von Niederlagen in der Vergangenheit annehmen, nicht so gut zu sein wie die anderen. Also hielten Sie sich aus Sicherheitsgründen lieber zurück, obwohl Sie einige Ideen hatten, wie man einige der Firmenprobleme lösen könnte.

Außerdem sind Sie mit einem kritischen Vater aufgewachsen, der Sie manchmal wegen eines kleinen Fehlers oder eines Widerworts wütend anfuhr. Als Kind, das Ehrfurcht vor seinen Eltern hatte, fanden Sie diese Wutausbrüche beinahe unerträglich. Sie befürchten also nicht nur, dass Ihr Beitrag nicht gut genug sein könnte, sondern haben auch panische Angst davor, dass jemand Ihre Ideen kritisieren könnte – vielleicht sogar Ihr Chef, der sogar ein wenig Ihrem Vater ähnlich sieht. Sie behalten Ihre Vorschläge für sich, doch dann präsentiert ein Kollege eine Lösung, die Ihrer ähnlich, wenn auch nicht ganz so gut ist, und heimst großes Lob dafür ein.

Diese beiden Faktoren, angeborene Neigung und persönliche Geschichte, können uns immer wieder Steine in den Weg legen. Vielleicht sind Sie bei einer ersten Verabredung mit einem attraktiven Mann immer schüchtern. Sie nehmen einen zu niedrigen Rang ein, um sein Interesse zu wecken. Aber nun kommt noch hinzu, dass Sie vor Kurzem von Ihrem Freund, dem Sie vertraut hatten, wegen einer anderen verlassen wurden. Wenn Ihre Verabredung dann ebenso schweigsam ist wie Sie, schließen Sie daraus, dass er Sie nicht leiden kann. Später erfahren Sie jedoch, dass er dachte, Sie hätten kein Interesse an ihm. Oder ein Vorgesetzter schlägt eine Möglichkeit vor, Ihr Projekt zu verbessern. Er hat Ihre Arbeit – nur Ihre Arbeit, nicht Sie – als unter Ihren Fähigkeiten eingeschätzt. Sie haben Schwierigkeiten damit, das nicht als allgemeine Bewertung Ihres Werts anzusehen, sondern einfach nur die vorgeschlagenen Veränderungen in die Tat umzusetzen. In der sechsten Klasse hat einer Ihrer Lehrer öfter Ihre Arbeiten vor der gesamten Klasse zerrissen, deshalb erwarten Sie immer noch, schlecht abzuschneiden. Sie nehmen sich das bearbeitete Projekt noch einmal vor, beurteilen Ihre Arbeit daran als hoffnungslos und arbeiten es komplett um. Ihrem Vorgesetzten gefällt das gar nicht, denn er hatte fast alles, was Sie vorher gemacht hatten, gut gefunden. Bei der nächsten Besprechung teilt er Ihnen mit, dass Sie „auf Kritik überreagierten“, und hält es für das Beste, Ihre Beförderung zu verschieben.

Wenn diese beiden Faktoren – die angeborene Neigung zur Unterbewertung und ernsthafte Niederlagen in Ihrem Leben – auf Sie einwirken, kommt es sehr oft zu einer chronischen Form der Unterbewertung mit ungünstigen Auswirkungen auf alle möglichen Situationen und Beziehungen, die eigentlich einen guten Verlauf hätten nehmen können. Und dadurch entwickeln Sie möglicherweise Depressionen und Ängste.

Diese Folgen des unterbewerteten Selbst können auch selbsterfüllend werden – Sie nehmen weitere Gelegenheiten nicht wahr, bis Ihre Fähigkeiten „einrosten“ und Ihr Mangel an Selbstvertrauen für alle so offensichtlich ist, dass man Sie ebenfalls niedrig einstuft. Ihr geringer Wert ist zur Realität geworden.

Um solche Verluste zu vermeiden und Ihre Lage zu verbessern, müssen Sie die Traumata, die Sie in der Vergangenheit erlitten haben, erkennen, weil sie die Ihre allgegenwärtigen Instinkte, sich bei Gefahr einer Niederlage unterzubewerten, noch weiter verstärkt haben. Aber zuerst wollen wir feststellen, wie sehr Sie sich unterbewerten. Das wird Ihnen nach all dem Gelesenen nun besser gelingen, weil Sie mehr über Selbstschutzmaßnahmen und die Gefühle, die sich dahinter verbergen, wissen.

WIE STARK WERTEN SIE SICH SELBST AB?

Bevor Sie mit der Einschätzung beginnen, brauchen Sie ein paar Richtlinien.

- Kennzeichnen Sie jede Aussage mit einem „Z“, wenn sie jemals auf Sie zugetroffen hat oder wenn Sie jemals dieser Meinung waren, gleichgültig, wie irrational oder unangenehm diese Einstellung sein mag. „Z“ steht für einen „Zustand“, in dem Sie sich möglicherweise hin und wieder befinden.
- Kennzeichnen Sie jede Aussage mit einem „W“, wenn sie öfter für Sie wahr ist. „W“ steht für „Wesenszug“, ein fester Bestandteil Ihrer Persönlichkeit.
- Nehmen Sie sich Zeit, um über jeden Punkt nachzudenken. Schauen Sie über Ihre Selbstschutzmechanismen hinaus, um zu erkennen, was auf Sie zutrifft. Wenn Sie sich spontan dafür entscheiden, dass eine Aussage auf Sie zutrifft, dann bleiben Sie dabei, auch wenn Ihnen das nicht gefällt.

- Beantworten Sie jede Frage unabhängig von allen anderen. Machen Sie sich keine Sorgen, falls eine Antwort vorherigen Antworten zu widersprechen scheint.
- Wenn Sie Ihre Privatsphäre schützen wollen, schreiben Sie Ihre Antworten auf ein separates Blatt Papier anstatt direkt in das Buch. Aber halten Sie den Zettel mit den Antworten griffbereit, denn Sie müssen noch einmal darauf zurückgreifen.

1. Wenn jemand Ihnen sagt, dass er Sie mag, glauben Sie ihm nicht.
2. Wenn Sie jemandem direkt gegenüberstehen, richten Sie den Blick nach unten oder woandershin.
3. Sie denken oft darüber nach, wer der Bessere ist – hübscher, reicher, klüger –, wer die besseren Ideen oder ein schöneres Auto hat, obwohl Sie ziemlich sicher sind, dass andere nicht so denken.
4. Sie haben das Gefühl, anderen gefallen und sie um jeden Preis zufriedenstellen zu müssen.
5. Sie betrachten sich selbst als unterlegen, auch wenn Sie eigentlich wissen, dass Sie objektiv als gleichwertig angesehen werden können.
6. Wenn Sie kritisiert werden, prüfen Sie kaum, woher, von wem Kritik kommt. Ihr Tag ist ruiniert.
7. Sie haben Angst davor, sich zu äußern, auch wenn Sie wissen, dass Sie einen guten Vorschlag machen könnten.
8. Bezeichnend für Ihre Körperhaltung sind ein gesenkter Kopf und gekrümmte Schultern.
9. In Restaurants haben Sie Mühe, sich über etwas zu beschweren, womit jeder vernünftige Mensch ein Problem hätte.
10. Sie fühlen sich wie ein Hochstapler.
11. Wenn Sie eine ernannte oder natürliche Führungsperson sind (zum Beispiel ein Elternteil oder ein Lehrer), rechnen Sie mit Problemen, den nötigen Respekt zu bekommen.

12. Wenn jemand sagt: „Wir haben ein Problem", fürchten Sie sofort, dass Sie es verursacht haben oder dafür die Schuld bekommen.
13. Sie erkennen erst später, wie Sie sich in einer schwierigen Situation hätten verteidigen können.
14. Sie rechnen schon mit einer Niederlage, bevor Sie etwas beginnen.
15. Sie haben Angst, Ihren Job zu verlieren, selbst wenn es, objektiv gesehen, dafür keinen Grund gibt.
16. Man sagt, Sie hätten zu wenig Selbstvertrauen.
17. Sie gehen davon aus, dass andere nicht an Ihnen interessiert sind, wenn sie sich mit Ihnen treffen.
18. Bei Ihrer besten Freundin oder Ihrem Lebensgefährten sind Sie eifersüchtig oder verunsichert, obwohl Sie wissen, dass Sie an erster Stelle stehen.
19. Sie schämen sich oft für das, was Sie gerade gesagt haben, für Ihr Aussehen, Ihre Familie, Ihre Vergangenheit oder Ihren derzeitigen Partner.
20. Sie haben hauptsächlich Sex, weil Sie befürchten, dass die entsprechende Person Sie nicht mehr mag, wenn Sie sich weigern.
21. Wenn Sie möchten, dass jemand eine bestimmte Sache unterlässt, schaffen Sie es nicht, das offen anzusprechen.
22. Sie zögern, wenn Sie jemanden um einen Gefallen bitten müssen.

Auswertung

Addieren Sie die Anzahl der Aussagen, die Sie mit „Z" für einen Zustand, in dem Sie sich hin und wieder befinden, markiert haben. Zählen Sie auch die Anzahl der Aussagen, die Sie mit einem „W" für einen Wesenszug, einen festen Teil Ihrer Persönlichkeit, gekennzeichnet haben. Es gibt hier kein allgemeingültiges Ergebnis, aber wenn Sie zehnmal oder noch öfter ein „Z" gesetzt haben oder zwei oder mehrere Male ein „W", dann weist das auf eine erhebliche Unterbewertung.

TRAUMATA ALS URSACHE FÜR NIEDRIGE RANG-EINSCHÄTZUNG UND EIN UNTERBEWERTETES SELBST

Wenn wir von einer traumatischen physischen Verletzung sprechen, dann meinen wir damit, dass der Körper in bestimmter Weise seine Ganzheit verloren hat: Die Haut weist einen tiefen Schnitt auf, ein Knochen ist gebrochen oder ein Organ wurde verletzt. Ein Trauma kann sich jedoch auch auf die Seele auswirken, ob mit oder ohne körperlichen Schaden. Es tritt auf, wenn Emotionen nicht nur überwältigend, sondern tatsächlich unerträglich sind. Bei ausreichendem Stress und einem Gefühl der Machtlosigkeit, das noch mehr Belastung verhindern soll, verliert die Psyche ihre Ganzheit und „fällt auseinander", „bricht zusammen" oder „geht entzwei". Im Gehirn finden Veränderungen statt, die, obwohl sie oft reversibel sind, mit einer Verletzung verglichen werden können. Ein Trauma kann akut sein, ein plötzliches Erlebnis, oder chronisch, etwas, was einen Menschen lange Zeit quält.

Bei den meisten Traumata im Leben spielen andere Menschen in gewisser Weise eine Rolle. Jemand hat uns verlassen, besiegt, verletzt oder zurückgewiesen. Oder wir haben während einer physischen Verletzung das Gefühl, dass uns eine Person nicht oder nicht ausreichend geholfen hat. Als Folge davon führen die meisten Traumata automatisch zu der angeborenen Reaktion gegen Niederlagen und damit zu Depression oder Scham und zu einem allgemein geringen Selbstwertgefühl.

Wenn ein Trauma aus einem Erlebnis entsteht, dass zu schlimm für uns ist, um es genauer zu betrachten, bricht unsere Psyche es für uns auf, das heißt, wir lösen und distanzieren uns davon. Wir können Ereignisse komplett von unserem Bewusstsein abtrennen, sodass wir keine Erinnerung mehr daran haben. Oder wir trennen Gefühle aus einem Trauma von unseren Erinnerungen ab, sodass wir zwar noch wissen, was geschehen ist, aber nichts mehr dabei empfinden. Unterdessen werden wir – scheinbar grundlos – von aufwühlenden Gefühlen geplagt, einschließlich chronischer Ängste und Depressionen. Und wir verhalten uns auf eine Weise, die uns selbst überrascht, weil wir die Verbindung zwischen unserem Tun und dem Trauma in der Vergangenheit nicht sehen.

Während einige Bereiche unserer Psyche bei einem Trauma zerbrechen, übernehmen andere Bereiche von uns unbemerkt deren Funktion, damit wir die Tortur überleben und in Zukunft so etwas vermeiden. Diese „anderen Bereiche" äußern sich in den angeborenen Reaktionen, die Sie bereits kennen, wie zum Beispiel die Verringerung Ihres allgemeinen Selbstwertgefühls und anhaltende Depressionen und Scham. Diese Reaktionen übernehmen die Führung und lassen uns sozusagen im Glauben, dass die Vergangenheit der besten Prophet für die Gegenwart ist. Sie zwingen uns dazu, Selbstschutzmaßnahmen zu ergreifen, uns in Depression zu flüchten und uns selbst – bewusst oder unbewusst – zu gering einzustufen. All das geschieht, um ein weiteres soziales Trauma zu verhindern.

Die Entscheidung, nach einem Trauma einen niedrigen Rang zu akzeptieren, geschieht oft unbewusst. Es ist zu schmerzhaft, ständig daran zu denken, also ist Ihnen kaum bewusst, dass Sie bei jeder Begegnung mit anderen Menschen mit einer Niederlage rechnen. Daher ist es wichtig, dass Sie die Traumata Ihrer Vergangenheit erforschen, und das trotz der Distanzierung, der inneren Loslösung, der Dissoziation, die Sie möglicherweise davon abhält, sich dieser Ereignisse voll und ganz bewusst zu sein. Die Anzahl und den Typus der erlebten Traumata zu erkennen ist der nächste Schritt, um Ihr unterbewertetes Selbst zu heilen.

Rang und traumatische Ereignisse in der Kindheit

Wenn Sie kein extrem behütetes Kind waren, waren Sie wahrscheinlich mit weitaus mehr Traumata konfrontiert als die Erwachsenen. Warum? Sie waren körperlich kleiner. Sie waren üblicherweise nicht in der Lage, aus einer Situation zu fliehen, eine Möglichkeit, die Sie jetzt als gegeben voraussetzen. Sie waren umgeben von größeren Menschen, die einen höheren Rang hatten als Sie, also erlebten Sie häufig Niederlagen oder hatten Angst davor und versuchten, sie zu vermeiden. Und viele Erlebnisse waren neu und möglicherweise beängstigend für Sie. Außerdem neigt ein Kind als Reaktion auf traumatische Erlebnisse stärker zur Dissoziation, weil sich die Selbstwahrnehmung erst entwickelt. Je jünger Sie bei einem Ereignis waren, umso weniger Selbstschutzmaßnahmen und andere Bewältigungsmechanismen standen Ihnen zur Verfügung – solche von der Art, die Erwachsenen zur Verfügung stehen und die sie einsetzen, um durch eine Niederlage nicht traumatisiert zu werden. Wenn Sie zum Beispiel von jemandem schlecht behandelt werden, können Sie wahrscheinlich das Gefühl abwehren, dass Sie dieses Verhalten verdienen. Ein Kind, das eine schreckliche Behandlung erfährt, neigt dazu, sich unterlegen und machtlos zu fühlen. Es fühlt sich schuldig und muss sich von diesem Gefühl trennen, dissoziieren.

In den meisten Familien nimmt ein kleines Kind einen hohen Rang ein. Der ganze Haushalt dreht sich um ein Neugeborenes, und die Mutter kümmert sich in erster Linie um ihr Baby. Aber ein kleines Kind sieht seine Situation anders. Selbst die hingebungsvollsten Eltern müssen ihr Kind hin und wieder zu etwas zwingen, zum Beispiel zu einer Impfung. Wie traumatisch ist das? Ich kenne einen Mann, dessen liebende Mutter danebenstand, während ein sehr ungehaltener Kinderarzt, der Kinder im Grunde genommen nicht ausstehen konnte, ihn bei seinen ersten Spritzen grob festhielt. Der Mann geht heute noch allen Ärzten aus dem Weg.

Mit Gewalt verbundene Kindheitserlebnisse sind traumatisch, aber beinahe jedes Trauma in der Kindheit wird als Machtmissbrauch empfunden, denn Erwachsene, die sich eigentlich um ein Kind kümmern sollten, lassen es in gewisser Weise im Stich. Nehmen wir an, Sie sind fünf Jahre alt und Ihr Elternhaus brennt ab. Wenn Ihnen Ihre Eltern dann nicht sofort versichern, dass so etwas passieren kann, und Sie über Ihr Entsetzen und den Verlust von allem, was Sie am Tag zuvor noch besessen haben, hinwegtrösten, werden Sie sich in der Tat mit diesen unerträglichen – traumatischen – Emotionen alleingelassen fühlen. Die Erwachsenen sehen das nicht als Machtmissbrauch, denn es lag nicht in ihrer Absicht, die Bedürfnisse ihres Kindes zu ignorieren. Aber für Kinder sind große Leute entweder für sie da oder nicht.

Ein besonderes Trauma für Kinder, bei dem die angeborene Reaktion eine Rolle spielt, ist die Trennung von der Person, die sich eigentlich um sie kümmern soll. Wenn Kinder von ihren Bezugspersonen getrennt werden, protestieren sie zuerst (weinen laut), sind dann verzweifelt (krümmen sich zusammen und wimmern) und machen sich dann schließlich los und scheinen sich fast normal zu benehmen. Aber sie zeigen Zeichen von depressiven Verstimmungen.[1] Sie geben sich geschlagen. Die Reaktion auf die Niederlage spart Energie, hinterlässt aber ein Gefühl von Niedergeschlagenheit und Scham.

Neben der vorübergehenden Scham, die immer bei einer Niederlage einsetzt, kommt das Kind eventuell zu dem Schluss, dass sein gesamtes innerstes Selbst nicht liebenswert ist. Das kann geschehen, wenn das Kind keine Verbindung zu seinen Eltern spürt, diese kein Bedauern über eine Trennung zeigen oder glauben, das Kind bestrafen zu müssen. Diese offensichtlich angeborene Neigung, die Schuld auf sich zu nehmen, anstatt sie denen zu geben, die sie tatsächlich haben, nämlich den Erwachsenen, führt wahrscheinlich zu einer Änderung Ihres Verhaltens, bis Sie ein Rezept dafür finden, sich gut aufgehoben zu fühlen.

Als Kind waren Sie bei Trennungen in hohem Maße verletzlich und es bestand die Gefahr eines Traumas, während für Erwachsene entsprechende Situationen kaum von Bedeutung waren. Zum Beispiel haben Ihre Eltern Sie zur Strafe für einen bestimmten Zeitraum auf Ihr Zimmer geschickt. Da wir alle eine angeborene Furcht vor sozialer Ausgrenzung haben, ist das eine schreckliche Situation. In den Augen eines Kindes kommt das einer Gefängnisstrafe gleich. Und was konnten Sie als Kind dagegen tun? Nichts. Ihr Rang war zu niedrig.

Eltern hänseln ihr Kind auch manchmal, verspotten es oder bringen es dazu, dass es sich schämt, ohne es selbst zu bemerken. Das geschieht vor allem, wenn sie das selbst als Kind erlebt haben. Sie können ein Kind dazu zwingen, sich ständig mit anderen zu messen, und sie derart auf Sieg trimmen, dass das Kind in ständiger Angst lebt, verlassen zu werden, wenn es versagt. Natürlich gibt es auch Eltern, die ihr Kind vernachlässigen oder ihm körperliche Gewalt antun.

Wenn Sie Ihre eigenen Traumata in der Kindheit betrachten, bedenken Sie dabei, dass sich ein psychologisches Trauma im Kopf eines Kindes abspielt und nicht außerhalb. Dass Ihre Mutter für ein paar Wochen ins Krankenhaus musste, als Sie zwei Jahre alt waren, mag Ihnen heute belanglos erscheinen, aber damals war es das wahrscheinlich nicht. Das hängt davon ab, wie sicher Sie sich während dieser Zeit fühlten. Auf ähnliche Weise kann auch ein Hausbrand für ein gut behütetes Kind nicht traumatisch sein, während für ein anderes bereits ein geplatzter Luftballon ein Albtraum ist.

Je jünger Sie bei einem erschreckenden Erlebnis waren, umso wahrscheinlicher wurde es von Ihnen als Trauma empfunden. Vor Ihrem vierten Lebensjahr waren Sie besonders verletzlich, weil es Ihnen da noch an entsprechenden Methoden zur Bewältigung und der starken Selbstwahrnehmung mangelte, das Erwachsene besitzen. Als Sie dann schon etwas älter waren, etwa zwischen vier und zwölf Jahre alt, haben Ihnen bestimmte Ereignisse immer noch stärker zugesetzt als älteren Kindern, vor allem weil nicht immer Erwachsene in Ihrer Nähe waren, die Sie vor Geschwistern und Gleichaltrigen in Schutz genommen haben.

Unabhängig vom Alter spielt es eine große Rolle, wie viel Unterstützung Sie bei einem belastenden Ereignis von Ihren Eltern oder anderen Personen hatten. Wenn Ihre Mutter ins Krankenhaus musste, aber Ihre geliebte Großmutter zu Ihnen kam und sich um Sie gekümmert hat, konnten Sie das Ereignis viel besser verarbeiten, als wenn Ihr Vater ständig im Krankenhaus gewesen wäre und Sie mit Ihren Ängsten allein gelassen hätte.

Die Wiederholung eines Traumas oder ein zusätzliches kurz nach dem ersten kann die Belastung mehr als verdoppeln, weil das erste Trauma Sie verletzlicher gemacht hat. Wenn Ihre Mutter ins Krankenhaus muss, und Ihr Vater für Sie auch nicht mehr verfügbar ist, müssen Sie sich nicht nur mit einem zweifachen Verlust zurechtfinden, sondern entwickeln sogar das Gefühl, mit keinerlei Unterstützung mehr rechnen zu können, und die Folge davon ist ein gewaltiges Trauma.

Manche Traumata sind im Bewusstsein eines Kindes so lebendig, dass sie alle anderen Erlebnisse überschatten. Das ist etwa der Fall, wenn Ihre Mutter ins Krankenhaus gebracht wird und dort stirbt. Ihr ganzes Leben hat sich verändert. Natürlich wollen Sie Ihre Traumata nicht aufbauschen, aber normalerweise machen Menschen genau das Gegenteil und unterschätzen sie.

Obwohl die meisten Ihrer Kindheitstraumata wahrscheinlich auf das Verhalten anderer zurückzuführen sind, geht es bei dieser Übung nicht um Schuld. Und auch nicht darum, sich der Verantwortung zu entziehen. Sie sind nicht dafür verantwortlich, was in Ihrer Vergangenheit geschehen ist, aber Sie tragen die Verantwortung dafür, Ihr unterbewertetes Selbst zu heilen. Dafür ist es unabdingbar, dass Sie sich an Ihre in der Vergangenheit erlebten Traumata erinnern – und zwar nicht, um jemandem die Schuld zu geben oder sich selbst zu bedauern, sondern, um Probleme in der Gegenwart zu lösen.

Schauen Sie sich die folgenden Listen von Traumata in der Kindheit und im Erwachsenenalter an und markieren Sie zuerst diejenigen, die Ihnen zugestoßen sind. Dann fügen Sie alle weiteren hinzu, die hier nicht aufgeführt sind. Berücksichtigen Sie dabei Ihr Alter, die Ihnen gewährte Unterstützung und das Stresslevel zur entsprechenden Zeit. Ein bestimmtes auf der Liste genanntes Ereignis muss für Sie nicht zwangsläufig traumatisch gewesen sein, wohingegen ein anderes, das eher geringfügig erscheint, für Sie möglicherweise ein traumatisches Erlebnis war. Denken Sie auch darüber nach, welche Auswirkungen diese Erlebnisse auf Sie persönlich hatten.

Häufig erlebte Kindheitstraumata

- Sie wurden ständig gemobbt, sodass Sie Angst hatten, sich hilflos fühlten oder Ihr Leben verändern mussten, um den Schikanen zu entgehen.
- Sie wurden in der Schulklasse oder auf dem Spielplatz bloßgestellt.
- Sie wurden von anderen, mit denen Sie Freundschaft schließen wollten, zurückgewiesen.
- Sie mussten eine Klasse wiederholen.
- Sie hatten mehr als nur ein paar Tage keine Freunde.
- Sie hatten nur Freunde, für die Sie sich schämten.
- Sie wurden von Ihrem Bruder oder Ihrer Schwester unterdrückt.
- Ihre Eltern waren unangemessen streng.
- Sie wurden von einem Elternteil scharf kritisiert.
- Ihre Eltern haben Ihnen gedroht, Sie zu verlassen: „Wenn du nicht sofort aufhörst zu weinen, kommst du in ein Heim."
- Sie hatten Übergewicht, Untergewicht, starke Akne oder ein ähnliches Problem und fanden sich hässlich und unansehnlich.
- Sie fühlten sich wegen etwas schuldig, worüber Sie mit niemandem sprechen konnten.
- Als Teenager hatten Sie ungewöhnlich große Probleme, sich mit jemandem zu verabreden.

Seltener erlebte und meist schwerwiegendere Kindheitstraumata

- Sie haben den Tod oder eine schwere, bleibende Verletzung eines Elternteils oder eines Bruders oder einer Schwester miterlebt.
- Sie und/oder ein Familienmitglied leiden an einer lebensbedrohlichen oder ernsten chronischen Erkrankung.
- In Ihrer Familie gibt es einen Fall von Geisteskrankheit, Alkoholismus oder Sucht.
- Sie haben während Ihrer Kindheit eine Zeit von extremer oder belastender Armut erlebt.

- Sie mussten oft umziehen oder verloren Ihr Zuhause wegen einer Zwangsräumung, eines Feuers oder einer Naturkatastrophe.
- Sie und/oder ein Familienmitglied waren Opfer eines Gewaltverbrechens.
- Sie haben offenkundige oder unterschwellige Diskriminierung erfahren.
- Sie haben durch Familienmitglieder Vernachlässigung, körperliche Misshandlung, ständige verbale Gewalt oder sexuellen Missbrauch selbst erfahren oder miterlebt.
- Ihre Eltern haben sich scheiden lassen oder Sie sind nur mit einem Elternteil oder einer Bezugsperson aufgewachsen.
- Sie haben herausgefunden, dass Ihre Eltern Sie nicht haben wollten.
- Sie haben gespürt, dass ein Elternteil Sie wegen Ihres grundlegenden Wesens nicht mochte – Sie wurden als „hyperaktiv“ oder „zu schüchtern“ angesehen.
- Sie mussten sich ständig um das Gefühlsleben eines Elternteils kümmern.
- Sie wurden ständig von Familienmitgliedern wegen Ihres Äußeren oder wegen eines für Kinder normalen Verhaltens kritisiert.
- Als Teenager hatten Sie besonders große Probleme, nahmen Drogen, tranken Alkohol oder hatten Selbstmordgedanken.

Tabellarische Darstellung Ihrer Kindheitstraumata

Verwenden Sie die beiden Listen der Kindheitstraumata, um sich an diese oder andere traumatische Erlebnisse zu erinnern, die Sie erlebt haben. Bedenken Sie dabei, dass ein Trauma, egal ob es sich um Mobbing oder einen Hausbrand handelt, je nach den Umständen eine ganze Reihe von Auswirkungen haben kann. Audrey zum Beispiel war fünf Jahre alt, als ihr Elternhaus abbrannte, weil der Christbaum Feuer fing. Sie war zu diesem Zeitpunkt nicht zu Hause, und ihre Eltern brachten es ihr behutsam bei und halfen ihr, mit ihren Ängsten und dem Verlust fertigzuwerden. Ihre Großeltern wohnten auf der anderen Straßenseite, und ihre Familie zog bei ihnen ein, bis das Haus wieder vollständig aufgebaut war. Für Audrey war das Ganze wie ein Abenteuer. Sie beobachtete gespannt, wie sich das neue Haus aus der Asche erhob und noch schöner wurde als das alte.

Mels Elternhaus brannte ebenfalls ab, und ihr Erlebnis ist ein gutes Beispiel für ein lebensveränderndes Trauma, das weitere Traumata auslöst und Depressionen und Schamgefühle erzeugt. Mels Haus wurde 1954 vom Ku-Klux-Klan in Alabama niedergebrannt, weil ihr Vater in diesem Jahr versucht hatte, an der Wahl teilzunehmen. Ihr Vater musste sich daraufhin verstecken und ihre Mutter verlor ihren Job. Mel war erst elf, aber sie musste die Schule verlassen und arbeiten, um dabei zu helfen, ihre jüngeren Geschwister durchzubringen. Einige Leuten mieden sie nach dem Vorfall, aus Angst, mit der Familie in Verbindung gebracht zu werden. Die Kluft zwischen ihr und ihren früheren Freunden wurde immer größer, als ihre Kleidung immer schäbiger wurde und sie mit ihrer Bildung ins Hintertreffen geriet. Als Erwachsene wertet sich Mel immer noch ständig ab, obwohl sie später ihren Collegeabschluss nachholte und begriff, dass sie stolz auf den Mut ihres Vaters sein sollte, anstatt sich zu schämen.

Schauen Sie sich Mels Tabelle als Beispiel an und füllen Sie die Kindheitstraumata-Tabelle in Anhang II mit Ihren eigenen Angaben aus. Notieren Sie Ihre traumatischen Erlebnisse in Spalte 1. Setzen Sie ein Häkchen in Spalte 2, falls Sie ein solches Erlebnis vor Ihrem vierten Lebensjahr hatten, oder in Spalte 3, falls es sich vor Ihrem zwölften Lebensjahr ereignete. Wenn das Ereignis im Alter von zwei Jahren stattgefunden hat, setzen Sie ein Häkchen in beiden Spalten, da es vor Ihrem vierten und auch vor Ihrem zwölften Lebensjahr geschehen ist. Waren Sie zum Zeitpunkt dieses Erlebnisses noch jünger, erhält es durch zwei Häkchen entsprechend mehr Gewicht.

Mels Tabelle

1	2	3	4	5	6	7	8
Kindheits-trauma	Vor dem vierten Lebensjahr	Vor dem zwölften Lebensjahr	Wenig oder keine Hilfe erhalten	Öfter als zweimal geschehen	Mehr als ein Trauma zur gleichen Zeit	Lebensverändernd oder mit tief greifender Wirkung	Depressive Verstimmungen oder Schamgefühle
Hausbrand		✓	✓			✓	✓
Vom Vater verlassen		✓	✓		✓	✓	✓
Mutter Job verloren		✓	✓		✓	✓	✓
Gezwungen, die Schule zu verlassen		✓	✓	✓	✓	✓✓	✓
Von anderen gemieden		✓	✓	✓	✓	✓✓	✓

Setzen Sie ein Häkchen in Spalte 4, wenn Sie wenig oder keine Hilfe bei der Bewältigung des traumatischen Erlebnisses bekommen haben. Haken Sie in Spalte 5 ab, wenn sich dieses Erlebnis zweimal oder öfter ereignet hat. Setzen Sie ein Häkchen in Spalte 6, wenn mehr als ein traumatisches Erlebnis zur gleichen Zeit geschehen ist. In Spalte 7 geben Sie an, wie schlimm dieses Trauma für Sie war. Setzen Sie hier ein oder sogar zwei Häkchen, wenn es Sie stark beeinflusst hat. Damit kennzeichnen Sie es als entscheidendes Ereignis, das zu Ihrem Gefühl der Wertlosigkeit geführt hat. Berücksichtigen Sie in Spalte 7 auch die Liste der häufig auftretenden Kindheitstraumata – hier geht es darum, wie sehr ein Ereignis Sie persönlich betroffen hat. Setzen Sie ein Häkchen in Spalte 8, wenn das Trauma mehr als ein paar Tage bei Ihnen depressive Verstimmungen oder Schamgefühle ausgelöst hat.

Ranking und traumatische Ereignisse im Erwachsenenalter

Unsere persönliche Geschichte in Bezug auf Traumata endet natürlich nicht in der Kindheit. Auch Erwachsene erleben etliche Traumata, und bei fast allen ist Ranking im Spiel. Zum Beispiel wird am Arbeitsplatz oft großer Wert auf Wettbewerb gelegt und somit ein idealer Nährboden für Schikanen und Mobbing geschaffen. Vielleicht glauben Sie, sich an ein solches Arbeitsklima gewöhnt zu haben, aber anhaltender Machtmissbrauch löst fast immer ein Trauma aus. Falls Sie die Auswirkungen nicht spüren, dann haben Sie sich wahrscheinlich einfach von diesen Gefühlen abgegrenzt. Sperrt man ein Tier mit seinem Widersacher während eines Ranking-Konflikts in einen kleinen Käfig, ist es nicht verwunderlich, dass der Verlierer extrem gestresst ist und depressiv wird.[2] Den gleichen Effekt erleben Sie, wenn Sie einer Situation nicht entkommen können, in der Sie Machtmissbrauch erleben und sich nicht durchsetzen können.

Die gleichen Faktoren, die ein belastendes Ereignis für Kinder zu einem Trauma machen, spielen auch bei Erwachsenen eine Rolle: das Alter, die Anzahl oder Wiederholungen von Traumata und das Ausmaß der Unterstützung. Bei Erwachsenen ist jedoch das Alter weniger wichtig als die bisherigen Erfahrungen. Wenn Sie in Ihrer Kindheit kaum Lieblosigkeit und verletzendes Ranking erlebt haben, findet Ihr erstes traumatisches Erlebnis von Machtmissbrauch wahrscheinlich erst im Erwachsenenalter statt. Unabhängig davon, ob es sich am Arbeitsplatz oder in einer Beziehung ereignet, trifft es Sie dann umso stärker, als wenn Sie bereits daran gewöhnt wären, dass es in der Realität manchmal ziemlich rau zugehen kann.

Erleben Sie mehrere Traumata gleichzeitig oder wiederholt sich ein Trauma, wird der „seelische Knacks“, den Sie davontragen, umso größer sein. Weil Ihr Leben als Erwachsener viel komplizierter ist, als es in Ihrer Kindheit war, kann ein Trauma nun auch eine viel weitreichendere Wirkung haben. Die Trauer über das Ende einer langjährigen

Beziehung, sei es durch Tod oder Scheidung, kann sich zu Depressionen auswachsen – und andere verstehen nicht, warum Sie nicht „darüber hinwegkommen“. Möglicherweise erbringen Sie infolgedessen schlechtere Leistungen am Arbeitsplatz und fühlen sich deshalb noch schlechter. Sie könnten sogar Ihren Job verlieren, dadurch in eine finanzielle Krise geraten und sich schämen, weil Sie Ihr Leben nicht besser im Griff haben.

Soziale Unterstützung oder ein Mangel daran ist oft entscheidend, wie traumatisch ein Erlebnis empfunden wird. Wenn Ihnen Unterstützung zuteilwird, erfahren Sie trotz – oder gerade aufgrund – des Desasters, wie sehr Sie anderen am Herzen liegen. Aber manchmal fällt soziale Unterstützung gerade dann weg, wenn Sie sie am dringendsten brauchen würden, vor allem, wenn Sie sich sehr lange in einer Krise befinden. Dann verlassen zu werden kann traumatischer sein als das eigentliche traumatische Erlebnis und Sie in noch tiefere Depressionen und Scham treiben, gepaart mit Angst vor der Zukunft.

Häufig erlebte Erwachsenentraumata

- Sie wurden von einem engen Freund oder Liebhaber betrogen.
- Ihre engste Bezugsperson ist weit weggezogen.
- Sie wurden öfter bei Dates oder bei der Jobsuche zurückgewiesen.
- Sie haben sich scheiden lassen.
- Sie leiden an einer ernsten oder chronischen Krankheit.
- Sie haben Ihren Job verloren oder wurden entlassen.
- Sie waren gezwungen, Ihr Heim wegen einer Zwangsversteigerung zu verlassen, mussten gegen Ihren Willen umziehen oder in ein Pflegeheim ziehen.
- Sie mussten Insolvenz anmelden oder haben seit Jahren hohe Schulden.
- Sie haben beruflich oder privat einen großen Misserfolg erlitten oder Ihren guten Ruf verloren.
- Bei Ihnen wurde eine schwere Erkrankung diagnostiziert.

- Sie werden immer noch von Ihren Eltern oder Geschwistern verspottet oder zurückgewiesen.
- Sie sind suchtkrank oder jemand, den Sie lieben, ist suchtkrank.
- Sie werden verbal, körperlich oder sexuell missbraucht.
- Jemand, der Ihnen sehr nahesteht, leidet an einer schweren Krankheit oder ist gestorben.

Seltener erlebte und meist schwerwiegendere Erwachsenentraumata

- Sie sind oder waren politischer Gefangener oder Opfer eines terroristischen Anschlags.
- Sie leben in einem Kriegsgebiet.
- Sie sind oder eine Ihnen nahestehende Person ist Opfer eines schweren Verbrechens geworden.
- Sie haben den Tod eines Menschen miterlebt oder waren selbst in Lebensgefahr.
- Sie sind verhaftet oder inhaftiert worden.
- Sie waren in einem schwerwiegenden Gerichtsprozess der Angeklagte.
- Sie sind oder waren das Opfer übler Nachrede oder Verleumdung, was Ihren guten Ruf vielleicht für immer zerstört hat.
- Sie wurden entstellt oder haben eine Behinderung.
- Sie haben einen Unfall, ein Feuer oder eine andere Katastrophe verursacht, die Sie selbst oder andere betroffen hat.
- Durch den Fehler einer anderen Person wurden Sie schwer verletzt.

Erstellen Sie eine Tabelle über Ihre Erwachsenentraumata

Erwachsenentraumata können ebenfalls zu einem unterbewerteten Selbst führen. Oft führt bei Erwachsenen ein schlimmes Ereignis zum nächsten. Zum Beispiel zerbricht eine Ehe an der Belastung durch den

Verlust eines Kindes. Traumatisch daran ist die Reichweite der Katastrophe.

Sam arbeitete freiberuflich für ein Softwareunternehmen. Sein Job gefiel ihm sehr, er wusste, dass er gute Leistung erbrachte, und hoffte, fest angestellt zu werden. Mit 24 verdiente er mehr Geld als jemals zuvor in seinem jungen Leben, und als er nach dem Tod seiner Tante ein wenig Geld erbte, kaufte er sich eine Eigentumswohnung. Er war mit einer sehr attraktiven Frau zusammen, die er zu heiraten hoffte.

Sam stellte oft Fragen, um seinen Job noch besser zu machen, vor allem, weil sein Vorgesetzter ihn dazu ermutigt hatte. Als er an einem eiligen Auftrag arbeitete, während sein Vorgesetzter krankgeschrieben war, rief Sam den Chef seines Vorgesetzten an, mit dem er sich ebenfalls gut verstand. Ted beantwortete Sams Frage, aber später erfuhr Sam, dass Ted seinen Anruf als Zeichen von Inkompetenz und Unfähigkeit zum selbstständigen Arbeiten gesehen hatte.

Als schließlich die Position besetzt werden sollte, mit der Sam gerechnet hatte, zog man ihm einen Freund von Ted vor, und man ließ Sam wissen, dass seine Dienste nun nicht länger gebraucht würden. Sam empfand den Vorwurf und die Beförderung von Teds Freund mit einer fadenscheinigen Begründung als ausgesprochen ungerecht und war schockiert. Er unterdrückte die Minderwertigkeitsgefühle, indem er sich immer wieder sagte, dass es nicht seine Schuld sei. Doch dann erfuhr er, dass sein Vorgesetzter ihn nicht unterstützt, sondern Ted zugestimmt hatte, dass er für diesen Posten nicht qualifiziert genug gewesen sei.

Sams Meinung von sich selbst sank tief. Immer wieder dachte er über alles nach, was er getan hatte, und fand bei jedem Punkt Fehler, die er gemacht hatte. Und nun war er auch noch arbeitslos und wusste nicht, wie er seinen Wohnungskredit abzahlen sollte. Seine Freundin verlor plötzlich das Interesse an ihm und er war so zerstreut, dass er eine rote Ampel überfuhr und einen schlimmen Autounfall verursachte.

Nachdem Sam sich wieder erholt hatte, bewarb er sich für einige Jobs, erhielt aber mehrere Male eine Absage. Schließlich bat er seine

Eltern um ein Darlehen, um seinen Kredit bedienen zu können, aber sein unsensibler Vater machte eine für ihn typische Bemerkung: „Ich habe es dir doch gesagt: Wenn du freiberuflich nach Vertrag arbeitest, nützen sie dich nur aus und lassen dich dann fallen. Und danach fragen sich andere Unternehmen, warum du keine Festanstellung bekommen hast, und stellen dich lieber nicht ein."

Sam fand schließlich einen neuen Job, aber nicht rechtzeitig genug. So verlor er sein erstes Eigenheim und das erste Mädchen, das er hatte heiraten wollen. Diese Reihe von Traumata sorgte dafür, dass er sich jahrelang wie ein Versager fühlte. Obwohl niemand von seiner Geschichte wusste, empfand er tief in seinem Inneren Scham, bis er sich deshalb in Therapie begab. In der Zeit bis dahin schlug er etliche Chancen aus, sowohl im privaten als auch im beruflichen Bereich.

Tragen Sie nun Ihre Erwachsenentraumata in eine Tabelle ein, so wie Sie es bereits mit Ihren Kindheitstraumata getan haben. Auch bei dieser Übung geht es nicht darum, anderen die Schuld zuzuweisen oder Verantwortung nicht anzunehmen. Es handelt sich eher um einen Teil des Wegs, der Sie dazu führen soll, die Heilung Ihres unterbewerteten Selbst in die Hand zu nehmen.

Verwenden Sie die Listen der häufiger und seltener erlebten Erwachsenentraumata, um sich an jedes Ihrer Traumata aus Ihrem Erwachsenendasein zu erinnern, und fügen Sie alle entsprechenden Ereignisse hinzu, die dort nicht aufgeführt sind. Arbeiten Sie dann mit der Tabelle für Erwachsenentraumata in Anhang II und tragen Sie dort in Spalte 1 alle erlebten Traumata ein. Setzen Sie ein Häkchen in Spalte 2, wenn Sie das Trauma im frühen Erwachsenenalter erlebt haben, als Sie noch relativ unbelastet waren. Setzen Sie ein Häkchen in Spalte 3, wenn sich das Trauma ein zweites Mal ereignet oder sich mehrmals wiederholt hat. Setzen Sie ein Häkchen in Spalte 4, wenn Sie mehr als ein Trauma zur gleichen Zeit erlebt haben.

Setzen Sie ein Häkchen in Spalte 5, wenn Sie zur Zeit des Traumas keine soziale Unterstützung erhalten haben, Sie das Gefühl hatten, niemandem davon erzählen zu können, oder wenn andere nicht hilfreich waren. Setzen Sie ein Häkchen in Spalte 6, wenn das Trauma zu den „weniger häufig erlebten" gehört, wenn Sie wissen, dass es besonders stark von Ihrem unterbewerteten Selbst beeinflusst war, oder eine breite Wirkung hatte und weitere Traumata nach sich zog. Setzen Sie ein Häkchen in Spalte 7, wenn das Trauma Depressionen oder Schamgefühle auslöste.

Zum Schluss setzen Sie bei allen „seltener erlebten und üblicherweise schwerwiegenderen Erwachsenentraumata" zur stärkeren Betonung ein zweites Häkchen in Spalte 6, sowohl bei den Traumata von der Liste als auch bei den von Ihnen selbst hinzugefügten. Sie müssen sich dabei entscheiden, welche Traumata schwerwiegender sind, aber dabei wird Ihnen die Liste helfen. In Sams Beispiel in der folgenden Tabelle hatten das Trauma, wiederholt von seinen Familienmitgliedern verspottet zu werden, und der Verlust seines Jobs von der Liste der „häufiger erlebten Traumata" einen Welleneffekt. Sie zogen unter anderem einen Autounfall nach sich, was für ihn ein seltener auftretendes und schwerwiegenderes Erwachsenentrauma war.

1	2	3	4	5	6	7
Erwachsenentrauma	Geschehen, während noch „unschuldig"	Mehr als zweimal geschehen	Mehr als einmal zur gleichen Zeit geschehen	Wenig oder keine Hilfe erhalten	Lebensverändernd oder Welleneffekt	Gefühl des Versagens oder der Scham
Hausbrand	✓			✓	✓✓	✓
Freundin verloren	✓		✓	✓	✓	✓
Eigentumswohnung verloren	✓		✓	✓	✓	✓
Immer noch Spott von Familienmitgliedern		✓	✓	✓		✓
Schweren Unfall verursacht	✓✓		✓✓	✓✓	✓✓	✓✓

WARUM JEDES TRAUMATISCHE ERLEBNIS ZU EINEM UNTERBEWERTETEN SELBST FÜHREN KANN

In Kapitel 1 haben Sie erfahren, warum Traumata durch eine Niederlage oder einen Misserfolg zu einem allgemeinen Gefühl der Wertlosigkeit führen können. In gewissem Maß haben jedoch alle Missbrauchserlebnisse den gleichen Effekt. Vielleicht glauben Sie, dass Sie in einem Fall, in dem eindeutig eine andere Person die Schuld trägt – ein Raubüberfall, eine Vergewaltigung oder ein von einem betrunkenen Fahrer verursachter Autounfall –, begreifen, dass nicht Sie ein Persönlichkeitsproblem haben, sondern der andere. Aber tatsächlich führt die Erfahrung von Machtlosigkeit ebenso zu Depression und Scham, selbst wenn Sie nichts dagegen unternehmen konnten. Das wird Ihnen jeder Kriegsgefangene bestätigen. Ihn schützt wahrscheinlich diese Reaktion vor einem Versuch, zurückzuschlagen und dabei sein Leben zu verlieren. Aber Sie haben vielleicht manchmal nach einer Situation, in der Sie sich machtlos erlebt haben, das Gefühl, dass Sie damit hätten besser zurechtkommen müssen. Auch dieses Gefühl ist nützlich, nämlich insofern, dass es Sie dazu motiviert, aus Ihrer Erfahrung zu lernen und vorsichtiger zu sein, aber es führt auch dazu, dass Sie sich selbst schlecht einschätzen und damit unterbewerten.

Selbst eine Überschwemmung, ein Unfall oder eine Krankheit können zu einem Gefühl der Machtlosigkeit oder des Versagens führen und anschließend zu der angeborenen Niederlage-Reaktion von Depression und Scham und zu einem allgemein niedrigen Selbstwert. Indem Sie sich selbst beschuldigen, glauben Sie, eine Möglichkeit zu erlangen, sich mehr Kontrolle über die Zukunft zu verschaffen – Sie versichern sich höher oder leben ab sofort gesünder.[3] Der Preis dafür liegt jedoch darin, dass Sie mit der Scham zurechtkommen müssen, der Scham dafür, diese Situation zugelassen zu haben. Selbst wenn Sie wirklich gar nichts hätten anders machen können, schämen Sie sich möglicherweise dafür, „kein Glück“ oder ein „schlechtes Karma“ gehabt zu haben. Sie haben das Gefühl, dass andere Ihnen Mitleid entgegenbringen oder Sie anders behandeln als Personen mit „mehr Glück".

Vielleicht gibt es bei Ihnen auch besondere Gründe, dass Sie besonders gefährdet sind, sich selbst unterzubewerten, wie ein lang zurückliegendes Trauma. Falls Sie in Ihren Tabellen sehr viele Häkchen gesetzt haben, neigen Sie aufgrund von vergangenen Traumata ohnehin dazu, sich zu gering zu bewerten. Und drei zusätzliche Faktoren – Vorurteile, Sensibilität und Sich-unsicher-Fühlen in der Kindheit – machen Sie noch verletzlicher.

Das spezielle Problem durch Vorurteile

Rassische, ethnische und andere Arten von Vorurteilen können großen Einfluss auf das Selbstwertgefühl nehmen, vor allem wenn die Vorurteile bereits früh im Leben erfahren werden. In einem solchen Fall hat das Kind wahrscheinlich miterlebt, wie seine Eltern auch mit Vorurteilen zu kämpfen hatten. Wir legen alle von Natur aus großen Wert darauf, einer Gruppe anzugehören, und empfinden Scham, wenn wir ausgeschlossen werden. Daher ist Machtmissbrauch durch Vorurteile besonders heimtückisch. Vorurteile machen wütend und können auch andere negative Emotionen wie Trauer, Angst und Depressionen hervorrufen. Angehörige einer Minderheit sehen ihre Gruppe meist weniger positiv, und das beeinflusst ihr allgemeines Selbstwertgefühl.[4] Tatsächlich sind die Auswirkungen von Vorurteilen so tief greifend, dass sie sogar die Lebenserwartung eines Menschen verkürzen können.[5]

Vorurteile verschlimmern die Auswirkungen eines Traumas im Leben eines Betroffenen gewaltig. Erinnern Sie sich an die Geschichte von Mel, deren Heim in ihrer Kindheit vom Ku-Klux-Klan niedergebrannt wurde. Das Entsetzen darüber, dass sie ihr Zuhause verloren hatte, dass ihr Vater und ihre Familie keine finanzielle Sicherheit mehr hatten und dass sie ihren Status in der Gemeinschaft und bei ihren

Freunden eingebüßt hatte, wurde noch durch die Vorurteile verstärkt, die sie als Afroamerikanerin bereits ihr ganzes Leben lang zu spüren bekommen hatte.

Darüber hinaus empfand sie auf gleiche Weise Machtlosigkeit, Depressionen und Schamgefühl, als sie später traumatische Situationen erlebte, die nichts mit ihrer Ethnie oder ihrer Kompetenz zu tun hatten. Zum Beispiel brach sie sich den Arm, als ein Ast durch das Dach in ein Gästezimmer krachte, in dem sie schlief. In der Notaufnahme fühlte sie sich unwillkürlich schuldig für ihre Verletzung, so als hätte sie sich den Arm wegen einer persönlichen Pechsträhne gebrochen. Sie hatte das Gefühl, die Aufmerksamkeit, die ihr zuteilwurde, nicht zu verdienen. Selbst als ihre Mutter starb, empfand sie die gleiche Machtlosigkeit, Depression und Scham. Sie bildete sich ein, dass sie sich besser um ihre Mutter hätte kümmern müssen und dass sie kein Recht und keinen Grund dafür habe, länger als ein paar Monate zu trauern.

Nehmen Sie noch einmal die Tabellen von Ihren Kindheits- und Erwachsenentraumata zur Hand und fügen Sie ein weiteres Häkchen überall dort hinzu, wo Sie schon früh oder oft in Ihrem Leben Vorurteile erfahren haben. Damit wird sichtbar, welchen Einfluss Vorurteile auf Ihre traumatischen Erlebnisse genommen haben.

Die Auswirkung angeborener Hochsensibilität

Ein weiterer Faktor, der die Auswirkung eines Traumas erhöht, ist der angeborene Wesenszug der Hochsensibilität. Bevor ich mich auf Probleme hinsichtlich Liebe und Macht konzentrierte, erforschte ich die angeborene Hochsensibilität und schrieb einige Bücher darüber. Früher wurde Hochsensibilität fälschlicherweise als Schüchternheit, Introvertiertheit oder Neurotizismus angesehen. Nichts davon trifft zu. Etwa 20 Prozent der Bevölkerung sind hochsensibel – das ist eine Minderheit.[6] Gleich viele Männer wie Frauen besitzen diesen angeborenen

Wesenszug; er wurde bereits bei Neugeborenen beobachtet und er findet sich bei den meisten, wenn nicht sogar bei allen Tierarten.[7]

Sie sind wahrscheinlich hochsensibel, wenn Sie Feinheiten in Ihrer Umgebung sehr stark wahrnehmen, ein reiches Innenleben haben, mehr Auszeiten brauchen als andere, stärker auf Koffein reagieren und schmerzempfindlicher sind, leicht erschrecken und sehr schnell überfordert sind, wenn Sie mit lauten Geräuschen, chaotischen Bedingungen, Fristen oder Veränderungen in Ihrem Leben konfrontiert werden. Hochsensible Personen sind oft sehr kreativ, gewissenhaft, hilfsbereit und sich bei allem der Konsequenzen bewusst. Sie gehörten zu den ersten Menschen, die sich Sorgen um den Klimawandel machten. Sie gehen ungern Risiken ein, erkennen Gefahren rechtzeitig, sind immer gut versichert und kümmern sich um ihre Gesundheit und die ihrer Lieben.

Obwohl dieser Wesenszug ein großer Vorteil sein kann, fühlen sich hochsensible Personen aus vielerlei Gründen oft nicht wohl in ihrer Haut. Das liegt in erster Linie daran, dass sich niemand wohlfühlt und gute Leistungen erbringt, wenn er überstimuliert ist. Hochsensible Menschen werden jedoch leichter überstimuliert als andere, weil sie sich allem, was um sie herum vorgeht, stark bewusst sind. In einer Prüfungssituation oder wenn sie beobachtet werden, schneiden sie daher oft schlechter ab als andere – auch schlechter, als sie selbst erwarten. Solange sie nicht begreifen, dass sie hochsensibel sind, verstehen sie diese „Misserfolge" völlig falsch. Außerdem lassen sich hochsensible Personen stärker durch Feedback beeinflussen. Sie beobachten aufmerksamer, machen sich mehr Gedanken über ihre Fehler und lernen mehr daraus als andere. Manchmal machen sie sich jedoch solche Sorgen, dass Kritik ihr allgemeines Selbstwertgefühl drastisch verringert.

Da hochsensible Personen einer zahlenmäßigen Minderheit angehören, sind sie auch oft Vorurteilen ausgesetzt. Häufig müssen sie sich anhören: „Warum bist du bei allem so überempfindlich?" Wenn sie ihre Sensibilität nicht als Geschenk begreifen, lassen sie sich von dem oft negativen Bild in der Gesellschaft beeinflussen.

Hochsensibilität verstärkt die Wirkung aller emotional gefärbten Ereignisse; Kindheitstraumata werden dadurch besonders beängstigend. Wer bereits von „geringen Anlässen" sehr stark beeinflusst wird, neigt auch dazu, Schamgefühle zu entwickeln und muss sich darüber hinaus oft anhören: „Warum bringst du das nicht einfach hinter dich und vergisst es?" Aber so einfach ist das nicht.

Nehmen Sie noch einmal die Tabellen von Ihren Kindheits- und Erwachsenentraumata zur Hand und fügen jedem Häkchen ein weiteres hinzu, falls Sie hochsensibel sind. Wie schon bei den Vorurteilen macht das den Einfluss sichtbar, den Ihre Hochsensibilität auf Ihr Erleben von traumatischen Erlebnissen genommen hat.

Wenn Sie sich als Kind sicher gefühlt haben

Die Bindung an Ihre Mutter und an Ihren Vater ist die erste Beziehung, die Sie in Ihrem Leben kennenlernen. Die Forschung über Bindung zeigt ganz deutlich, dass das Gefühl der Sicherheit in dieser Beziehung zu unseren Eltern Einfluss auf unser Sicherheitsgfühl in allen weiteren Beziehungen nimmt.[8] Wenn Sie sich in Ihrer Verbindung zu Ihren Eltern nicht sicher gefühlt haben, sind Sie wahrscheinlich auch jetzt unsicher. Ungefähr 40 Prozent aller Erwachsenen fühlen sich in ihren engen Beziehungen unsicher.

Unsichere Verbindungen sind wahrscheinlich der größte Prädikator eines unterbewerteten Selbst. Sichere Bindungen bereiten Sie hingegen auf ein Leben vor, das von Linking bestimmt ist. Sie gehen davon aus, dass Sie von anderen Menschen gemocht werden, und empfinden die Welt als einen relativ sicheren Ort, weil Sie auf die Hilfe anderer zählen können. Unsichere Bindungen führen eher zum Ranking. Sie setzen voraus, dass andere Menschen Sie nicht mögen, stufen sich selbst zu niedrig ein und glauben, dass niemand an Ihrer Seite ist und in schwierigen Situationen für Sie eintreten wird.

Das Gefühl von Unsicherheit deutet darauf hin, dass Sie als Kind zuerst Ranking anstatt Linking kennengelernt haben. Erwachsene stehen in der Rangordnung immer über Kindern, denn sie kontrollieren deren Leben. Im Idealfall spürt das Kind jedoch, dass die Macht, die diese Erwachsenen ausüben, von Liebe bestimmt ist, und das ist der entscheidende Unterschied. Steckt keine Liebe hinter der Macht – und das ist der Fall, wenn Eltern nicht für ein Sicherheitsgefühl sorgen –, empfindet das Kind nur die Macht der Eltern. Es erfährt sich in einem niedrigeren Rang, spürt seine Machtlosigkeit und ein ständiges Gefühl der Niederlage.

Es überrascht wohl kaum, dass aus einer solchen von Unsicherheit geprägten Bindung oft eine chronische Depression hervorgeht. Das Gefühl der Niederlage, das sehr kleine Kinder empfinden, wenn ihre Bedürfnisse nicht erfüllt werden, scheint in ihnen eine Niederlage-Reaktion in Form einer Depression auszulösen, die niemals wieder ganz verschwindet.

Auch wenn Sie sich nicht mehr genau an Ihre erste Bindung erinnern können, gibt Ihnen Ihr jetziges Verhalten Aufschluss darüber. Wenn Sie Ihre ersten Bindungen betrachten, vor allem die, die Ihnen Unsicherheit vermittelt haben, dann bedenken Sie, dass es dabei nicht um Schuldzuweisung geht, sondern darum zu verstehen, warum Sie sich selbst unterbewerten und wie Sie das ändern können. Vielleicht waren Ihre Eltern einfach zu beschäftigt oder zu gestresst oder sie sind selbst nicht richtig erzogen worden.[9]

Dabei werden zwei Arten von Unsicherheit unterschieden: die ängstliche und die vermeidende. Wenn Sie sich nicht geborgen und angenommen fühlen, stellen Sie möglicherweise fest, dass sich die Art der Unsicherheit von Situation zu Situation ändert. Wenn Sie einen niedrigeren Rang einnehmen, neigen Sie eher zu Ängstlichkeit, wenn Sie einen höheren Rang bekleiden, legen Sie eher ein Unangenehmes vermeidendes Verhalten an den Tag. Trotzdem sollten Sie versuchen herauszufinden, welche Haltung bei Ihnen vorherrscht.

Sicherheit

Wenn Sie sich als Erwachsener sicher fühlen, haben Sie kaum Probleme, enge Beziehungen zu anderen aufzubauen. Sie fühlen sich wohl dabei, sich auf sie zu verlassen, und es tut Ihnen gut, wenn die anderen sich auf Sie verlassen. Sie machen sich nicht viele Gedanken darüber, eventuell verlassen zu werden oder von denjenigen, die Sie zu lieben behaupten, kontrolliert zu werden. Wenn Sie auf einen Selbstschutz zurückgreifen, verwenden Sie wahrscheinlich nicht den Selbstschutz durch Schuldzuweisung, Überhöhung oder Projektion, was für andere am unangenehmsten ist.

Ängstlichkeit – die eine Seite der Unsicherheit

Wenn Sie zu dem ängstlich-unsicheren Typ gehören, idealisieren Sie häufig Menschen, mit denen Sie eng verbunden sind, und haben Angst davor, dass diese ihr Interesse an Ihnen verlieren könnten. Ihre Eltern waren während Ihrer Kindheit wahrscheinlich nicht konsequent oder haben ihre Liebe an Bedingungen geknüpft, also haben Sie sich im Vergleich zu ihnen geringer bewertet und versucht, ihnen zu gefallen. Als Erwachsener neigen Sie dazu, sich in einer verbindenden Beziehung ständig zu bewerten, und haben das Gefühl, selbst kaum Einfluss darauf nehmen zu können, ob die Verbindung anhält.

Ein Abschied von einem Menschen, der Ihnen am Herzen liegt, ist ungewöhnlich schmerzhaft für Sie, selbst wenn Sie wissen, dass Sie ihn schon bald wiedersehen werden. Bewusst oder unbewusst glauben Sie, keine Kontrolle über die Trennung zu haben und machtlos dagegen zu sein, eventuell verlassen zu werden. Unsichere Menschen jedes Typs greifen öfter auf alle Selbstschutzmaßnahmen zurück; bei Ihnen dürfte es sich jedoch hauptsächlich um Selbstschutz durch Konkurrenzvermeidung handeln. Sie versuchen, Ranking und seine Gefahren zu vermeiden, obwohl Ihre Gedanken unbewusst ständig darum kreisen.

Vermeidendes Verhalten – die andere Seite der Unsicherheit

Wenn Sie der vermeidend-unsichere Typ sind, fällt es Ihnen wahrscheinlich schwer, sich Unsicherheit einzugestehen, denn Ihre Strategie beruht darauf, Ihr Bedürfnis nach Linking zu ignorieren. Sie behaupten vielleicht, dass enge Beziehungen in Ihrem Leben keine große Rolle spielen. Wenn jemand wichtig für Sie wird, versuchen Sie, die Kontrolle über den Zeitraum der Trennungen zu behalten. Wenn zum Beispiel ein Freund anruft, weil er sich mit Ihnen treffen möchte, rufen Sie ihn nicht sofort zurück. Wahrscheinlich gibt es keinen augenscheinlichen Grund dafür. Sie möchten einfach nur den Anschein erwecken, dass Ihnen die Sache nicht so wichtig ist wie der anderen Person. Aber das stimmt nicht. Wenn dieser Freund sich nämlich eine Weile nicht bei Ihnen meldet, dann nehmen Sie wieder Kontakt zu ihm auf. Allerdings verabreden Sie nicht sofort einen Termin mit ihm. Das alles mag unbewusst ablaufen, aber im Grunde genommen ist es eine Methode, um sich in gewisser Weise mehr Macht zu verschaffen.

Als vermeidend-unsichere Person schrecken Sie nicht nur vor Bindungen zurück und verhalten sich so, als würden Sie keine anderen Menschen brauchen, sondern Sie versuchen wahrscheinlich auch, sich anderweitig höher zu platzieren. Ihre Eltern waren womöglich ständig im Ranking-Modus und haben Macht ausgeübt, ohne Liebe zu geben, sodass Sie vernachlässigt, körperlich oder emotional missbraucht wurden. Sie verfallen häufig Selbstschutzmechanismen wie übertriebene Leistungsbereitschaft und Überhöhung, um das Schamgefühl zu vermeiden, das Sie unbewusst empfinden, weil Sie so behandelt wurden. Wenn Sie sich darauf konzentrieren, einen höheren Rang innezuhaben, vermeiden Sie damit auch das Gefühl, andere Menschen zu brauchen. In Ihren Augen kann man anderen nicht vertrauen – sie könnten es sogar gegen Sie verwenden, wenn Sie ein Hilfsbedürftigkeit zeigen.

Gehören Sie einem dieser Typen an, können Sie trotzdem als Erwachsener ein Mensch werden, der sich sicher fühlt; allerdings ist der

Prozess dahin dann schwieriger und langwieriger, als wenn Sie in der Kindheit Sicherheit erfahren hätten. Mit diesem Buch möchte ich Ihnen dabei helfen, ein Erwachsener zu werden, der sich sein Sicherheitsgefühl „verdient" hat.

Wenn früh erfahrene Unsicherheit Ihre späteren Bindungen beeinflusst, nehmen Sie die Tabellen, in denen Sie die Traumata Ihrer Kindheit und Erwachsenenzeit aufgeführt haben, noch einmal zur Hand. Setzen Sie neben alle bisherigen Häkchen ein zusätzliches. Das wird Ihnen den Zusammenhang Ihres von Unsicherheit geprägten Bindungsmusters und Ihrer traumatischen Erlebnisse verdeutlichen.

Kits ängstliche Unsicherheit und ihr unterbewertetes Selbst

Kit ist 29 und wurde von einem Psychiater zu mir überwiesen, der ihre immer wiederkehrenden Depressionen medikamentös behandelte und eine zusätzliche Psychotherapie für sinnvoll hielt. Kits größtes Problem bestand darin, Dennis, den Mann, mit dem sie seit ihrem 20. Lebensjahr zusammen war, davon zu überzeugen, sie endlich zu heiraten. Dennis hatte zwar eine Ehe nie ausgeschlossen, ihr aber bisher keinen Heiratsantrag gemacht.

Kit war seit ihrer Zeit im Kindergarten ständig in irgendeinen Jungen verliebt gewesen. Sie hatte sich pausenlos in Lehrer, Betreuer im Ferienlager und sogar Ärzte, die besonders nett zu ihr waren, verknallt. Offensichtlich war Freundlichkeit der Auslöser dafür, gefolgt von endlosen Stunden angstvoller, aber aufregender Fantasien darüber, dass der Angebetete sie bemerken und ihre Gefühle erwidern könnte.

Ihr Leben mit Dennis war jedoch nicht wirklich glücklich. Zu Beginn war er sehr liebevoll gewesen, doch mittlerweile war sie enttäuscht von ihm. Er trank ein bisschen zu viel und verbrachte viel Zeit mit seinen Freunden oder bei Sportveranstaltungen, die sie nicht interessierten. Aber sie hatte niemals ernsthaft in Erwägung gezogen, ihn zu verlassen.

Wie Kit mir berichtete, hatte sie ihrer Meinung nach eine glückliche Kindheit und eine enge Beziehung zu ihrer Mutter gehabt, aber sie wusste, dass ihre Eltern sich eigentlich hatten scheiden lassen wollen, als ihre Mutter mit ihr schwanger war. Die Ehe hielt noch zwei Jahre, war aber nicht glücklich. Ihre Mutter wollte vor der Trennung noch eine Ausbildung zur Krankenschwester abschließen, um Kit allein großziehen zu können. Während dieser Zeit verbrachte Kit die meisten Tage und viele Nächte bei ihrer Großmutter. Das klappte gut, doch als Kit neun Monate alt war, erkrankte ihre Oma an Krebs.

Danach wechselten sich Kits vier Tanten tagsüber mit ihrer Versorgung ab, während ihre Mutter arbeitete. Sie alle hatten eigene Familien oder waren berufstätig, und Kit wäre eine zusätzliche Belastung gewesen, wenn sie nicht ein „so ruhiges, braves Kind" gewesen wäre. Das einzige Problem waren ihre Albträume.

Kit erinnerte sich daran, dass sie immer viel lieber mit ihrer Mutter allein in der Einzimmerwohnung war als im Haus von irgendwelchen Verwandten. Aber die Zeit, die sie mit ihrer Mutter verbringen konnte, war quälend gering, denn ihre Mutter war auf der Suche nach einem neuen Partner. Als Kit fünf Jahre alt war, heiratete sie wieder, und mit sieben Jahren bekam Kit Zwillingsbrüder.

Für ein anderes Kind wäre die Geburt der Zwillinge vielleicht ein glückliches oder aufregendes Ereignis gewesen, aber für Kit war es ein Trauma. Ihre Albträume nahmen zu und sie fühlte sich grundlos entweder leer oder verängstigt. Aber sie konnte nicht über ihre Qual sprechen, denn schließlich wurde von ihr erwartet, dass sie ihrer Mutter half, selbst als sie beobachten musste, wie die Babys von Beginn an von ihrer Mutter mit Liebe überschüttet wurden, die sie selbst nie empfangen hatte. Kit wurde klar, dass ihre scheinbar glückliche Kindheit nicht wirklich so gewesen war. Ihre Mutter und ihre anderen Bezugspersonen waren meist nicht bei ihr oder viel zu beschäftigt gewesen.

In ihren ersten Lebensjahren hatte Kit eine ängstliche Unsicherheit in Hinsicht auf enge Beziehungen aufgebaut. Die nicht konstante

Zuwendung ihrer Mutter hatte ein starkes Bedürfnis nach Liebe in ihr erzeugt, das sie in ihren tröstenden Fantasien zu befriedigen versuchte. Aber da sie kein realistisches Bild einer engen Beziehung darstellten, war sie rasch von Dennis enttäuscht. Gleichzeitig hatte Kit so große Angst davor, niemanden mehr zu haben, dass sie ihre Enttäuschung nicht formulieren konnte. Für sie war diese Beziehung keine innige Verbindung mehr, sondern ein Verhältnis, in dem sie sich mit ihrem Partner messen musste und dabei den niedrigeren Rang einnahm. Ihr unterbewertetes Selbst ließ sie sich immer noch als kleines Mädchen fühlen, das sich, wie alle Kinder es tun, selbst die Schuld gibt – die Schuld für die beängstigende Tatsache, dass niemand es um sich haben wollte.

Ihr unterbewertetes Selbst war der Grund, dass Dennis sie ebenfalls zu gering einschätzte und so seinerseits daran hinderte, dass sie sich für ihre Rechte starkmachte. Im Laufe unserer Arbeit konnten wir jedoch einige ihrer frühkindlichen Bedürfnisse ans Tageslicht holen und das kleine Mädchen betrauern, das an seinem Leid keine Schuld hatte. Das gab ihr den Mut, Dennis objektiver zu sehen. Wie sich herausstellte, war Dennis bereit, mit Kit einen Hausstand zu gründen, als sie selbstbewusster und weniger kritisch wurde. Und Kit erklärte sich einverstanden, auch ohne Trauschein bei ihm zu bleiben. Mittlerweile hat Kit ihre Depressionen unter Kontrolle, und sie und Dennis haben zwei Kinder. „Wir sind glücklich und zufrieden“, sagt sie.

IHRE TRAUMATA UND EMOTIONALE SCHEMATA

Wie passt das alles zusammen? Wie manifestieren sich Ihr angeborenes Potenzial zur Unterbewertung der eigenen Person, die Geschichte Ihrer Traumata, Ihre Sensibilität, die Auswirkung von Vorurteilen und Ihre Unsicherheit in Ihrem Leben? Für jedes erlebte Trauma haben Sie ein emotionales Schema[10] entwickelt, in dem alle damit verbundenen Gedanken, Gefühle, Erinnerungen, Empfindungen, soziale Emotionen,

Selbstschutzmaßnahmen und angeborenen Reaktionstendenzen gespeichert sind. Wenn Sie irgendetwas an dieses Trauma erinnert – ein Gedanke, eine Situation, ein Gespräch –, wird das gesamte Schema aufgerufen.

Emotionale Schemata dienen dazu, in einem Notfall gut organisiert zu sein. Wie Sie bereits wissen, dreht sich vieles in Ihrem Leben darum, die mit Traumata verbundenen Gefühle von Depression und Scham zu vermeiden, die zu einem unterbewerteten Selbst führen. Sie sind also gut darauf vorbereitet, den körperlichen und seelischen Schmerz eines sich wiederholenden Traumas zu vermeiden. Ein emotionales Schema hilft Ihnen, indem es sofort Alarm schlägt, wenn etwas an das erste Trauma erinnert. Es ist daher ein starker Verteidigungsmechanismus.

Da die in Ihrem emotionalen Schema gespeicherten Erinnerungen und Gefühle so schmerzhaft sind, werden sie versteckt. Außer Sichtweite können sie weiterwachsen und wie ein schwarzes Loch mehr und mehr aus Ihrem Leben aufnehmen, ohne dass Sie es bemerken. Erlebnisse, die auch nur im Entferntesten an das erste Trauma erinnern, werden hinzugefügt und können weitere Schutzreaktionen auslösen. Diese Reaktionen wären zweckdienlich, wenn Sie verletzt würden, doch das ist üblicherweise nicht der Fall. Und da die meisten Ihrer Traumata von Machtlosigkeit, Niederlagen oder Machtmissbrauch durch höherrangige Personen geprägt sind, schaltet Ihr emotionales Schema um auf Ranking, auf das unterbewertete Selbst und die Selbstschutzmaßnahmen, die ein Teil des Schemas geworden sind.

Die Beschaffenheit Ihres emotionalen Schemas hängt von Ihren Traumata ab. Untreue führt zu Eifersucht, Missbrauch führt zu allgemeinem Misstrauen, das Gefühl, einer Trennung machtlos gegenüberzustehen, führt zu tiefen Verlustängsten und so weiter. Die speziellen Inhalte Ihrer emotionalen Schemata bestimmen, wodurch sie wieder ausgelöst werden, und auch die Schutzmaßnahmen, die Sie dann anwenden. Zum Beispiel befürchten Sie vielleicht Verrat, wenn Sie sich in Gegenwart von zwei anderen Frauen befinden, weil sich zwei Ihrer Freundinnen in Ihrer Jungmädchenzeit gegen Sie verschworen haben. Ihre typischen Selbstschutzmaßnahmen sind Bagatellisierung, Konkurrenzvermeidung und Projektion. Oder Sie fühlen sich besonders machtlos hinsichtlich einer Trennung, weil Sie als Kind oft allein gelassen wurden. In diesem Fall schützen Sie sich meistens mit übertriebener Leistungsbereitschaft und Arbeitseifer sowie Überhöhung. Unsichere Bindungen, das Erleben von Vorurteilen und Hochsensibilität bringen zusätzliche eigene emotionale Schemata hervor.

Emotionale Schemata sind zu stark verankert, als dass sie jemals ganz verschwänden. Sie können nur hoffen, dass sie seltener ausgelöst werden und dass Sie einen immer kürzeren Zeitraum in diesem Modus bleiben. Emotionale Schemata sind die Bausteine Ihrer Persönlichkeit. Sie haben großen Einfluss auf Sie, also machen Sie einen Hauptteil dessen aus, was Sie sind und was Sie antreibt. Aber sie können sich sehr schädlich auf das Linking auswirken. Da Traumata meist mit Beziehungen zu tun haben, werden emotionale Schemata auch meistens in – vor allem engen – Beziehungen aktiviert.

Hier liste ich einige der häufigen emotionalen Schemata auf, die durch Erlebnisse in der Vergangenheit entstehen und in aktuellen Beziehungen zu Problemen führen können:

- *Eifersucht.* Sie kann ausgelöst werden, wenn jemand, der Ihnen am Herzen liegt, erwähnt, dass er für jemanden Zuneigung empfindet, oder wenn Sie wissen, dass er Zeit mit anderen verbringt.
- *Die Angst vor Trennung.* Sie kann bereits bei einem einfachen Abschied entstehen oder wenn Sie beobachten, wie eine geliebte Person einen Koffer packt.
- *Die Angst vor körperlichem, sexuellem oder verbalem Missbrauch.* Dieses emotionale Schema kann durch laute Stimmen, einen sexuellen Annäherungsversuch oder eine bloße rasche Bewegung auf Sie zu aktiviert werden.

- *Das Gefühl, kontrolliert oder ausgenutzt zu werden.* Dieses Schema kann aktiviert werden, wenn Ihnen jemand eine Anweisung gibt, wenn sich jemand einen Gegenstand von Ihnen leiht und vergisst, ihn zurückzugeben, oder wenn jemand eine Ihrer Ideen aufgreift, ohne daran zu denken, die Ihnen gebührende Anerkennung zukommen zu lassen.
- *Die Angst, kein „richtiger Mann", keine „richtige Frau" zu sein.* Bei einem Mann kann diese Furcht durch Bemerkungen über seine Sensibilität ausgelöst werden oder wenn eine Frau anscheinende Desinteresse suggeriert. Bei einer Frau kann dieses emotionale Schema möglicherweise durch Kommentare darüber aktiviert werden, dass sie ungewöhnlich ehrgeizig ist, nicht geheiratet oder keine Kinder oder nur ein Kind hat.
- *Die Angst davor, dass jemand die eigenen Träume vereiteln könnte.* Dieses emotionale Schema kann ausgelöst werden, wenn zum Beispiel in einer engen Beziehung der Partner Geld ausgeben möchte, das dann nicht für eines Ihrer Ziele gespart werden kann.
- *Der Zwang, unterwürfig zu sein und anderen zu gefallen.* Dieser Zwang kann durch die Vermutung, dass jemand genervt von Ihnen sein oder ein anderes Bedürfnis als Sie haben könnte, ausgelöst werden.

Wie schlimm kann sich ein emotionales Schema auswirken? Nun, ich habe meinen Mann, der mich sehr liebt, einmal „die Verkörperung alles Bösen" genannt. Könnte das ein Beispiel dafür sein, dass man seine derzeitige Situation mit einem Machtmissbrauch in der Vergangenheit verwechselt? Ich kann von Glück sagen, dass unsere Beziehung an dieser Stelle nicht beendet war.

Wie es sich fühlt anfühlt, wenn ein emotionales Schema in Ihnen ausgelöst wird

Wenn eines ihrer emotionalen Schemata ausgelöst wird, erkennen Sie sich möglicherweise selbst nicht wieder. Da diese Schemata aus einem Trauma hervorgehen, sind sie dissoziiert – nicht Teil unseres alltäglichen Bewusstseins –, bis sie ausgelöst werden. Doch sie sitzen so tief in Ihrem Inneren, und Sie können davon überrascht werden. „Was, ich? Eifersüchtig? Niemals!" Später empfinden Sie vielleicht Scham wegen Ihres „verrückten" Verhaltens und verurteilen sich deswegen.

Nehmen wir zum Beispiel an, Ihnen ist bewusst, dass Sie als Kind gemobbt wurden, ein Trauma, das ein Gefühl der Niederlage und Machtlosigkeit nach sich zog. Dieses Trauma ist der Keim für ein emotionales Schema, das jeden Vorfall von sozialer Zurückweisung und sogar Ihre Angst vor Ablehnung speicherte. In der Schule fehlte es Ihnen an Selbstbewusstsein, also waren Sie nicht sehr beliebt. Ihre Familie ist mehrmals umgezogen, und während das für einige Kinder kein Problem gewesen wäre, haben sich bei Ihnen diese Erlebnisse und die Erfahrung, ein Unbekannter unter Fremden zu sein, zu Ihrem emotionalen Schema der sozialen Zurückweisung hinzugefügt.

Nun verzeichnen Sie Erfolge in Ihrem Beruf, haben ein starkes soziales Netzwerk aus Freunden und Familienangehörigen und genießen im Allgemeinen Ihr Leben. Aber jedes Mal, wenn Sie auf eine Party mit Fremden eingeladen sind, verschlägt es Ihnen vor Schüchternheit die Sprache. Sie stehen wie erstarrt da. Vielleicht sollten Sie nicht mehr zu solchen Partys gehen, aber Ihre Befangenheit überrascht Sie immer wieder aufs Neue. Das passt gar nicht zu Ihnen; Sie sind doch sonst glücklich und erfolgreich. Und anschließend fühlen Sie sich frustriert und beschämt, weil Sie sich so „dumm" verhalten haben.

Wie dieses Beispiel zeigt, können emotionale Schemata alle möglichen Arten von speziellen Problemen erzeugen. Vor allem verhindern sie, sobald sie aktiviert sind, weitere Bindung. Sie sind nicht mehr bei der Person, mit der Sie eigentlich verbunden sind, und betreten eine Welt, in der sich das erste Trauma noch einmal ereignet und alles mit sich bringt, was Sie damit assoziieren. Es begann mit Mobbing, erstreckte sich aber dann auf die Angst vor einer Niederlage und Zurückweisung in vielen verschiedenen Bereichen. Wenn Sie also bei einer Party den Raum betreten, sind Sie plötzlich wieder das neue Kind in der Schule, das gemobbt wurde, daher an Selbstvertrauen verlor und mehr litt als die meisten anderen Kinder. In diesem Drama erleben Sie wieder das Gefühl, dass „niemand mit Ihnen befreundet sein will". Sie haben sich selbst ein Drehbuch geschrieben, in dem Ranking wichtig ist, und Ihr Gegenüber ist nur ein Darsteller, selbst wenn viele Menschen in dem Raum Sie gern näher kennenlernen würden. Aber Ihre Rolle besteht darin zu schweigen, auch wenn die anderen sehr freundlich zu Ihnen sind, und die Rolle Ihres Gegenübers ist es, Sie abzulehnen, gleichgültig, wie er wirklich über Sie denkt.

Emotionale Schemata können nicht nur Bindungen verhindern, sondern auch dazu führen, dass sich nahestehende Menschen in diesem Moment zu hassen beginnen und sich davon vielleicht nie wieder erholen. Das kann etwa passieren, wenn eine Person, die betrogen wurde, ein Eifersuchtsschema entwickelt und die einzige Lösung darin sieht, das Verhalten des anderen pausenlos zu kontrollieren. Es ist verblüffend, wie gründlich ein Schema wirken kann. Aber das alles ergibt Sinn, wenn Sie sich den Zweck eines Schemas in Erinnerung rufen: alles zu vermeiden, was zu einem weiteren Trauma führen könnte.

MIT DEM ERLERNTEN ARBEITEN

In diesem Kapitel haben Sie eine Einschätzung darüber erlangt, wie stark Sie sich unterbewerten, die Traumata Ihrer Kindheit bestimmt und begonnen, über die emotionalen Schemata nachzudenken, die sich aus deren Folge entwickelt haben. Sie haben gelernt, dass diese

Traumata und emotionale Schemata fast immer etwas mit Niederlagen und Machtlosigkeit zu tun haben sowie mit Depressionen und Schamgefühlen. Sie wissen nun auch, ob Vorurteile, Hochsensibilität oder eine unsichere Bindung die Wirkung Ihrer Traumata verstärkt haben.

Werden Sie sich der Wirkung eines Traumas auf Ihr unterbewertetes Selbst bewusst

Nun sollten Sie überdenken, was Sie über sich selbst gelernt haben. Nehmen Sie sich ausreichend Zeit dafür. Schreiben Sie Ihre Antworten auf die folgenden Fragen in Ihr Notizheft. Überstürzen Sie nichts, denken Sie gründlich nach, bevor Sie etwas aufschreiben.

1. Nehmen Sie Ihre Selbsteinschätzung zur Unterbewertung vom Anfang dieses Kapitels zur Hand. In welchem Ausmaß haben Sie wegen dieser Unterbewertung gelitten und Gelegenheiten verpasst? Betrachten Sie systematisch, wie stark die Unterbewertung Ihrer eigenen Person Sie in Ihrer Kindheit, sowohl zu Hause als auch in der Schule, beeinflusst hat. War zum Beispiel Ihre körperliche Entwicklung beeinflusst, weil Ihnen soziales Vertrauen fehlte? Hatten Sie Angst davor, sich zu blamieren, und machten deshalb keinen Sport? War Ihre schulische Entwicklung beeinträchtigt, weil Sie in Prüfungen schlecht abschnitten oder Angst davor hatten, Fragen zu stellen? War Ihre soziale Entwicklung eingeschränkt, weil Sie zu schüchtern und ängstlich waren? Beantworten Sie diese Fragen so genau wie möglich. Dann denken Sie an Ihre Schulzeit, an Ihre Liebesbeziehungen, Freundschaften und Ihre berufliche Laufbahn. Was hätten Sie gern getan, haben es aber nicht gemacht, weil Sie sich selbst unterbewertet haben?

2. Betrachten Sie die aufgelisteten Traumata und die Anzahl der Häkchen, die Sie auf Ihren Tabellen über Kindheits- und Erwachsenentraumata gesetzt haben. Was bedeutet das für Sie und Ihr unterbewertetes Selbst? Im Allgemeinen kann man sagen, dass die Unterbewertung umso stärker ist, je mehr notierte Punkte und gesetzte Häkchen auf den Tabellen zu sehen sind.

Der Umgang mit Ihren emotionalen Schemata

Auch wenn emotionale Schemata so eng mit Ihrer Persönlichkeit verknüpft sind, dass sie nie ganz verschwinden werden, ist es erstrebenswert, dafür zu sorgen, dass sie nicht allzu oft aktiviert werden. Und im Fall einer Aktivierung sollten Sie sie so schnell wie möglich erkennen können. Dafür müssen Sie mit Ihren emotionalen Schemata gut vertraut sein. Manchmal sind sie schwer auszumachen, also sollten Sie versuchen, sich ihnen von verschiedenen Seiten zu nähern.

1. Betrachten Sie genau, welches Trauma in Ihrem Leben welches Schema nach sich gezogen hat. Wenn Sie zum Beispiel von einer Firma, der es wirtschaftlich angeblich gut ging, in der das Management aber kaum auf die Bedürfnisse der Angestellten einging, eine Kündigung erhalten haben, werden Sie bei Ihrem nächsten Job wachsam und misstrauisch sein, selbst wenn Sie keinen Grund dazu haben. Dieses Schema ist angebracht, auch wenn Sie gelernt haben, das Trauma meist zu verdrängen. In dem genannten Beispiel haben Sie sich möglicherweise sogar selbstständig gemacht, um nicht mehr von einem Arbeitgeber abhängig zu sein.
2. Überlegen Sie sich, welche Situationen mit welchem Trauma verbunden sind und daher das jeweilige Schema auslösen. Im letzten Beispiel haben Sie möglicherweise das ursprüngliche Trauma umgangen, indem Sie sich selbstständig gemacht haben, aber nun

haben Sie Angst davor, dass Ihre wichtigsten Kunden Sie „abservieren“ könnten. Das emotionale Schema ist immer noch da, aber es hat sich auf alle Situationen ausgeweitet, die eine entfernte Ähnlichkeit aufweisen.

3. Denken Sie an die Zeiten, in denen Sie sich verhalten haben, als wäre ein emotionales Schema aktiviert worden. An Situationen, in denen Sie „nicht Sie selbst“ waren. Sie wurden ganz still oder streitlustig und Ihre Stimme klang bewegt – entweder zu laut oder merkwürdig leise. Sie verwendeten Absolute („immer“, „niemals“, „alles schwarz oder weiß“) und verstanden nicht, warum andere die Situation nicht so sahen wie Sie. Sie verspürten plötzlich Zorn, Furcht, Kummer oder eine andere starke Emotion, die übertrieben war. Sie behandelten andere unfair oder waren ihnen gegenüber extrem misstrauisch oder ängstlich. Oder Sie liebten oder vermissten sie auf eine unnatürlich starke Weise.
4. Während Sie Ihre Schemata genau betrachten, bitten Sie Menschen, die Sie gut kennen, um Hilfe. Erklären Sie ihnen das Konzept von emotionalen Schemata; sie werden Ihnen sicher viel über Ihre eigenen und deren Auslöser sagen können. Aber bitten Sie um Behutsamkeit. Und versuchen Sie, objektiv zu bleiben, wie ein Wissenschaftler, der nach Antworten sucht, damit das Schema nicht sofort wieder aktiviert wird.

Wenn Sie spüren, dass ein emotionales Schema aktiviert wird, haben Sie jetzt das Wissen, diesen unterbewussten Kräften etwas entgegenzusetzen. Sie wissen, was abläuft. Manchmal hilft es, das Schema als eine selbstständige Person in Ihrem Inneren zu betrachten, die Sie gerne treffen und beruhigen wollen würden, bevor sie sich zu sehr aufregt. Sie können sogar versuchen, ihr die Tür vor der Nase zuzuschlagen. Geben Sie ihr einen Namen, wie zum Beispiel „Stille Statue“ oder „Irre Eifersucht“. Sie können mit ihr argumentieren, sie bestechen, sie anflehen, ihr schmeicheln, sie zu einem Kompromiss bewegen oder sonst etwas tun, damit sie nicht darauf besteht, das Sie etwas tun oder sagen, was Ihnen später leidtun wird. Wenn Sie als Mann zum Beispiel davon überzeugt sind, dass sich Ihre Freundin mit einem anderen trifft, können Sie Ihrer „Irren Eifersucht" sagen, dass Sie Ihre Freundin darauf ansprechen und sie dabei genau beobachten werden, aber auf keinen Fall in ihren E-Mails herumschnüffeln. Das ist gegen Ihre Prinzipien und könnte ihr einen triftigen Grund geben, Sie zu verlassen.

Eine Geschichte Ihres unterbewerteten Selbst

Schreiben Sie auf ein oder zwei Seiten Ihre persönliche Geschichte auf. Fassen Sie zusammen, was Sie darüber gelernt haben, wie stark Sie sich selbst unterbewerten, welche Arten von Traumata Sie erlebt haben und wie stark diese waren, Wichtig ist auch, welche Rolle dabei Vorurteile, Sensibilität und unsichere Bindung einnehmen. Welches emotionale Schema haben Sie daraufhin entwickelt? Diese Geschichte wird später noch wichtig sein. Wenn Sie sich verstärkt mit Ihren Gefühlen auseinandersetzen, die eine Folge dieser Traumata sind, können Sie darauf zurückgreifen.

KAPITEL 4
HEILUNG DES UNTERBEWERTETEN SELBST DURCH LINKING

Mittlerweile kennen Sie die angeborenen Gründe für Ihr unterbewertetes Selbst und wissen, warum es schnell zu einem Gefühl der Niederlage, zu Depressionen oder Scham führt. Sie kennen auch die sechs Selbstschutzmaßnahmen, die Sie nutzen, um sich vor Schmerz zu schützen, und können daher Ihr unterbewertetes Selbst besser verstehen. Sie haben Ihre Traumata und emotionalen Schemata bestimmt, die Ihr unterbewertetes Selbst noch weiter unterstützen und die Sie dazu veranlassen, sich noch mehr dieses Selbstschutzmethoden zu bedienen. Sie sind bereit, etwas zu unternehmen, um Ihr unterbewertetes Selbst zu heilen.

Der übliche Ansatz besteht darin, den niedrigen Selbstwert zu steigern. Allerdings beruht dieser Ansatz darauf, seinen eigenen Selbstwert mit dem anderer zu messen. Wenn Sie sich zu gering einschätzen, verlassen Sie sich jedoch auf Ihrem Weg durchs Leben ohnehin schon viel zu sehr auf Ranking, also kann das nicht die ideale Lösung sein.

Die Lösung liegt im Linking, das in unserem Gehirn ebenso stark verankert ist wie Ranking und die Unterbewertung unseres Selbst, und es ist in unserem Inneren ebenso vertreten wie der Gegenpol. Sie müssen lernen, spontan vom Ranking zum Linking umzuschalten. Das ist nicht immer einfach, aber der erste Schritt.

Ranking spielt eine bestimmte Rolle, sogar beim Heilen des unterbewerteten Selbst. Es veranlasst Sie, sich mit anderen zu messen, wenn es angebracht ist, und es hilft Ihnen dabei, sich bei Konflikten zu behaupten und Ihre Grenzen zu wahren – Fähigkeiten, die immer wichtig sind, wenn Sie dazu neigen, sich zu gering einzuschätzen. Aber auch wenn Ranking elementar ist, so *heilt* es das unterbewertete Selbst nicht. Die Regel für den Heilungsprozess lautet: „Ersetze Ranking durch Linking.“

WARUM LINKING DAS BESTE HEILMITTEL FÜR DAS UNTERBEWERTETE SELBST IST

Wenn wir von Ranking auf Linking umschalten, ziehen wir dem unterbewerteten Selbst den Boden unter den Füßen weg, denn nur beim Ranking vergleichen wir unseren allgemeinen Wert mit dem anderer Menschen und bewerten uns im Vergleich zu niedrig. Wenn wir uns im Linking-Modus befinden, sind wir darauf ausgerichtet, uns um andere zu kümmern und von anderen versorgt zu werden – es bedeutet Geben und Nehmen.

Manchmal können und wollen Sie das Ranking nicht unterdrücken. Aber selbst in solchen Situationen können Sie den Anteil an Linking erhöhen. Zum Beispiel können Sie sich mit Ihren Gegnern bei einem Tennismatch anfreunden oder sich bei einer Bewerbung mit den anderen Wartenden unterhalten. Diese Art von Linking hat eine außerordentliche Wirkung auf das unterbewertete Selbst. Im Allgemeinen verschwindet die im Hintergrund lauernde Angst vor dem Versagen, weil Sie sich verbunden und nicht beurteilt fühlen. Da es im Augenblick nicht um Sieg oder Niederlage geht, rutschen Sie nicht in die Niederlage-Reaktion ab, die Depressionen und Schamgefühle mit sich bringt, und verringern auch nicht Ihren allgemeinen Selbstwert. Tatsächlich wurde bei Forschungen im Labor oder in der Praxis festgestellt, dass das Umschalten von Ranking auf Linking folgende Wirkungen nach sich zieht:

- eine Erhöhung des Selbstwertgefühls,[1]
- eine größere Aufgeschlossenheit,[2]
- weniger Vorurteile. Bei Experimenten, bei denen versucht wurde (mittels Fokussierung auf Ranking), Personen dazu zu bringen, sich entweder unterlegen oder überlegen zu fühlen, sind deren Vorurteile durchschnittlich groß gewesen. Wenn sie jedoch auf Linking fokussiert wurden, zeigten sie auf einmal weitaus weniger Vorurteile.[3]

- Personen unter Stress suchen sich eher Hilfe von anderen, als sich für ihre Situation selbst die Schuld zu geben.[4]
- Personen, die sonst immer Angst vor Einmischung haben, sind eher bereit, jemandem zu helfen, den sie nicht kennen.[5]

Geht es bei Linking nicht um Introvertiertheit und Extrovertiertheit?

Viele sind der Meinung, dass extrovertierten Menschen mehr an Linking liegt und sie es auch besser beherrschen, doch tatsächlich ist Linking für Introvertierte sogar noch wichtiger, da sie sich mehr auf die Qualität als auf die Quantität ihrer Bindungen konzentrieren.[6] Introvertierte Menschen führen öfter tiefgründige, offene Gespräche unter vier Augen mit Menschen, die sie gut kennen, jedoch weniger mit Fremden. Sie verbringen weniger Zeit in Gruppen und haben nicht viele Menschen um sich, mit denen sie keine tiefe Freundschaft verbindet.

Diese Präferenz macht Introvertierte in Gruppen oder in der Begegnung mit Fremden jedoch noch verletzlicher. Sie fühlen sich dann unzulänglich, und während Extrovertierte in solchen Situationen Verbindungen mit anderen suchen, verhalten sich Introvertierte still und zurückhaltend. Auch wenn das aus eigenem Willen geschieht, kann eine Nichtbeteiligung rasch dazu führen, dass sie sich rangniedriger oder sogar zurückgewiesen fühlen. Auch rosten die sozialen Fähigkeiten von Introvertierten manchmal ein, sodass sie sich in größeren Gruppen oder bei ersten Treffen oft unterlegen fühlen und sich fest im Griff des unterbewerteten Selbst befinden. Introvertierte müssen lernen, sich beim Linking kompetent zu fühlen – selbst in sozialen Situationen, die ihnen nicht angenehm sind –, wenn sie eine Unterbewertung ihres Selbst vermeiden und neue Freunde gewinnen wollen; und das ist nötig, da sich viele Freundschaften durch Umzüge oder eine Veränderung der Interessen verlieren.

Wenn Sie extrovertiert sind, sich aber trotzdem zu gering bewerten, fällt es Ihnen wahrscheinlich relativ leicht, oberflächliche Kontakte zu knüpfen. Im Stillen schätzen Sie sich jedoch geringer ein als die anderen – zu denen gehören auch diese stillen, weise dreinschauenden Introvertierten. Wie Sie wissen, kann eine Person nach außen hin sehr selbstbewusst wirken, im Inneren aber gegen das Gefühl der Wertlosigkeit ankämpfen. Sie plaudern vielleicht locker mit anderen und scheinen sich mit ihnen zu verbinden und haben trotzdem Angst, zu viel gesagt oder zu heftig argumentiert zu haben, zu aufdringlich oder zu freundlich gewesen zu sein oder das Gespräch zu oberflächlich geführt zu haben. In solchen Situationen befinden Sie sich im Ranking-Modus, obwohl Sie sich scheinbar dem Linking widmen. Das bedeutet, dass Sie mehr Vertrauen in Ihre Fähigkeiten entwickeln sollten.

LERNEN SIE, KONTAKTE GESCHICKT UND GERN ZU KNÜPFEN

Linking mag zwar angeboren sein, aber wenn Sie sich unsicher fühlen, hilft es Ihnen dabei, sich ganz bewusst einige Dinge vor Augen zu führen. Ob Sie eine Bindung zu einem Fremden knüpfen, zu einem Bekannten auffrischen, dem Sie näherkommen möchten, oder mit einem alten Freund wieder Kontakt aufnehmen: Der Prozess kann immer in zwei Phasen – Beginn und die Vertiefung – aufgeteilt werden. Bei beiden Schritten gibt es einige Punkte zu beachten.

Meist wird zu Beginn erst etwas zu trinken, zu essen oder ein Geschenk angeboten. Das geschieht, um eine Bindung einzuleiten oder aufrechtzuerhalten. Mein Mann bietet oft seinem Sitznachbarn auf einem Langstreckenflug eine verpackte Süßigkeit an. Er will sich zwar während des Flugs nicht unterhalten, sondern arbeiten, aber diese Süßigkeit ist eine kleine Verbindlichkeit, die den Flug angenehmer macht.

Eine Berührung, wenn sie angemessen ist, kann ebenfalls eine sofortige Verbindung herstellen. Wenn Sie jemanden begrüßen, schütteln Sie ihm auf altmodische Art kräftig und herzlich die Hand und sagen: „Ich freue mich, Sie kennenzulernen“, oder: „Wie schön, Sie wiederzusehen.“ Wenn es jemandem, den Sie mögen, nicht gut geht, denken Sie darüber nach, ob diese Person sich vielleicht über eine mitfühlende Berührung auf der Schulter oder am Arm freuen würde. Trauen Sie sich zu dieser Geste bei Ihrem Freund.

Heutzutage stellen wir normalerweise Kontakt mit Worten her. Komplimente machen sich immer gut, aber es kommt sicher noch besser an, wenn Sie sich selbst öffnen. Sie haben sich zum Beispiel mit einem Kollegen über seine Sorgen über seinen Sohn im Teenageralter unterhalten. Sie können Ihre Bindung zu ihm einleiten und vertiefen, indem Sie einfach fragen: „Wie läuft es denn mit deinem pubertierenden Sohn? Hält er dich immer noch auf Trab?“

Achten Sie genau auf die Fragen, die man Ihnen stellt, und geben Sie eine persönliche Antwort, wenn das angebracht ist. Wenn Sie der Vater des Teenagers wären und diese Frage gestellt bekommen würden, könnten Sie zum Beispiel antworten: „Ich glaube, es läuft ein bisschen besser, aber in ein paar Tagen hat er Geburtstag, und ich wünschte mir von Herzen, er würde schon 30 und nicht erst 17.“ Je mehr Einzelheiten Sie in einem Gespräch wie diesem austauschen, umso stärker aktivieren Sie die gegenseitigen Bestrebungen, eine Verbindung zu schaffen, und umso eher werden Sie bessere Freunde.

Linking sollte immer auf angemessene Weise erfolgen. Wenn Sie sich mit jemandem unterhalten, bedeutet das Rücksichtnahme auf die Bedürfnisse Ihres Gesprächspartners. Erzählen Sie nicht zu viel über sich selbst, wenn es der andere eilig hat oder aus irgendwelchen Gründen nicht in der Stimmung dafür ist. Drängen Sie ihm keine Geschenke oder Gefälligkeiten auf, bestehen Sie nicht darauf, bei einem Umzug zu helfen, die andere Person zu umarmen oder zum Mittagessen einzuladen, wenn sie bereits abgelehnt hat. Sie würden ja umgekehrt auch nicht darauf drängen, dass Ihnen jemand hilft oder Ihnen einen Gefallen tut. Es ist eine Gabe, beurteilen zu können, wann etwas angemessen ist, und zeigen zu können, dass Sie auf andere eingehen und Ihnen Respekt entgegenbringen.

Es mag paradox erscheinen, aber Linking wird nicht dadurch gefördert, dass Sie die Interessen Ihres Freunds teilen oder immer mit ihm gleicher Meinung sind und dann entsetzt feststellen, dass es sich einmal nicht so verhält: „Ich kann es nicht fassen, dass du das nicht magst – ich liebe es." Es hilft auch nicht, der anderen Person immer ihren Willen zu lassen und zu sagen: „Oh, was immer du willst. Mir ist es egal." Zwei Menschen können sich nicht miteinander verbinden, wenn sie dabei nicht zwei eigenständige Individuen bleiben dürfen.

Verhaltensweisen beim Linking

- Essen anbieten
- Den anderen auffordern, über sich selbst zu sprechen, und aufmerksam zuhören
- Dem anderen einen Gefallen tun oder ihm Hilfe anbieten
- Ein Kompliment machen
- Um Hilfe bitten, ohne allgemein hilflos zu erscheinen
- Ein Geschenk machen
- Den anderen freundlich berühren
- Dem anderen die Hand schütteln
- Aufrichtiges Interesse zeigen
- Etwas Liebevolles sagen
- Etwas Persönliches über sich erzählen
- Seiner Wertschätzung der Verbindung Ausdruck verleihen. Zum Beispiel so: „Es ist schön, dass wir Freunde sind."
- Unterschiedliche Meinungen respektieren, anstatt eine Diskussion darüber zu erzwingen

Erste Schritte beim Linking

Wenn Sie sich selbst unterbewerten, ist der erste Schritt beim Linking oft der schwerste, denn Sie haben Angst davor, zurückgewiesen zu werden. Tatsächlich sind die anderen jedoch meistens bereit dazu, sich mit Ihnen zu verbinden. Hier sind vier Dinge, die Sie sich bewusst machen und tun sollten, selbst wenn Sie sich im Ranking-Modus befinden: Lächeln, Augenkontakt aufnehmen, Mitgefühl zeigen und etwas Freundliches tun. Ein Lächeln ist ein allgemeines Zeichen, wenn man eine Verbindung knüpfen möchte, während Augenkontakt – weder ein Starren noch ein Wegschauen – Gleichstellung signalisiert. Am Telefon wird das Visuelle durch eine zunächst fröhliche Stimme ersetzt. Danach geht man auf den Ton und die Intonation des anderen ein. Diese ersten Schritte mögen naheliegend erscheinen, aber sie werden oft vergessen, wenn man sich im Ranking-Modus befindet und sich wertlos fühlt.

Bei einem Gespräch sollten Sie Empathie für die Gefühle des anderen zeigen. Wenn Ihr Gesprächspartner zum Beispiel sagt: „Ich komme um vor Hitze“, sollten Sie nicht zuerst überlegen, wie man das Problem lösen könnte, sondern vorab etwas sagen wie: „Ja, das kann ich mir vorstellen. Du hast in der prallen Sonne in der Warteschlange stehen müssen, richtig?“

Sie sollten nicht sagen: „Geht mir genauso“ oder „Warum ziehst du dann nicht deinen Mantel aus?“. Solche Bemerkungen vermitteln keine Empathie. Mit dem ersten Satz lenken Sie die Aufmerksamkeit auf sich, und mit dem zweiten deuten Sie an, dass es nicht Ihr Problem, sondern das der anderen Person ist. Sagen Sie lieber: „Kann ich dir irgendwie helfen?“

Letztendlich zeigen Sie Freundlichkeit. Denken Sie daran, dass ein Teil von Linking darin besteht, den anderen kennenlernen zu wollen und seine Bedürfnisse zu erfüllen, soweit Sie das können. Sie müssen sich also auf die Bedürfnisse des anderen einstellen oder ihn danach fragen. Gehen Sie nicht davon aus, sie bereits zu kennen, denn damit riskieren Sie, sich unangemessen und beherrschend zu verhalten, und das befördert Sie direkt zum Ranking zurück. Stattdessen könnten Sie fragen: „Kann ich dir ein Glas Wasser bringen?“ Auch das mag offensichtlich erscheinen, aber Gelegenheiten, sich freundlich zu zeigen, werden oft übersehen.

Wie man mit Linking beginnt

- Lächeln Sie. Das ist naheliegend, wird aber oft vergessen.
- Suchen Sie Augenkontakt. Wer Blickkontakt vermeidet, ordnet sich unter und signalisiert Ranking, nicht Linking.
- Zeigen Sie Empathie. Versuchen Sie, sich in den anderen hineinzuversetzen, und vermitteln Sie ihm Ihr Verständnis.
- Seien Sie freundlich. Tun Sie etwas Aufmerksames oder Hilfreiches.

Um aus einem Treffen eine richtige Verbindung entstehen zu lassen, sollten Sie das Gespräch vertiefen. Jedes Thema, das sich nicht um Ranking dreht, ist geeignet, aber manche Inhalte können eine stärke Bindung bewirken. Menschen werden normalerweise gern nach ihren Kindern und Partnern, ihrem Beruf oder ihrer Kindheit gefragt, wenn sie diese Themen bereits erwähnt haben. Zeigen Sie nach Ihrer Frage aufrichtiges Interesse. Auch eine weitere Frage zeigt Ihre Aufmerksamkeit. Wenn Sie eine Frage stellen, aber an der Antwort kein Interesse zeigen, ist das ein Zeichen dafür, dass es Ihnen nur um Ranking geht.

Gute Einstiegs- und weitergehende Fragen

- Wie ich sehe, sind Sie verheiratet. (Wenn Sie einen Ring entdecken.) Wie haben Sie sich kennengelernt? Woher wussten Sie, dass er der Richtige ist?
- Sind Sie in dieser Gegend aufgewachsen? Wie war es hier in Ihrer Kindheit?

- Wie ich höre, reisen Sie gern. Waren Sie in letzter Zeit an einem interessanten Ort? Würden Sie noch einmal dorthin fahren?
- Ich habe zufällig gehört, dass Sie eine/n (Rassename eines Hundes oder einer Katze) haben. Wie heißt er/sie? Wie lebt es sich mit einem solchen Haustier?
- Was machen Sie, wenn Sie nicht gerade auf einer solchen Tagung (Party etc.) sind? (Fragen Sie nicht ausdrücklich nach dem Beruf der Person, da manche keinen haben.) Und wie ist das so?

Linking durch Geben

Beim Linking gibt es immer zwei Seiten: Geben und Nehmen. Einer spricht, der andere hört zu. Einer bietet etwas zu essen an, der andere greift zu. Einer macht Komplimente, der andere genießt sie. Bei diesen beiden Rollen geht es jedoch nicht um den Rang, obwohl der jeweilige Empfänger im Augenblick der Wichtigere zu sein scheint. Geben und Nehmen wechseln sich ab, oder das Geben ist durch das Bedürfnis des Empfängers bestimmt, nicht durch seine Stellung.

Das Wesentliche beim Linking besteht darin, etwas zu geben, um der anderen Person eine besondere Freude zu machen oder ihre bestimmten Bedürfnisse zu befriedigen. Manchmal geben wir jedoch auch, wenn wir uns im Ranking-Modus befinden. Dann tun wir es, weil wir in den Augen der anderen unseren Status aufwerten wollen oder weil die anderen die Höherrangigen sind. Ein Geben, um sich mit jemandem zu verbinden, ist eine andere Sache.

Nehmen wir zum Beispiel an, dass Sie und eine Kollegin dazu verdonnert wurden, am Samstag zu arbeiten. Sie versuchen, die erste Verbindung herzustellen, indem Sie sie anlächeln und ihr in die Augen schauen. Sie bemerken, dass Sie ein wenig aufgeregt ist, und zeigen Ihre Anteilnahme, als sie Ihnen erzählt, dass sie das Fußballspiel ihres Sohnes verpasst. Als freundliche Geste bringen Sie ihr eine Tasse Kaffee, so, wie sie ihn mag.

Wenn Sie diese erfolgreiche erste Verbindung mit Ihrer Kollegin vertiefen wollen, müssen Sie etwas geben: Bringen Sie sich emotional ein, entwickeln Sie Verständnis, fassen Sie dieses in Worte und vermitteln Sie Empathie.

In diesem Fall würde der erste Schritt, das Sich-emotional-Einbringen, bedeuten, dass Sie einen Moment darüber nachdenken, wie Sie die Situation Ihrer Kollegin empfinden. Möglicherweise denken Sie: „Oje, sie denkt an ihr Kind und bedauert es wirklich sehr, dass sie ihren Sohn nicht zu diesem Fußballspiel begleiten konnte. Das ist traurig. Ich weiß, wie sie sich fühlt – ich muss viel reisen und verpasse daher auch einige Veranstaltungen, an denen meine Kinder teilnehmen.“ Dann entwickeln Sie Verständnis: Sicher möchte sie zumindest über ihren Sohn und das Spiel reden.

All das ist Ihnen durch den Kopf gegangen – das meine ich, wenn ich jemanden als „gedankenvoll“ bezeichne. Nun fassen Sie Ihre Erkenntnis in Worte: „Sie fühlen sich sicher schrecklich, weil Sie bei dem Spiel nicht dabei sein können. Wie lange spielt Ihr Sohn schon Fußball? Ist sein Team erfolgreich?“ Ihr mitzuteilen, dass Sie Verständnis für ihr Redebedürfnis haben, ist ein sehr wichtiger Schritt. Sie fühlen sich vielleicht emotional angesprochen und entwickeln Verständnis und Mitgefühl, doch wenn Sie das nicht zeigen und verbal zum Ausdruck bringen, versäumen Sie die Chance auf eine tiefere Bindung. Dieses Risiko besteht vor allem für Introvertierte.

Ohne Empathie gibt es kein erfolgreiches Geben. Empathie zu haben bedeutet, sich mit dem anderen zu identifizieren, zu verstehen, was er durchmacht, mitzufühlen, ohne die Aufmerksamkeit auf sich selbst zu lenken. Einfach gesagt heißt es zu verstehen, wie sich jemand fühlt. Glücklicherweise ist das nicht schwer, denn es liegt in unseren Genen, ebenso wie das Bedürfnis, anderen zu helfen. Wenn wir eine Bindung eingehen wollen, kann es nicht zu viel Empathie geben. Im Fall Ihrer Kollegin könnten Sie Ihre Empathie zeigen, indem Sie sagen: „Ich verstehe Sie. Es ist wirklich furchtbar, wenn man ein Spiel seines Kinds versäumt. Sicher graut Ihnen schon davor, dass das Spiel ohne Sie beginnt.“

Die Bindung stärken: Geben

- *Emotionale Beteiligung.* Denken Sie zuerst darüber nach, was bei dem anderen tatsächlich gerade geschieht und wie Sie sich dabei fühlen.
- *Verständnis entwickeln.* Überlegen Sie sich, was der andere jetzt braucht und will.
- *Verbalisieren.* Nutzen Sie Worte, um zu geben und die Bindung zu verdeutlichen. Drücken Sie Ihre eigenen Gefühle aus und zeigen Sie damit Ihre emotionale Beteiligung. Falls es angebracht ist, sagen Sie dem anderen, was Sie gern für ihn tun würden, und erkundigen Sie sich, ob Sie das umsetzen sollen.
- *Empathie zeigen.* Versuchen Sie in jedem Stadium, Ihre Interaktion aus der Sicht der anderen Person zu sehen.

Linking durch Nehmen

Normalerweise sieht man Linking als aktiven Vorgang an. Man muss den anderen mögen, etwas über ihn erfahren und ihm helfen wollen. Aber wenn man es wirklich gut machen möchte, muss man auch zulassen, dass man selbst gemocht und verstanden wird, und man muss sich helfen lassen. Das klingt leicht, aber wenn Sie sich selbst unterbewerten, haben Sie oft das Gefühl, dass Sie eine so freundliche Zuwendung nicht verdienen. Und in einer Kultur, in der großen Wert auf Ranking gelegt wird, kann das Annehmen von Linking negativ als „abhängig sein" oder „babyhaftes Verhalten" ausgelegt werden. Es gibt viele Begriffe für „einander etwas geben": freundlich sein, altruistisch, hingebungsvoll, großzügig, liebevoll oder besorgt. Aber nur im Japanischen gibt es ein gutes Wort für das Annehmen: *Amae*[7]. Es bedeutet in etwa, dass man „sich auf die Liebe eines anderen verlassen oder von ihr ausgehen kann", dass man „an der Nachgiebigkeit und Hingabe des anderen wärmt" oder „sich geliebt und geschätzt fühlt".

Wenn Sie jedoch an Ihrem eigenen Wert zweifeln, ist *Amae* möglicherweise noch schwieriger als das Geben. Es mag paradox klingen, aber Sie müssen aktiv arbeiten, um etwas passiv annehmen zu können. Ein gewisses Maß an Vorsicht ist dabei in Ordnung. Aber wenn Sie sich zur richtigen Zeit auch nur hin und wieder geschätzt fühlen, kann das Wunder beim Umgang mit dem unterbewerteten Selbst bewirken.

Am leichtesten fällt es, etwas anzunehmen, wenn Sie von jemandem einfach freundlich und liebevoll behandelt werden. Aber manchmal müssen Sie einer Person, die Ihnen Hilfe anbietet, zu verstehen geben, was genau Sie im Moment brauchen. Stellen Sie sich die folgenden drei Fragen, um zu beurteilen, ob es angemessen ist, dass Sie sich entspannen und einfach etwas annehmen, oder ob Sie um Hilfe bitten sollen.

- Ist das Angebot passend für Sie? Ist es der richtige Ort, die richtige Zeit und die richtige Person, um Ihre Bedürfnisse zu befriedigen? Ihr Bruder mag zum Beispiel der ideale Helfer bei einem Umzug sein, aber nicht die beste Person, um Sie bei emotionalen Problemen zu unterstützen.
- Passt es für den anderen? Oder ist Ihr Freund möglicherweise an diesem Tag mit einem eigenen Problem beschäftigt?
- Sind Sie an der Reihe? Obwohl es in Linking-Beziehungen absolut tabu ist, gegeneinander aufzurechnen, gibt es dafür auch einen bestimmten Rhythmus. Wenn Sie sich diese Frage stellen, begreifen Sie besser, ob Ihr Geben ausreichend war, um jetzt auch nehmen zu dürfen.

Stellen Sie sich vor, Sie treffen sich mit einem Freund zum Abendessen. Während Sie sich dem Tisch nähern, hören Sie, wie er leise vor sich hin summt, und stellen wieder einmal fest, wie fröhlich, freundlich und voll guter Energie er immer ist – „ganz im Gegensatz zu dir“, wie Ihr unterbewertetes Selbst sagt. Vor allem an diesem Abend sind Sie verdrießlich, gereizt und erschöpft und haben das Gefühl, dass Sie ihm die

Laune verderben werden. In einer solchen Situation ist es wichtig, dass Sie Ihre gegenwärtige Stimmung akzeptieren und sich bewusst werden, dass Sie sie nicht unterdrücken müssen, um angenommen zu werden.

Er sagt: „Hi! Wie geht es dir heute Abend?"

Anstatt diese Frage mit einem „Mir geht's gut" vom Tisch zu fegen, entschließen Sie sich dazu, näher darauf einzugehen und Ihrem Freund zu verraten, wie es Ihnen wirklich geht. „Ich bin erschöpft."

Ihr Freund sieht Sie mitfühlend an, also fügen Sie hinzu: „Ich fühle mich schon seit Tagen abgespannt." Und dann fällt Ihnen plötzlich etwas dazu ein. „Vielleicht ist es wegen meinem Vater."

Ihr Freund fordert Sie auf, sich zu setzen und ihm mehr darüber zu erzählen. „Was ist mit deinem Vater los?"

„Er hat mich am Mittwoch angerufen. Normalerweise beklagt er sich nie, doch jetzt hat er mir erzählt, dass er seinen Husten nicht loswird und dass man ein paar Tests mit ihm macht. Klar, es ist nur ein Husten, aber er war gar nicht erkältet. Und er scheint sich Sorgen zu machen."

Ihr Freund hat nun die Wahl, ob er Ihnen in dieser Sache weiter sein Mitgefühl schenken oder das Thema beenden möchte. Sie stellen fest, dass er Sie dazu einlädt, weiter seine Anteilnahme anzunehmen. „Oje, das klingt ein bisschen beängstigend. Lass uns bestellen, und dann reden wir weiter darüber, okay?"

Sie stimmen zu. Während Sie Ihre Bestellung aufgeben, bemerken Sie, dass es Ihnen bereits ein wenig besser geht.

Und das haben Sie in dieser Situation getan:

- Sie haben akzeptiert, wie Sie sich fühlen.
- Sie haben sich dazu bekannt.
- Sie haben festgestellt, dass Ihr Freund Bereitschaft gezeigt hat, Mitgefühl zu geben, und Sie haben es ihm geglaubt.
- Sie haben sich ihm weiter geöffnet und Mitgefühl empfangen, bis Ihr Bedürfnis erfüllt war.

Wenn das unterbewertete Selbst durch eine Situation aktiviert wird, können Sie auch auf Linking durch Nehmen umschalten, indem Sie Freunde oder Kollegen um ihre Meinung bitten. Wenn Sie sich an andere wenden, sollte es sich um Personen handeln, die ehrlich mit Ihnen und Ihnen generell sehr zugetan sind. Wie beurteilen diese Ihre Situation?

Ein Beispiel: Sie haben eine Fahrgemeinschaft mit einer Kollegin aus Ihrer Abteilung gebildet und sich mittlerweile mit ihr angefreundet. Eines Tages ist bei der Arbeit alles schiefgelaufen und Sie haben das Gefühl, die schlechteste Apothekerin auf der ganzen Welt zu sein. Sie akzeptieren Ihre Gemütsverfassung, sprechen offen darüber und bekommen von Ihrer Kollegin die Antwort, dass Sie ihrer Meinung nach wunderbare Arbeit leisten. Sie hat Ihnen bereits bei einigen Problemen schon Vorschläge gemacht, also glauben Sie ihr, als sie Ihnen versichert, dass die beiden Kunden, die sich über die lange Wartezeit geärgert haben, offensichtlich zu den Menschen gehören, die zu jedem unfreundlich sind, und dass der Versicherungsvertreter mit dem scharfen Tonfall einfach nur einen schlechten Tag hatte. Das sei schon alles gewesen.

Manchmal können Sie Ihre Bedürfnisse auch durch einen Dritten ausdrücken. Phyllis, die oft unter ihrem unterbewerteten Selbst litt, fühlte sich vor allem an ihrem Arbeitsplatz sehr unsicher. Sie befürchtete, dass ihr Boss Houston sie nicht leiden konnte. Ihr war klar, dass diese Angst irrational war, aber sie konnte nichts dagegen tun. Wenige Tage vor ihrem Geburtstag blieb John, ein Freund von Houston, vor ihrem Schreibtisch stehen. Sie verstand sich gut mit John, und er wusste, dass ihr Geburtstag vor der Tür stand. Er meinte, dass Houston sie wahrscheinlich zum Mittagessen einladen würde.

Phyllis entschied sich, das Risiko einzugehen und die Wahrheit zu sagen, obwohl sie wusste, dass Houston möglicherweise davon erfahren würde. „Nein, wir gehen nie zusammen zum Essen. Ich glaube, er ist froh, wenn er mich nicht öfter als nötig zu Gesicht bekommt", erwiderte sie in halb scherzhaftem Ton.

John war verblüfft. „Den Eindruck habe ich ganz und gar nicht. Er spricht immer in den höchsten Tönen von dir."

An diesem Nachmittag lud Phyllis' Boss sie nicht nur zu ihrem Geburtstag zum Mittagessen ein, sondern er bat sie auch, am Wochenende zu einem kleinen zwanglosen Treffen in sein Haus zu kommen. Seitdem haben sie öfter etwas Freizeit miteinander verbracht.

Vor allem in einer neuen Beziehung ist es äußerst wichtig, zwischen Geben und Nehmen abzuwechseln. Herrscht ein Ungleichgewicht, fühlt man sich sofort wieder ans Ranking erinnert: Einer gibt ständig. Ist eine Beziehung bereits gefestigt, kann je nach den Bedürfnissen des Einzelnen über Geben und Nehmen entschieden werden.

Überstürzen Sie nichts, um dem anderen etwas zurückzugeben, denn dabei verhindern Sie vielleicht, das Nehmen vollständig auszukosten. Wenn der andere zum Beispiel sagt: „Das hört sich an, als hättest du einen schrecklichen Tag hinter dir", dann müssen Sie nicht sofort antworten: „Ich weiß, dein Tag war auch nicht besser." Und wenn Sie der Gebende sind, sollten Sie nicht vorschnell einwerfen, dass Sie das gleiche Problem haben. Das könnte als Bedürfnis zu nehmen anstatt als Wunsch zu geben aufgefasst werden. Und es verhindert eine Vertiefung der Bindung, da kein tiefgreifenderes Gespräch zustande kommt. Wenn die andere Person sagt: „Ich mache mir Sorgen um meine Mutter – sie erfährt heute ihre Biopsie-Ergebnisse", dann drücken Sie Ihre Empathie nicht aus, indem Sie antworten: „Ich weiß, wie du dich fühlst, denn meine Lieblingstante hat letztes Jahr das Gleiche durchgemacht." Sagen Sie lieber etwas wie: „Ach, du lieber Himmel. Sicher sitzt du wie auf glühenden Kohlen, bis du von ihr hörst." Sie können Ihre eigenen Erlebnisse später erzählen, falls das dann noch passend ist. Oft ist das jedoch nicht der Fall.

WIE SIE DAS UNTERBEWERTETE SELBST AUSTRICKSEN, WENN KEINE BINDUNG ENTSTEHT

Es ist riskant, sich mit jemandem verbinden zu wollen, den Sie nicht gut kennen – vor allem, wenn Sie dabei Ihr eigenes Bedürfnis, etwas zu empfangen, preisgeben. Aber auch ein Versuch zu geben kann Schamgefühle auslösen, wenn der andere nicht darauf eingeht. Kehren wir noch einmal zurück zu dem Beispiel, in dem Sie Ihrem Freund gestanden haben, dass Sie erschöpft sind und sich Sorgen um Ihren Vater machen. Nehmen wir einmal an, Ihr Freund hat daraufhin gesagt: „Nun ja, das Abendessen wird dich sicher aufmuntern." Oder, noch schlimmer: „Du bist zurzeit anscheinend immer müde." Oder stellen Sie sich vor, Sie hätten nach dem Abendessen vereinbart, sich bald wieder zu treffen, und haben dann monatelang nichts mehr von Ihrem Freund gehört.

Es ist harte Arbeit, sich über mögliche berechtigte Gründe Gedanken zu machen, die hinter einem Mangel an Empathie oder einer unverblümten Zurückweisung stecken könnten. Manchmal sind die Probleme jedoch rein praktischer Natur. Vielleicht hat Ihr Freund einfach zu viel um die Ohren. Also versuchen Sie, im Linking-Modus zu bleiben und Mitgefühl für ihn zu empfinden.

Manchmal fällt Ihnen jedoch beim besten Willen keine Entschuldigung für die andere Person ein. Wenn Sie ein emotionales Schema zum Thema Zurückweisung entwickelt haben, ist es besonders schwierig, Ranking und eine Aktivierung des unterbewerteten Selbst zu vermeiden. Sie müssen Experte darin werden herauszufinden, was in einer anderen Person vorgehen könnte, wenn sie Ihre Gefühle verletzt oder Sie in irgendeiner Weise dazu bringt, sich zu schämen. Dabei gibt es mindestens vier Möglichkeiten: Sie befinden sich in einer Ranking-Umgebung, der andere flüchtet sich in eine seiner Selbstschutzmaßnahmen, der andere verhält sich so, weil er Bindungen generell meidet, oder Sie haben in dem anderen ein emotionales Schema aktiviert.

Lassen Sie sich nicht entmutigen, wenn Ranking dominiert

Wenn Sie versucht haben, sich mit jemandem zu verbinden, und zurückgewiesen, kühl gegrüßt, misstrauisch beäugt oder am Arbeitsplatz schlecht beurteilt wurden, dann überlegen Sie, ob Sie sich nicht vielleicht in einer von Ranking bestimmten Umgebung befinden. Andere Personen können so stark auf Ranking fokussiert sein, dass sie einen Versuch zum Linking einfach nicht bemerken. In einigen Kulturen wird ständig zu Ranking ermutigt, nicht nur in bestimmten Situationen. Kulturen gibt es nicht nur bei Völkern, sondern auch in Familien, Unternehmen, Organisationen und Schulen. In manchen Kulturen wird Erfolg an den vorhandenen Fähigkeiten in Bezug auf Bindung, Freundlichkeit, Zusammenarbeit, Höflichkeit, Teamwork, Konfliktvermeidung und das Weitergeben von Wissen gemessen. In anderen hingegen werden rangorientierte soziale Instinkte stark gefördert: Wettbewerbsfähigkeit, Leistungsfähigkeit, Effektivität, Stolz und Siegeswillen. Und es gibt natürlich auch Fälle, in denen man sich um ein entsprechendes Gleichgewicht bemüht.

In einer hauptsächlich auf Ranking ausgelegten Kultur werden Sie bei Ihren Linking-Versuchen von den anderen möglicherweise kühl behandelt, weil sie Ihre Motive skeptisch betrachten. Bei einer Party glauben Sie vielleicht, dass Sie eine positive Beziehung zu anderen aufgebaut hätten, und erfahren später, dass diese nur Ihre diesbezüglichen Fähigkeiten austesten wollten – „ein guter Networker“ oder „ein sozialer Blindgänger“. Oder jemand stellt eine Beziehung zu Ihnen her, nur um sich mit Ihnen zu messen. Er knüpft Kontakt, lässt Sie jedoch später wieder fallen. Wenn Sie zurückgewiesen oder getäuscht werden, kann das zu einer Unterbewertung Ihres Selbst führen.

Am schlimmsten ist es wahrscheinlich, wenn Sie bei der Bemühung um eine freundschaftliche Beziehung jemandem ein Geschenk oder ein Kompliment machen und das fälschlicherweise als Zeichen von Unterwürfigkeit ausgelegt wird. Vor allem, wenn Sie dabei durch den Klang Ihrer Stimme oder Ihre Körpersprache etwas von Ihrem unterbewerteten Selbst gezeigt haben. Wenn Sie bemerken, dass Ihre Bemühungen um andere lediglich dazu führen, dass Sie sich im Rang niedriger fühlen, sollten Sie damit aufhören. Überdenken Sie Ihre Werte und die der Personen in Ihrer Umgebung. Der Wunsch, eine Bindung einzugehen, macht Sie in keiner Weise unterlegen. Bieten Sie diesen Personen nicht weiter Ihre Freundschaft an. Es heißt zwar „Liebe überwindet alles", aber das gilt nicht, wenn der andere sich dann als Bezwinger fühlt.

In einer auf Ranking ausgerichteten Kultur müssen Sie gut einschätzen können, wogegen Sie ankämpfen wollen, und Sie dürfen sich selbst keine Schuld geben, denn genau das will man in einer solchen Kultur erreichen. Vertrauen Sie darauf, dass es Linking wirklich gibt, und zwar nicht nur irgendwo jenseits des Regenbogens. Sie dürfen immer noch hoffen, anderswo eine Bindung eingehen zu können.

Wenn Sie bei anderen Selbstschutzmaßnahmen entdecken

Wenn Sie versucht haben, zu jemandem eine Beziehung aufzubauen, und plötzlich spüren, dass sich Ihr unterbewertetes Selbst in den Vordergrund schiebt, dann haben Sie es vielleicht mit dem Schamgefühl und einer Selbstschutzmaßnahme einer anderen Person zu tun. Sie haben sich zum Beispiel mit einer neuen Freundin zum Einkaufsbummel verabredet und kommen unverschuldet zu spät. Sie entschuldigen sich aufrichtig, aber Ihre Freundin glaubt, ohne sich dessen bewusst zu sein, dass Sie zu spät kommen, weil Sie sich ihr überlegen fühlen und anscheinend glauben, dass Ihre Zeit wertvoller ist als ihre. Sie befindet sich in Ranking-Stimmung. Bis sie in der Lage ist, das zu begreifen, reagiert sie mit einer bagatellisierenden Bemerkung wie „Das macht mir nichts aus". Oder sie gibt sich lammfromm und erweckt den Anschein, als wolle sie jegliche Konkurrenz vermeiden: „So etwas hat mich noch nie gestört." Doch dann verhält sie sich den Rest des Tages sehr kühl, und Sie fühlen sich zurückgewiesen und glauben, eine schreckliche

Person zu sein. Wenn sie eher ein aufbrausender Typ ist, sagt sie vielleicht: „Ich kann es nicht fassen, dass du so spät kommst – damit hast du mir den ganzen Tag verdorben." Sie wendet die Selbstschutzmaßnahme der Schuldzuweisung an, und Sie fühlen sich prompt schuldig.

Wie auch immer sie Ihnen ihre Reaktion mitteilt – der Schamball hüpft zwischen Ihnen hin und her, und da sich Ihre Freundin mit Sicherheit nicht gering geschätzt, unterlegen und beschämt fühlen möchte, wirft sie Ihnen den Schamball zu. Wie bei jeder im Grunde guten Bindung gilt es auch hier, einen Weg zu finden, sich nicht in diesen Strudel hineinziehen zu lassen, sondern weiterhin im Linking-Modus zu bleiben. Selbst wenn Ihre Freundin nicht entsprechend reagieren kann, werden Sie sich besser fühlen, wenn Sie weiterhin versuchen, die Bindung aufrechtzuerhalten. Gehen Sie davon aus, dass Ihre Freundin sich vor dem Gefühl schützen möchte, dass Sie sie zu gering einschätzen. Nach zehn Minuten Schweigen könnten Sie zum Beispiel sagen: „Bist du mir vielleicht ein bisschen böse, weil ich zu spät gekommen bin? Das würde mich sehr bedrücken. Aber ich glaube, wir mögen einander so sehr, dass unsere Freundschaft das aushalten wird."

Die sechs Selbstschutzmaßnahmen tauchen oft kaum merkbar und nur kurz während eines Gesprächs auf, trotzdem fühlen Sie sich vielleicht auf eine unbestimmte Weise ein wenig schuldig, dumm oder unhöflich. Sie sagen zum Beispiel: „Glückwunsch zu Ihrer Auszeichnung." Ihr Gegenüber möchte nicht eingebildet erscheinen und wendet den Selbstschutz durch Konkurrenzvermeidung an. „Na ja, irgendjemandem mussten sie den Preis ja verleihen, und in diesem Jahr war eben ich dran." Oder Sie gehen mit einem Freund in ein Restaurant und Sie stellen bei der Ankunft dort fest: „Hier ist es ziemlich laut." Er hat den Eindruck, beschuldigt zu werden, und erwidert: „Aber du hast doch gesagt, dass dir das Ambiente dieses Restaurants gefällt." Sie sagen nichts dazu, aber Sie verstehen, was sich hinter seinem anschuldigenden Ton verbirgt.

Wenn Sie darauf etwas erwidern, sollten Sie nicht nur weiter versuchen, sich verbindlich zu zeigen, sondern auch das zugrunde liegende

Schamgefühl ansprechen. Lassen Sie den anderen wissen, dass Sie ihn nicht verurteilen und dass Sie ebenso empfinden würden. Zeigen Sie, dass Sie die andere Person immer noch mögen, vielleicht indem Sie etwas erwähnen, was Sie besonders an ihr schätzen. Sprechen Sie Ihre Beziehung und Ihre gemeinsame Geschichte an. „Wir waren auch früher schon mal böse aufeinander – das stehen wir durch." Wenn Ihr Freund sagt: „Na ja, irgendjemandem mussten sie den Preis ja verleihen, und in diesem Jahr war eben ich dran", dann könnten Sie erwidern: „Keine Sorge, ich halte dich nicht für hochnäsig, wenn du darauf stolz bist – du hast diesen Preis wirklich verdient. Ich würde vor Stolz fast platzen."

Wenn Sie feststellen, dass es in diesem Restaurant sehr laut ist, und Ihr Freund betont, dass es Ihre Wahl war, dann nehmen Sie die Schuld nicht auf sich, beschuldigen aber auch nicht Ihren Freund. Sagen Sie etwas wie: „Wir konnten beide nicht ahnen, dass es so laut ist, aber wir sind uns offensichtlich einig, dass wir hier nicht essen wollen."

Manchmal möchten Sie sich mit jemandem verbinden, dessen ganzes Leben von einer der sechs Selbstschutzmaßnahmen beherrscht wird, zum Beispiel von übertriebener Leistungsbereitschaft, Konkurrenzvermeidung oder Überhöhung. Solche Menschen sind so stark auf Ranking fixiert, um ihr mächtiges unterbewertetes Selbst in Schach zu halten, dass sie fast immer das unterbewertete Selbst in anderen Personen aktivieren. Am besten setzen wir uns dagegen zur Wehr, indem wir erkennen, was vor sich geht, und trotzdem im Linking-Modus bleiben. Auf diese Weise fühlen wir uns nicht zurückgewiesen oder unterlegen, sondern empfinden Mitgefühl für das Problem des anderen.

Isabel schützt sich auf sechsfache Weise

Stellen Sie sich vor, dass Sie und Ihr Partner mit einem befreundeten Pärchen, Pat und Isabel, eine Wanderung machen. Ihr Partner kennt Pat sehr gut, da er mit ihm seit Jahren im selben Softballteam spielt.

Die beiden reden über das letzte Spiel und sind auf dem Weg ein kleines Stück hinter Ihnen zurückgeblieben. Wie Sie wissen, hoffen die beiden, dass Sie und Pats neue Freundin Isabel sich anfreunden, damit Sie in Zukunft mehr zu viert unternehmen können.

Sie haben gehört, dass Isabel gerade eine schwere Zeit durchmacht. Ihre Mutter ist in diesem Jahr unerwartet verstorben, und bei Isabel wurde ein Herzproblem diagnostiziert, weswegen sie sich wahrscheinlich einer Operation unterziehen muss. Da sie seit Jahren an Wettkämpfen im Triathlon teilnehmt, muss das für sie ein sehr schwerer Schlag sein. Sie möchten sie nicht verärgern, falls sie über all das nicht reden will, aber Sie würden ihr gern etwas geben und hoffen, dass sie bereit ist, das anzunehmen. Das heißt, Sie möchten sich einbringen, Interesse zeigen und versuchen, sie zu verstehen. Sie hoffen, dass Sie Ihr Verständnis in Worte fassen können, damit sie spürt, dass Sie ihr zugetan sind. Vor allem möchten Sie ihr Ihre Empathie zeigen. Allerdings wissen Sie nicht, dass Isabel ihre Mutter gehasst hat und dass sie nur an Triathlonwettkämpfen teilnimmt, weil sie sich mit übertriebener Leistungsbereitschaft schützen will. Ihr Herzproblem verursacht ihr ein starkes Schamgefühl. In der folgenden Unterhaltung werden Sie alle sechs Selbstschutzmaßnahmen entdecken.

Sie sagen also ganz harmlos: „Wie ich höre, hast du ein schweres Jahr hinter dir."

„Oh, so schlimm war es nicht." (Bagatellisierung.)

Sie sind leicht irritiert, versuchen aber, Verständnis zu entwickeln. Vielleicht bagatellisiert Isabel die Situation, weil sie Sie nicht damit belasten will. Sollen Sie nun das in Worte fassen, was sie gerade so heruntergespielt hat? Aber vielleicht möchte sie wirklich nicht darüber sprechen, also machen Sie ganz vorsichtig weiter.

„Ich habe von deinem Herzproblem gehört – daran muss man sich sicher erst einmal gewöhnen."

„Das sagen alle. Als ob man sich an den Gedanken an eine Operation am offenen Herzen gewöhnen könnte! Ich hasse Mitleid." (Sie beschuldigt Sie, Mitleid gezeigt zu haben – wie „alle anderen".)

„Ja, das kann ich mir vorstellen“, erwidern Sie und versuchen, weiterhin im Linking-Modus zu bleiben. „Wie ich gehört habe, hast du schon zwei Triathlons gewonnen. Wie fühlt man sich dabei?“

„Ich mache so etwas nicht, um zu gewinnen.“ (Konkurrenzvermeidung.)

Sie möchten ihr gerne Ihre Empathie zeigen und ihr vermitteln, dass Sie das Gefühl, das vielleicht hinter den wenig gefühlvollen Worten steckt, verstehen. „Sicher bist du ein wenig stolz darauf. Geht es dir dabei eher um Fitness?“

„Es geht mir in erster Linie darum, bei allem, was ich anpacke, gut zu sein.“ (Übertriebene Leistungsbereitschaft.)

„Du bist also stolz darauf, dein Bestes zu geben.“

„Stolz ist eine ziemlich langweilige Sache, wie ich finde.“ (Überhöhung. Da Stolz für Sie offensichtlich interessant ist, betont sie, dass sie besser ist als Sie.)

Allmählich gehen Ihnen die Ideen aus, also ziehen Sie Ihren Joker. „Wir haben etwas gemeinsam. Ich habe meine Mutter verloren, als ich im College war. Es hat drei Jahre gedauert, bis ich mich davon erholt hatte.“

„Das tut mir leid. Für mich ist das nicht so schlimm, aber dich scheint das ja richtig aus der Bahn geworfen zu haben. (Projektion.)

Mittlerweile fühlen Sie sich wahrscheinlich wie ein Häufchen Elend aus erbärmlichen Gefühlen, auf dem eine Frau aus Stahl herumtrampelt. Die Selbstschutzmaßnahmen waren sehr dezent, sodass Sie sie erst durch Ihre eigenen Gefühle wahrgenommen haben. Sie haben sich dumm gefühlt, als sie bagatellisierte, schuldig wegen Ihres „Mitleids“, unhöflich, weil Sie sie auf ihre sportlichen Wettkämpfe angesprochen haben, obwohl sie darauf gar keinen Wert legt, beeindruckt von ihrem Engagement bei allem, was sie tut, minderwertig, weil für Sie Stolz nicht langweilig ist, und verblüfft durch ihre Projektion und ihre Feststellung, dass der Tod Ihrer Mutter Sie aus der Bahn geworfen hat. Sie hat Ihnen einen großen Schamball zugeworfen, und Sie haben ihn aufgefangen.

Nachfolgend finden Sie einige Anregungen, wie Sie hätten reagieren und dabei Schamgefühle zwischen ihnen vermeiden können. Solange Sie darin keine Übung haben, könnte es allerdings nicht ganz einfach sein, in dem entsprechenden Moment sofort darauf zu kommen. Und bei einem so schwierigen Fall wie Isabel könnte die Reaktion aus noch stärkeren Selbstschutzmaßnahmen bestehen. Aber zumindest bleiben Sie auf diese Weise ständig im Linking-Modus, und das ist der beste Schutz gegen Scham.

Wenn Isabel behauptet, „so schlimm“ sei das Jahr nicht für sie gewesen, hätten Sie sagen können: „Es wäre aber verständlich, wenn du es als schlimm empfunden hättest.“ Damit weisen Sie darauf hin, dass es bei diesen Vorkommnissen normal ist, sich schlecht zu fühlen, und dass man sich deshalb nicht schämen muss.

Wenn sie sagt, dass alle anderen von ihr erwarteten, sich an die Idee einer Operation am offenen Herzen zu gewöhnen, und dass sie Mitleid hasse, tun Sie gut daran, auch das als normal anzusehen. „Das würde uns allen so gehen.“ Sie könnten es auch mit sanfter Ironie versuchen: „Das klingt beinahe so, als wäre es dir vor anderen Leuten peinlich, dass du Angst davor hast, bald von jemandem aufgeschnitten zu werden.“

Und wenn Isabel erklärt, dass sie „solche Dinge nicht tue, um zu gewinnen“, hätten Sie sie bestätigen können: „Das ist eine sehr gute Einstellung zu einem Triathlon. Wenn dich dann dein Körper doch einmal im Stich lässt, ärgerst du dich nicht darüber, wenn du nicht Erste wirst. Schließlich hast du dein Bestes gegeben.“

Wenn sie behauptet, ihr gehe es mehr darum, bei all ihren Unternehmungen gut zu sein, könnten Sie auf diese starke Leistungsorientierung erwidern: „Eine großartige Einstellung zum Leben, aber ich glaube, dass Pat dich auch lieben würde, wenn du bei allem schlecht abschneiden würdest.“ Damit zeigen Sie ihr, wie viel Liebe sie in ihrer neuen Partnerschaft erwartet.

Wenn sie sich selbst überhöht und sagt: „Stolz ist eine ziemlich langweilige Sache, wie ich finde“, könnten Sie (falls Ihnen die kratzbürstige Isabel immer noch am Herzen liegt) erwidern: „Ich würde es sehr liebenswürdig finden, wenn du ein bisschen Stolz zeigen würdest."

Und wenn Isabel dann behauptet, dass sie den Tod ihrer Mutter gut überstanden habe, Sie aber offensichtlich davon aus der Bahn geworfen wurden, könnten Sie die Projektion zurückweisen und sie dazu auffordern, sich genauso zu fühlen wie alle anderen auch – nicht besser und natürlich auf keinen Fall schlechter. „An manchen Tagen geht es mir wie dir und ich fühle mich recht gut, aber an anderen fühle ich mich einfach schrecklich – so wie alle anderen in dieser Situation."

Wenn der andere Bindungen meidet

Wie Sie in Kapitel drei gelernt haben, versuchen Personen, die Unsicherheit vermeiden wollen, sich so zu benehmen, als würden sie niemanden brauchen. Sie sind von Scham erfüllt, weil sie in ihrer frühen Kindheit nicht ausreichend geliebt wurden, und brauchen daher ganz dringend Liebe, aber dessen sind sie sich meist nicht bewusst. Vor allem müssen sie die Qual vermeiden, die sich einstellen würde, wenn sie um das, was sie brauchen, bitten und wieder zurückgewiesen würden. Sie versuchen daher, sich unbeteiligt zu geben oder, noch besser, die Kontrolle zu behalten, wenn jemand ihnen Liebe anbietet; sie verhalten sich so, als würden sie das alles nicht brauchen. Wenn Sie versuchen, eine Bindung zu ihnen aufzubauen, befördern Sie damit ihr starkes Bedürfnis und auch ihre große Angst ans Licht. Als Reaktion darauf könnten Sie von ihnen zu hören bekommen: „Ich sehe, wie verzweifelt du dich nach Liebe sehnst, aber auf mich trifft das nicht zu." Das heißt, sie projizieren.

Wenn Ihr unterbewertetes Selbst sich leicht aktivieren lässt, sollten Sie vielleicht Ihre Bemühungen einstellen, wenn Sie feststellen, dass die Person, mit der Sie eine Bindung herstellen wollen, eine solche zu vermeiden sucht. Der Widerstand, mit dem Sie hier zu kämpfen haben, erweckt nur das Gefühl der Zurückweisung in Ihnen. Jemand ist vielleicht sehr charmant, bis er sich sicher ist, dass Sie ihn mögen, dann benimmt er sich kühl. Sie rufen ihn ein paarmal an und hinterlassen ihm Nachrichten, aber er reagiert nicht darauf. Sie fühlen sich zurückgewiesen, aber genau an dem Tag, an dem Sie glauben, darüber hinweg zu sein, ruft er Sie an und benimmt sich, als sei er ihr bester Freund. Sie vereinbaren, sich zum Kaffee zu treffen. Er vergisst es. Wenn Sie ihn anrufen, kommt er rasch zu Ihnen, und Sie gehen gemeinsam aus. Aber im Café entdeckt er eine andere Freundin und redet pausenlos mit ihr, anstatt sich um Sie zu kümmern. Sie schwören sich, nie wieder mit ihm auszugehen, aber gegen Ende des Abends ist er so reizend zu Ihnen, dass Sie nachgeben. Er lädt Sie für Freitag ein und verspricht, Sie anzurufen, aber am Freitag warten Sie den ganzen Abend, und er meldet sich nicht bei Ihnen. Am nächsten Tag bekommen Sie eine E-Mail von ihm, in der er Ihnen erklärt, wie beschäftigt er im Augenblick sei, und dass er es einfach nicht geschafft habe. Tatsächlich ist er offensichtlich auch in den folgenden Monaten sehr beschäftigt. Jeder würde sich darüber ärgern, aber für Sie ist das eine Katastrophe.

Manchmal befindet sich ein solcher Typ, der Bindungen bislang vermieden hat, „auf dem Weg der Besserung" und möchte eine Beziehung eingehen – zumindest nimmt er sich das vor. Wenn diese Person andere Qualitäten besitzt, die Sie anziehend finden – und das ist bei vielen solchen Personen der Fall –, dann können Sie versuchen, eine Beziehung zu ihr aufzubauen. Sehen Sie sich dabei selbst als Mitglied eines Teams, das die Sicherheit der Person aufbaut. Sie können einer unsicheren Person zwar mit einigen wenigen auf Bindung ausgerichteten Gesprächen keine Sicherheit vermitteln, aber Sie können Ihr das Gefühl geben, dass Ihnen wirklich etwas an ihr liegt – so wie Sie das auch bei jedem anderen Menschen tun würden. Aber seien Sie vorsichtig. Sie könnten ein so starkes Bedürfnis zu helfen entwickeln, dass Sie mehr anbieten, als Sie geben können. Wenn Sie dann später feststellen, dass Sie Ihr Angebot zurückziehen oder drastisch beschränken müssen, würden Sie damit die Ängste des anderen nur noch vergrößern. Vergessen Sie nicht, dass diese Person in ihrem tiefsten Inneren nach einer sicheren, beständigen und bedingungslosen Liebe sucht und Ihre Liebe immer wieder testen wird, indem sie Sie manchmal zurückweist.

Wie Sie sich selbst vor dem emotionalen Schema eines anderen schützen

Haben Sie schon einmal jemanden kennengelernt und dann plötzlich festgestellt, dass Sie beide in einem starken Konflikt stecken, dass Sie sich angegriffen oder im Irrtum fühlen oder einfach nur dumm, wehrlos und beschämt? Sie gehen zum Beispiel bei einer Tagung mit einer Gruppe von Leuten aus Ihrer Fachrichtung zum Abendessen. Vielleicht sind Sie bereits im Ranking-Modus und fragen sich, was die anderen wohl von Ihnen halten, aber Sie sind entschlossen, zu dem Mann neben Ihnen eine Verbindung aufzubauen. Alles scheint gut zu laufen. Er erzählt Ihnen, dass er verheiratet ist und zwei Kinder hat. Sie fragen ihn nach den Kindern, und als Sie erfahren, dass er sie vermisst, zeigen Sie ihm Ihr Mitgefühl. Er will wissen, ob Sie auch Kinder haben. Sie sind an der Reihe, etwas zu empfangen, also öffnen Sie sich ein wenig und sagen, halb im Scherz, dass Sie zwar keine Kinder hätten, aber Ihren Hund sehr vermissten. Er erwidert: „Das klingt, als würden Sie Ihren Hund wie Ihr Baby behandeln."

Sie denken daran, wie Sie Ihrem Hund beigebracht haben, Ihnen zu gehorchen, und Sie sind nicht der Meinung, dass Sie Chicory wie ein Kind behandeln. Dass man seinen Hund vermisst, war Ihnen bisher ganz normal vorgekommen. Sie versuchen, es ihm zu erklären, ohne auf eine Selbstschutzmaßnahme zurückzugreifen, und sagen einfach: „Meine Güte, ich glaube nicht, dass ich meinem Hund so sehe, als wäre er mein Kind."

Er ignoriert das. „Ihr Frauen braucht wohl immer ein Wesen, das ihr bemuttern könnt, wenn ihr keine Kinder habt. Ich finde es grauenhaft, wenn Leute so einen Wind um ihren Hund machen."

Sie sind ein wenig verwirrt. Eigentlich wollten Sie nur freundlich sein, und nun geraten Sie in einen dummen Streit. Und die Sache ist Ihnen ein wenig peinlich. Was denken wohl die anderen Leute, wenn sie dieses Gespräch mithören? Dann fühlen Sie sich beschämt. Sind Sie tatsächlich zu abhängig von Ihrem Golden Retriever? Und schon meldet sich Ihr unterbewertetes Selbst.

Die Anzeichen eines emotionalen Schemas sind Ihnen bereits bekannt. Die Stimme der anderen Person wird sehr emotional, zu laut oder schrill oder sehr leise, aber eindringlich. Sie bekommen düstere Drohungen oder Prognosen zu hören. Es fallen häufig Wörter wie „immer" oder „nie". Sie werden möglicherweise auf eine verwirrende Art beschuldigt, abgestempelt, gewarnt oder verurteilt. Bei sonst sehr vernünftigen Personen wird aus einer Diskussion plötzlich eine Auseinandersetzung, auf die ein Monolog folgt, der Ihnen beweisen soll, dass Sie im Unrecht sind. Manchmal sind die Zeichen sehr subtil und Sie stellen lediglich mit einem Mal fest, dass Sie sich schuldig oder dumm fühlen, oder Ihr Herz beginnt zu rasen und Ihr Magen krampft sich zusammen. Wenn Sie nicht begreifen, was gerade vor sich geht, übernimmt Ihr unterbewertetes Selbst die Führung.

Wird ein emotionales Schema aktiviert, ist jedes Linking zumindest vorerst beendet. Da Sie meist das Trauma hinter dem emotionalen Schema eines anderen Menschen nicht kennen, ist eine vernünftige Diskussion ausgeschlossen. Falls Sie diese Person voraussichtlich nicht wiedersehen werden, sollten Sie so wenig wie möglich sagen, nach einer Gelegenheit Ausschau halten, sich zu verabschieden, und Ihr unterbewertetes Selbst damit beruhigen, dass Sie etwas dazugelernt haben. Vielleicht können Sie auch mit einem Freund darüber sprechen.

Falls Sie diese Person trotzdem mögen und nur ihr Verhalten bei bestimmten Themen nicht gut finden, müssen Sie den Schaden für sich und für die Beziehung so gering wie möglich halten. Auf lange Sicht kann sich daraus sogar eine noch tiefere Freundschaft entwickeln, vorausgesetzt, es gelingt Ihnen, mit dem emotionalen Schema des anderen einfühlsam umzugehen. Was also sollten Sie tun?

- *Streiten Sie nicht.* Lassen Sie sich nicht hineinziehen. Sprechen Sie weiter, aber versuchen Sie, einen Teil von sich aus der Unterhaltung herauszuhalten, sozusagen als Zeugen. Wenn möglich, ändern Sie behutsam und freundlich das Thema.
- *Bemühen Sie sich weiter um Bindung.* Rufen Sie sich ins Gedächtnis, was Sie an dieser Person mögen. Ihr emotionales Schema ist nur ein Teil von ihr. Was Sie beobachten, ist ein vorübergehender Kontrollverlust, der von einem Trauma herrührt. In dieser Situation können Sie etwas über sie lernen, was im Endeffekt Ihre Bindung zu ihr stärken wird. Wann immer Sie während dieses Ausbruchs eine Gemeinsamkeit zwischen sich und dem anderen bemerken, bringen Sie das zur Sprache. „Da sind wir einer Meinung" oder „Ich habe das gleiche Problem".
- *Stimmen Sie nicht nur um der Freundschaft willen allem zu.* Ein Teil der anderen Person wünscht sich, dass Sie auf dem Teppich bleiben und ihr nicht in das schwarze Loch eines emotionalen Schemas folgen. Stimmen Sie ihr vor allem nicht zu, wenn sie sagt: „Ich bin so dumm, ich bin so wertlos." Erwidern Sie: „Ich habe gehört, was du gesagt hast, aber ich kann dir nicht zustimmen."
- *Verfallen Sie nicht in Schweigen.* Ihr Schweigen wird die andere Person so deuten, wie es deren emotionalen Schema verlangt. Die andere Person könnte annehmen, dass Sie mit ihr einer Meinung sind oder dass sie ihr nicht zustimmen, dass Sie sie hassen oder lieben oder sie gar betrügen – was auch immer. Also müssen Sie sich ausreichend zu allem äußern, damit sich Ihr Gegenüber nicht in Fantasien über Ihre Meinung vergaloppiert. Zeigen Sie mildes, freundliches Interesse.

- *Achten Sie auf Selbstschutzmaßnahmen und reagieren Sie vorsichtig darauf.* (Sie werden sich bei Ihnen ebenso bemerkbar machen wie bei der anderen Person.) Nehmen Sie die zugrunde liegende Angst vor Scham bei sich selbst und der anderen Person zur Kenntnis und versuchen Sie, sie abzubauen. „Ich weiß, du willst mir die Schuld dafür geben – anscheinend ist einer von uns in dieser Sache im Unrecht. Aber vielleicht müssen wir gar nicht festlegen, wessen Schuld es ist. Wir sollten nur herausfinden, was hier gerade geschieht und wie wir eine Wiederholung vermeiden können."
- *Rufen Sie sich die Zentralität von Scham ins Gedächtnis.* Sie liegt jedem emotionalen Schema zugrunde. Noch dazu hat die andere Person die Kontrolle verloren und schämt sich dafür. Tun Sie alles, was in Ihrer Macht liegt, um ihr Schamgefühl zu verringern.
- *Sprechen Sie später noch einmal darüber.* Warten Sie bis zu Ihrem nächsten Treffen. Es ist wichtig, alles noch einmal zu besprechen, falls das emotionale Schema mit großer Wahrscheinlichkeit wieder aktiviert wird oder wenn Ihre Gefühle beim letzten Mal verletzt wurden. Es liegt an Ihnen, die Sache zur Sprache zu bringen, vorsichtig und ohne die andere Person damit zu beschämen. „Gestern Abend hätten wir uns beinahe in die Haare gekriegt, richtig?"

Falls Sie keine Ahnung haben, was die Quelle des emotionalen Schemas der anderen Person ist, können Sie versuchen, ganz vorsichtig nachzufragen. Die einzige Möglichkeit, auf lange Sicht die Verletzung durch ein emotionales Schema abzuschwächen, besteht in einem Gespräch darüber.

Josh wendet eine Verletzung durch Pauls emotionales Schema ab

Josh und Paul arbeiteten zusammen und kannten sich bereits seit zwei Jahren. Sie schienen die gleichen Ansichten über Arbeit und Ehe zu haben. Josh hatte den Eindruck, dass er und Paul einander immer näher kamen, bis er eines Tages das Gefühl hatte, vor eine Wand zu laufen.

Josh: „Wie geht's dir?"
Paul: „Gut. Nur mein Rücken macht mir Probleme."
Josh: „Tut mir leid, das zu hören. Kann ich irgendetwas für dich tun?"
Paul: „Nein."
Josh: „Wie wäre es, wenn ich heute das Heben übernehme und du den Papierkram erledigst?"
Paul: „Nein, das geht schon."
Josh: „Dann lass mich wenigstens die schweren Sachen übernehmen."
Paul: *„Ich komme schon klar. Lass mich in Ruhe."*
Josh: „Schon gut, ich wollte dich nicht verärgern."
Paul: „Hast du nicht."
Josh: „Na ja, es hörte sich gerade so an. So als wolltest du die Hand beißen, die dich füttert."
Paul: „Ich will nicht gefüttert werden! Du machst mich wahnsinnig – du hörst dich an wie meine verdammte Mutter!"

Josh war sehr verletzt durch Pauls emotionales Schema, das immer aktiviert wurde, wenn er sich als Mann schwach fühlte. Ausgelöst hatte es sein Eingeständnis, Rückenprobleme zu haben, gefolgt von Joshs Frage, ob er ihm helfen könne. Zuerst hatte er mit Bagatellisierung reagiert („Ich komme schon klar", „Du hast mich nicht verärgert"), wobei Josh sich gefühlt hatte, als habe Paul ihm die kalte Schulter gezeigt und als sei sein Hilfsangebot falsch gewesen. Er ließ sich auf einen Streit mit Paul ein und wurde beschuldigt, sich anzuhören wie Pauls Mutter. Nach diesem Schlagabtausch sprachen sie bei der Arbeit kein Wort mehr miteinander und knallten dafür umso heftiger mit den Türen.

Josh konnte die Sache einfach nicht vergessen. Seine Gefühle waren verletzt, sein unterbewertetes Selbst ließ ihn an Pauls Wertschätzung und an sich selbst zweifeln. Er wollte sich jedoch nicht so fühlen, und er wollte auch nicht so vorsichtig mit Paul umgehen müssen, also riskierte er es, den Vorfall am nächsten Abend bei einem Bier anzusprechen.

Josh (scherzhaft): „Hey, was war gestern los, als ich dir angeboten habe, dir die schwere Arbeit abzunehmen? Wir sind uns deshalb richtig in die Haare geraten."

Paul (hört sich beschämt an): „Stimmt."

Josh: „Ich schätze, wir beide bitten nicht gerne um einen Gefallen. Lieber versuchen wir, alles allein zu schaffen."

Paul: „Ja, und ich finde das auch gut so. Ich bin verdammt stolz darauf."

Josh: „Ja, genau wie unsere Väter. Echte Marines. Gute Männer. Und beide starben, weil sie sich ein Problem nicht eingestehen wollten. Wenn ich mich richtig erinnere, weigerte sich dein Vater, seine Prostata untersuchen zu lassen."

Paul: „Und deiner hat sich zu Tode gesoffen."

Josh: „Beide konnten nicht um Hilfe bitten. Wenn man alles allein schaffen will, wird man anscheinend nicht sehr alt."

Paul: „Stimmt, aber ich hasse es einfach, wenn man mich wie einen Invaliden behandelt."

Josh: „Wie einen Invaliden? So komme ich mir vor, wenn ich mit dir Basketball spiele. Was soll ich denn deiner Meinung nach tun, wenn ich das nächste Mal sehe, dass du dir den Rücken verrenkt hast?"

Paul: „Ich schätze, ich sollte deine Hilfe beim Heben der schweren Sachen annehmen. Zumindest vorübergehend."

Was Josh dieses Mal tut:

- Er vermeidet Streit.
- Er geht vorsichtiger mit Pauls Selbstschutzmaßnahme durch Bagatellisierung um, indem er sich mit der Scham beschäftigt, die dahintersteckt.

- Er hält sich an die Fakten, bei denen sie, wie er glaubt, einer Meinung sind. Das ist ihr Verbindungspunkt.
- Er benimmt sich nicht so, als würde er wissen, was in Paul vorgeht, indem er zum Beispiel sagt, dass Paul sicher Angst davor habe, was sein Vater wohl von ihm denken könnte. Stattdessen lässt er Paul darüber etwas sagen.
- Er gibt zu, dass sie beide ein Problem damit haben, sich helfen zu lassen, und verringert dadurch Pauls Schamgefühl.
- Er spricht vorsichtig das Trauma an, das ihm bekannt ist, weil er vermutet, dass es hinter Pauls emotionalem Schema steckt.

Beachten Sie, dass Josh sich nicht zu weit vorwagt. Er versucht nicht, das Trauma aufzuarbeiten oder Paul von seinem emotionalen Schema zu befreien. Josh möchte nur das Ranking beenden und seinen Kollegen und Freund wissen lassen, dass er sich Paul nicht überlegen fühlt und ihn weder wegen seiner Rückenprobleme noch wegen seiner Empfindlichkeit deswegen verurteilt. Vielmehr will er erreichen, dass Paul versteht, wie viel sie gemeinsam haben. Während des Gesprächs fühlt Josh sich Paul sehr nahe, obwohl Paul erst nach einer Weile einlenkt.

Zum Schluss bittet Josh Paul, ihm zu sagen, wie er in Zukunft mit seinem emotionalen Schema umgehen soll – eine gute Strategie. Josh hat sich durchweg auf hilfreiche Weise auf Linking konzentriert und so vermieden, dass sein unterbewertetes Selbst aktiviert wurde.

MIT DEM ERLERNTEN ARBEITEN

Linking üben

Vielleicht denken Sie bei Ihren Bemühungen, freundschaftliche Beziehungen zu anderen aufzubauen, bereits an die wesentlichen Punkte des

Gebens und Nehmens. Nachfolgend finden Sie einige Übungen, mit denen Sie diese neuen Fähigkeiten stärken können.

1. Üben Sie zu Anfang mit zwei verschiedenen Personen – mit einem guten Freund und einem Fremden. Denken Sie beim ersten Schritt zum Linking an die vier wichtigen Punkte: *Lächeln, Augenkontakt aufnehmen, Mitgefühl zeigen und etwas Freundliches tun.*
2. Wenn Sie die erste Verbindung hergestellt haben und sich die Gelegenheit zu einem weiteren Gespräch ergibt, denken Sie an die nächsten Punkte: *Bringen Sie sich emotional ein, entwickeln Sie Verständnis für das, was der andere braucht und will, fassen Sie Ihre Gefühle in Worte oder sagen Sie, was Sie gern für den anderen tun würden. Vermitteln Sie Empathie.*
3. Wenn Sie sich bereit dazu fühlen, üben Sie Linking durch Nehmen mit zwei Personen aus verschiedenen Bereichen Ihres Lebens, zum Beispiel mit einem Familienmitglied und einem Kollegen.
4. Denken Sie an einige Versuche, Beziehungen aufzubauen, bei denen Sie gescheitert sind und sich anschließend sehr schlecht gefühlt haben. Gab es dabei einen Versuch, bei dem der andere eine oder mehrere Selbstschutznahmen anwendete, und Sie sich dadurch beschämt fühlten? Falls Ihnen dazu kein konkretes Beispiel einfällt, denken Sie sich eine mögliche Situation aus. Schreiben Sie einen erdachten Dialog oder das Drehbuch für eine Szene in ihr Notizheft. Achten Sie dabei darauf, auf alle Selbstschutzmaßnahmen unterschiedlich zu reagieren, dabei immer im Linking-Modus zu bleiben, dem anderen die Scham zu nehmen und bei sich selbst keine Schamgefühle aufkommen zu lassen.

Versuchen Sie, an jemanden zu denken, der Beziehungen immer zu vermeiden versucht – an einen Freund, Partner oder jemanden, mit dem Sie ausgegangen sind. (Es darf gern jemand sein, mit dem sie heute nichts mehr zu tun haben.) Suchen Sie sich jemanden aus, der sich zuerst sehr herzlich und dann kühl verhalten und damit Ihr unterbewertetes Selbst aktiviert hat, sodass Sie sich zunehmend schlechter fühlten. Fällt Ihnen keine solche Person aus Ihrem Umfeld ein, denken Sie sich eine aus. Schreiben Sie wieder einen erdachten Dialog oder eine Drehbuchszene auf, eine Situation, in der Sie so reagieren, dass Sie dabei immer im Linking-Modus bleiben. Versuchen Sie, der Person, die Bindungen vermeidet, Sicherheit über Ihre Verbindung zu vermitteln, allerdings ohne dabei einen niedrigeren Rang anzunehmen, wie es eine nach Liebe bettelnde Person tun würde.

Denken Sie an eine Situation, in der Sie sich mit einer Person unterhalten haben, zu der Sie, wie Sie glaubten, eine gute Beziehung hatten. Plötzlich wurde bei dieser Person ein emotionales Schema aktiviert, was dazu führte, dass Sie sich sehr schlecht fühlten. Vielleicht hat diese Person heftig mit Ihnen gestritten und Sie konnten Ihren Standpunkt nicht verteidigen, oder sie hat Ihnen etwas unterstellt, was nicht der Wahrheit entspricht. Und Sie spüren, wie Ihr unterbewertetes Selbst sich meldet. Falls Ihnen keine solche Situation einfällt, denken Sie sich eine aus. Schreiben Sie wieder einen Dialog oder eine Drehbuchszene in Ihr Notizheft und entwerfen Sie sie so, dass Sie immer im Linking-Modus bleiben und sich nicht von Ihrem unterbewerteten Selbst unterdrücken lassen.

KAPITEL 5
LINKING MIT DEM UNSCHULDIGEN

Obwohl der Wechsel von Ranking zu Linking ein außerordentlich wertvolles Instrument ist, um Gefühle der Wertlosigkeit zu verringern, wird es Zeiten geben, zu denen Sie nicht darauf zurückgreifen können, selbst wenn Sie genau wissen, dass Sie das tun sollten. Möglicherweise fühlen Sie sich zu geringwertig oder sind zu ängstlich, um das Risiko einzugehen. Oder Sie sehen diese Möglichkeit gar nicht. In diesem Kapitel beginnen wir mit der Arbeit an Ihren tiefer liegenden, unbewussten Hindernissen beim Linking. Das erfordert die Aufarbeitung der traumabedingten Auswirkungen, die Ihrem Unterbewusstsein signalisieren, dass es sicherer ist, sich nicht zu binden, stattdessen mit Ranking zu rechnen und Schamgefühle zu entwickeln, falls Sie es doch tun.

Es ist möglich, unbewusstes Denken ins Bewusstsein zu bringen, indem man sich mit emotionalen und körperlichen Verfassungen beschäftigt, Träume interpretiert oder eine geführte oder aktive Imagination durchführt. Das alles wird üblicherweise im Rahmen einer Therapie gemacht. Da man immer noch weithin annimmt, dass das Unterbewusstsein alles verbergen möchte, was es gespeichert hat, braucht man dazu jemanden, der einem Zugang dazu verschafft. Ein großer Teil des Unterbewussten will jedoch sogar mit uns kommunizieren; wir alle besitzen eine Kraft, die uns hilft, seelische Verletzungen zu heilen, ebenso wie wir eine Kraft in uns haben, die körperliche Wunden schließt. Sie müssen nur die Sprache des Unterbewussten lernen, das sich durch in Träumen erzeugten Bildern und Geschichten mitteilt. Vielleicht finden Sie diese Methoden ungewöhnlich, aber glauben Sie mir, sie funktionieren, und zwar auf eine Weise, wie es ein Rat oder Vorschläge nicht vermögen. Einer der wichtigsten Wege, um das Unbewusste zu erreichen und zu heilen, besteht darin, mithilfe der aktiven Imagination das „Unschuldige“ kennenzulernen.

WENN DAS UNSCHULDIGE IN IHNEN VON EINEM TRAUMA GETROFFEN WIRD

Wie in Kapitel 3 beschrieben, gehen die meisten Traumata mit dem Gefühl, unterlegen oder machtlos zu sein, einher. Oder Sie haben den Eindruck, von jemandem benutzt worden zu sein, der sich nicht um Ihre Interessen scherte oder Ihnen Schaden zufügen wollte. Zu Beginn unseres Lebens erwarten wir Linking von anderen und wir gehen davon aus, einen bestimmten Rang in unserer Gruppe einzunehmen. Im Idealfall messen wir uns mit unseren Bezugspersonen; die ersten sind unsere Eltern. Wir werden mit der Bereitschaft geboren, in unserer Gruppe einige Niederlagen hinzunehmen, aber wir erwarten als Kind auch Sicherheit und Schutz von Erwachsenen und als Erwachsener Unterstützung durch Gleichgestellte. Wenn diese Erwartungen nicht erfüllt werden, sind wir schockiert, wir fühlen uns minderwertig und beschämt. Welcher Teil von uns ist dann so entsetzt? Es ist der unschuldige, vertrauensvolle Teil in uns.

Ich verwende die sächliche Form „das Unschuldige", aber Sie können es sich auch mit einem anderen Geschlecht und in jedem Alter vorstellen, von Ihrer Kindheit bis zu Ihrem jetzigen Lebensalter. Vielleicht ist es für Sie so alt, wie Sie waren, als Sie das Trauma von Machtmissbrauch erlebten. Das erste Trauma findet meistens in der Kindheit statt, aber manche erleben es auch erst als Erwachsener. Hin und wieder hört man etwas wie: „Ich habe meine Unschuld in dem Moment verloren, als ich erfuhr, das meine Frau mich betrog." Manchmal verlieren wir unsere Unschuld, weil wir nicht darauf vorbereitet sind, dass das Leben nicht immer gut und gerecht ist und die Natur nicht immer gütig, dass wir einen Job über Nacht verlieren können, Gesundheit kein Recht, sondern ein Privileg ist, und Verlust und Tod unvermeidlich sind. Plötzlich überwältigen uns unerträgliche Furcht und Traurigkeit – ein Zeichen für ein Trauma, wie ich es definiert habe.

Wie bereits in Kapitel 3 erläutert, können alle Schocks und Traumata zu einem Gefühl der Unterlegenheit, Scham und Depression führen. Besonders trifft das jedoch auf von anderen Personen ausgelöste Traumata zu. Unabhängig davon, ob sich das Trauma in Ihrer Kindheit oder in Ihrem Erwachsenenalter ereignet hat, mussten Sie weitermachen, selbst wenn Sie von Ihren Gefühlen überwältigt waren. Sie konnten es sich nicht leisten, sich länger damit aufzuhalten oder vor Schreck zu erstarren. Ihre Gefühle mussten Sie vor sich selbst und vor den anderen verstecken. „Das Unschuldige“ ist der Name, den wir dem Teil eines Menschen geben, der immer noch unter diesem Trauma leidet und es nicht bewältigen kann – weil Sie sich dessen nicht bewusst sind.

Das Unschuldige ist ein vom Rest abgespaltener Teil von Ihnen, aber es ist real und muss bei der Heilung des unterbewerteten Selbst berücksichtigt werden. Sobald es die Gefahr eines weiteren Traumas spürt, aktiviert es die instinktiven Reaktionen auf Scham und Selbstbeschuldigung. Als Folge davon sinkt ihr allgemeines Selbstwertgefühl auf null und Ihre unwillkürliche Niederlage-Reaktion in Form einer Depression wird aktiviert. Damit soll verhindert werden, dass Sie sich mit denjenigen anlegen, die dem Unschuldigen viel mächtiger erscheinen als Sie. Ihr Ziel ist es jetzt, mithilfe von aktiver Imagination das ursprüngliche Trauma noch einmal so zu erleben, wie es wirklich war, damit es nicht länger abgespalten bleibt. Danach arbeiten Sie langsam mit dem Unschuldigen daran, die überholten instinktiven Reaktionen und Abwehrmaßnahmen abzustellen.

WIE SIE MIT AKTIVER IMAGINATION TRAUMATA HEILEN

Aktive Imagination wurde von dem Schweizer Psychologen Carl Gustav Jung entwickelt und von anderen erweitert, um Menschen dabei zu helfen, die Teile ihres Selbst zu erreichen, die während eines Traumas abgespalten wurden und ein Eigenleben entwickelten.[1] Aktive Imagination hat nichts mit Tagträumen oder gewöhnlichen Fantasien zu tun, sondern ist ein Dialog zwischen Ihrem Bewusstsein und dem Teil Ihres Unbewussten, mit dem Sie Kontakt aufnehmen möchten – in diesem Fall mit dem Unschuldigen. Es mag sich merkwürdig anhören, aber am besten beginnen Sie damit, sich das Unschuldige als eigenständige Person vorzustellen, die in Ihnen wohnt. Wenn Sie es durch aktive Imagination besser kennen, können Sie damit anfangen, es in Ihr bewusstes Leben zu integrieren, wo Sie besser damit umgehen können. Der erste Schritt besteht darin, es einzuladen hervorzukommen und dann zuzuhören, was es zu sagen hat, herauszufinden, was es tun möchte, und ihm dann zu helfen; im Grunde genommen möchten Sie sich mit ihm verbinden.

Nehmen wir an, dass Sie als Kind von einer Gruppe anderer Kinder ausgegrenzt wurden. Wenn jetzt an Ihrer Arbeitsstelle einige Kollegen zum Mittagessen gehen, ohne Sie zu fragen, ob Sie sich Ihnen anschließen möchten, denkt das Unschuldige sofort, dass sie Sie absichtlich ausschließen wollen. Es schlussfolgert, dass Sie wohl wertlos sein müssen. Als Folge davon gehen Sie nun zum Mittagessen, bevor jemand Sie ausschließen kann – aber auch bevor jemand Sie fragen kann, ob Sie ihn begleiten wollen. Diese Ranking-Reaktion leitet sich direkt von dem Trauma in der Vergangenheit ab, steht in keinem Verhältnis zu der jetzigen Situation und hindert Sie daran, Beziehungen zu Ihren Kollegen überhaupt zuzulassen. Durch aktive Imagination können Sie diesen abgetrennten Teil in sich erreichen und diese Reaktion auf eine tief greifende und anhaltende Weise verändern. Es geht darum, die Gefühle des Unschuldigen kennenzulernen, sie durch entsprechendes Verständnis weniger erdrückend zu machen und sie zu akzeptieren. Das dient dazu, dass Sie in Zukunft nicht mehr so oft solche Situationen meiden müssen, in denen diese Gefühle wieder aufleben könnten. Sie müssen sich dann nicht mehr selbst unterbewerten oder entsprechende Selbstschutzmaßnahmen ergreifen; das emotionale Schema, das das Unschuldige verkörpert, wird seltener aktiviert. Sie werden seltener mit Ranking konfrontiert werden, dafür öfter mit Linking, und Sie werden die Möglichkeit haben, sich für Linking zu entscheiden.

WIE SIE DEM UNSCHULDIGEN HELFEN KÖNNEN

Das Wesentliche bei aktiver Imagination besteht darin, etwas zu dem Unschuldigen zu sagen und dann wirklich auf seine Antwort zu warten. Es handelt sich um einen Dialog zwischen zwei „Menschen" – zwischen Ihnen und dem auf vielfältige Weise autonomen Teil von Ihnen. Bevor wir über Einzelheiten sprechen, sollten wir uns einen Überblick über das verschaffen, was Sie tun können. Zu Beginn verhalten Sie sich offen und geduldig, so als würden Sie auf jemanden warten, der gleich eine Bühne betreten und zu Ihnen sprechen wird. Wenn das Unschuldige dann erscheint, sagt es möglicherweise zuerst nichts. Vielleicht sehen Sie es auf dem Fahrrad sitzen, das Sie im Alter von vier Jahren hatten. Oder es ist zwei Jahre alt, sitzt in einer Ecke und weint. Oder es verliebt sich im Alter von 21. Wenn es spricht oder etwas tut, reagieren Sie mit Ihren Gefühlen auf das Geschehen. Falls es Sie fragt, wie es Ihnen geht, antworten Sie ehrlich. Wenn es versucht, schwimmen zu lernen, könnten Sie zum Beispiel sagen: „Das sieht ziemlich mühsam aus. Kann ich dir helfen?" Dann stellen Sie sich vor, wie Sie es unterstützen.

Anschließend warten Sie und hören zu. Vielleicht sagt es: „Jeder versucht, mir Schwimmen beizubringen. Du schaffst das auch nicht. Ich kann mein Gesicht nicht ins Wasser tauchen." Und so weiter. Entscheidend dabei ist es, vor der leeren Bühne zu warten, bis das Unschuldige erscheint und spricht oder agiert, wie es will, als eine autonome Person.

Die aktive Imagination hat den Zweck, ein Trauma zu heilen. Dabei werden Sie oder das Unschuldige irgendwann auf dieses Trauma oder die daraus entstandenen Gefühle zu sprechen kommen. Was sollen Sie mit jemandem tun, der Ihnen am Herzen liegt und der missbraucht und somit verletzt wurde? Nehmen Sie denjenigen mit zu sich nach Hause, trösten Sie ihn, hören Sie ihm zu, wenn er bereit ist zu sprechen. Helfen Sie ihm schließlich, die erfahrene „sinnlose" Grausamkeit zu verstehen. Diese Form der Liebe gleicht der Liebe eines Elternteils zu seinem Kind und ist nötig, um das Gefühl innerer Sicherheit wiederherzustellen. Nur mit dieser Sicherheit können Sie Scham, Depressionen, ein allgemeines Minderwertigkeitsgefühl und übermäßig empfundenes Ranking überwinden. Selbst wenn das Unschuldige ein Erwachsener ist, braucht es diesen Schritt in die Vergangenheit – es möchte für eine Weile wieder bei seiner Mutter sein. Das Unschuldige braucht – ebenso wie Sie – Heilung, bevor es sich wieder hinaus in die Welt wagt und es noch einmal versuchen kann.

Falls Ihre Eltern sich nicht darauf verstanden, Sie zu trösten und Ihnen die nötige Sicherheit zu geben, können Sie leider nicht erwarten, in der Lage zu sein, das selbst für sich zu tun. Aber gute erzieherische Fähigkeiten lassen sich erlernen. Im letzten Jahrzehnt wurde viel darüber geforscht, wie man Sicherheit und Selbstwert bei dem Opfer eines Traumas neu aufbauen kann. Vor allem muss das Opfer immer wieder über das Geschehene reden und lernen, sich nicht wertlos und machtlos zu fühlen. Und das muss in Gegenwart einer Person erfolgen, die das Opfer beruhigt und ihm notfalls das Ereignis auf neue Weise erklärt. Und genau das werden Sie mit dem Unschuldigen tun.

Reparenting ist nicht immer die beste Lösung

Ich möchte ganz ehrlich sein: Manchmal sind Sie nicht die richtige Person für ein Reparenting des Unschuldigen, vor allem, wenn Sie sich ständig unterbewerten. In diesem Fall kann man den Versuch eines Reparenting damit vergleichen, dass man einem sehr verstörten kleinen Kind befiehlt, sich um sich selbst zu kümmern. Das ist zu viel verlangt. Das Unschuldige sehnt sich vielmehr nach einer zusätzlichen Person, die Hilfe geben kann. Und möglicherweise tragen Sie einfach keine guten Elternqualitäten in sich. Vielleicht sind Sie sogar wütend auf das Unschuldige, weil es Ihnen so viele Probleme verursacht, oder aus anderen Gründen, die Sie sich selbst nicht erklären können. Eine

Frau hatte beim Gespräch mit ihrem Unschuldigen Fantasien darüber, es zu treten und zu schlagen, weil es so schwach war und so viel Ärger verursachte. Diese Frau brauchte einen Therapeuten, um sich um das Unschuldige zu kümmern, bis sie gemeinsam herausfinden konnten, warum das so war. Erst dann konnte sie eine Lösung für Ihr Problem finden.

Auch Sie brauchen vielleicht einen guten Psychotherapeuten für diese Arbeit. (In Anhang I gebe ich Ratschläge, wie Sie einen guten Therapeuten finden.) Manche Menschen haben es jedoch geschafft, ihre chronische Unterbewertung durch eine enge, liebevolle Beziehung zu einer anderen Person außer einem Therapeuten zu überwinden – zumindest bis zu einem bestimmten Grad. Dieses Buch wird Ihnen bei diesem Prozess helfen, aber dazu müssen Sie zuerst einige Fortschritte machen. Das können Sie auf jeden Fall allein schaffen. Ich werde Ihnen also die Methoden vorstellen, die von den besten Therapeuten angewendet werden, aber ich möchte darauf hinweisen, dass es in manchen Fällen notwendig ist, das Unschuldige sozusagen zu einem Therapeuten in die Praxis zu bringen.

Ihr Ziel für das Unschuldige

Natürlich möchten Sie, dass sich das Unschuldige nicht mehr für wertlos hält. Aber das übergeordnete Ziel besteht darin, es in Ihr Bewusstsein zu bringen und ihm zu erlauben, sich so auszudrücken, wie es ist. Um das zu erreichen, müssen Sie sich mit ihm verbinden. Denken Sie dabei daran, dass Linking Zuneigung bedeutet – Sie müssen das Unschuldige samt seinen Gefühlen so akzeptieren, wie es ist. Das heißt, Sie müssen aufrichtig daran interessiert sein, alles über es zu lernen, und auf seine Bedürfnisse eingehen, so weit, wie Sie das können. Diese bedingungslose Akzeptanz wird mehr Gutes bewirken, als wenn Sie es belehren, versuchen, ihm neue Denkweisen beizubringen oder sich verhalten, als wäre es fehlerhaft, denn davor hat es bereits am meisten Angst. Wenn es sich sicher und akzeptiert fühlt, kann der Heilungsprozess beginnen.

Rufen Sie sich ins Gedächtnis, dass Sie nach Emotionen suchen, die Sie einmal aus guten Gründen abgespalten haben. Daher werden Sie bei dem unschuldigen Teil Ihres Selbst Gefühle entdecken, die zuerst Unbehagen und Scham bei Ihnen hervorrufen. Vielleicht sagt es Ihnen, dass Sie schüchtern sind, weil es sich ungeliebt fühlt und sich am liebsten verstecken würde. Oder weil es von einem wundervollen Menschen gehalten, wahrgenommen und anerkannt werden möchte, ohne etwas sagen zu müssen. Vielleicht sehen Sie das als Zeichen von Schwäche oder Bedürftigkeit an, aber weisen Sie diese Gefühle nicht zurück, denn damit würden Sie das Unschuldige noch einmal bestrafen. Die Akzeptanz seiner Gefühle erlaubt ihm hingegen, seinen Wert durch Sie zu sehen, so wie die Liebe der Eltern einem Kind für den Rest seines Lebens ein Selbstwertgefühl gibt.

Wie Sie dem Unschuldigen geben, was es braucht

Bevor Sie dem Unschuldigen in einem Dialog helfen können, müssen Sie einige der gängigen Richtlinien für die Erziehung von Kindern und für die Hilfestellung für durch ein Trauma geschädigte Erwachsene lernen, ohne sich selbst unterzubewerten. Wenn Sie diese Grundsätze beachten und umsetzen, betrachten Sie sich selbst als vernünftige Person, die sich um das Wohl des Unschuldigen kümmert. Behalten Sie diese reife Rolle bei und lösen Sie sich von dem Unschuldigen. Wahrscheinlich kommen Sie sich vor dem Beginn einer aktiven Imagination nicht sehr klug vor, aber Sie werden überrascht feststellen, dass Sie wissen, was eine weise, liebenswürdige Person sagen würde. Und alle besonderen Kenntnisse, die Ihnen noch fehlen, können Sie jetzt lernen.

Attunement (Affektabstimmung) und Verständnis

Der englische Begriff „Attunement“ [im Deutschen gern mit „Rapport“ oder „Kontingenz“ übersetzt und so auch hier verwendet, Anm. d. Red.] bedeutet, sich mit den Emotionen des anderen in Harmonie zu befinden. Es geht viel tiefer als das Bewusstsein, das sich einstellt, wenn wir denken: „Oh, er scheint sehr wütend zu sein.“ Anders als diese logische Schlussfolgerung kommt diese Affektabstimmung von der rechten Gehirnhälfte, also von der intuitiven und emotionalen Seite, die ganz automatisch arbeitet. Wenn wir uns zum Beispiel intensiv auf die Gefühle eines anderen einstellen, begreifen wir intuitiv auch den Grund für dessen Zorn und werden vielleicht sogar selbst wütend.

Eine gute Mutter versucht, sich auf jedes Gefühl ihres Kinds einzustellen. Das ist nicht schwer und geschieht auf natürliche Weise. Wenn das Baby lächelt und lacht, lacht die Mutter auch. Weint das Baby, ist auch die Mutter bekümmert. Meistens ist die Mutter jedoch nicht perfekt auf ihr Kind eingestimmt. Wichtig ist nur, dass sie ihren Rapport immer wieder anpasst. Zum Beispiel glaubt sie, an einem bestimmten Weinen Hunger zu erkennen. Wenn eine Milchflasche jedoch nicht die Lösung ist, hilft es ihr, sich genauer auf die Gefühle ihres Babys einzustimmen, um zu entscheiden, wie sie weiter vorgehen soll.

Mütterliche Betreuung ohne diese Abstimmung ist für einen Säugling beängstigend. Manchmal stellt sich eine Mutter ganz gezielt nicht auf die Gefühle ihres Babys ein. Vielleicht möchte sie damit verhindern, dass es zu ängstlich wird, also ignoriert sie Angst und belohnt Unerschrockenheit. Ein solches Verhalten ist jedoch nicht nur für Babys ein Problem. Wir bekommen immer wieder Botschaften, dass bestimmte Gefühle nicht in Ordnung sind. Am Arbeitsplatz haben Sie vielleicht die Nase voll von einem besserwisserischen Kollegen und das Unschuldige hasst ihn, aber Ihr Boss befiehlt Ihnen, ihm bei seinen täglichen Aufgaben zu helfen. Ihr Boss hat sich bewusst nicht auf Ihre ihm bekannten Gefühle zu dem Besserwisser eingestellt. Um diesen Schmerz ein wenig zu lindern, können Sie sich zumindest anhören, was das Unschuldige dazu zu sagen hat, auch wenn Sie weiterhin mit dem Kollegen zusammenarbeiten und ihm einige seiner Pflichten abnehmen müssen.

Die Fähigkeit, sich auf die Gefühle anderer einzustellen und sie zu verstehen, gilt heutzutage als Grundlage der emotionalen Intelligenz. Wenn man ein Gefühl versteht, wird es zur Realität. Wenn Sie sich auf Ihr Unschuldiges einstellen, müssen Sie seine Gefühle identifizieren, sie reflektieren und es wissen lassen, dass Sie seine Gefühle kennen. Ihre Aufgabe ist es, sich auf jedes neue Gefühl des Unschuldigen einzustellen. Jede Emotion ist wichtig. Achten Sie vor allem auf subtile Veränderungen. Gefühle verändern sich bei jedem Affekt. Aus Hass wird langsam Verständnis und vielleicht Vergebung, aus Scham wird eine zarte Selbstakzeptanz und Angst verschwindet langsam. Allerdings dürfen wir nicht allzu ungeduldig sein, denn das bedeutet, dass wir die Gefühle nicht so akzeptieren, wie sie tatsächlich sind.

Während einer aktiven Imagination scheint das Unschuldige manchmal in Bezug auf ein Ereignis keine so starken Gefühle zu entwickeln, wie Sie erwartet haben. Zum Beispiel spricht es vielleicht sehr sachlich über den Tod seiner geliebten Mutter, als es sieben Jahre alt war, und über die nachfolgende Herrschaft der ihre Macht missbrauchenden Stiefmutter. Stellen Sie sich auf die Gefühle ein, die das Unschuldige Ihrer Meinung nach haben sollte. Fragen Sie sich, ob dieses Ereignis für den Großteil der Menschen verstörend wäre. Lautet die Antwort Ja, versuchen Sie, das Unschuldige indirekt auf das verborgene Gefühl anzusprechen, in etwa so: „Ich frage mich, ob du jetzt, während du mir das erzählst, traurig oder wütend bist."

Hören Sie zu und stellen Sie Fragen, wenn nötig, aber auf eine Weise, die zeigt, dass Sie wirklich interessiert und gespannt sind, nicht nur entschlossen, das Unschuldige auf eine bestimmte festgelegte Art zu sehen. Gehen Sie davon aus, dass es gute Gründe für seine Gefühle und Beschwerden gibt. Sagen Sie ihm, dass Sie gern etwas über diese Gründe erfahren würden. Dann denken Sie gründlich darüber nach und reagieren Sie mit Rapport und Verständnis. Zum Beispiel so: „Du kannst also nichts gegen deine Angst tun. Am meisten machst du dir Sorgen, dass jemand in das Haus einbrechen könnte, richtig?"

Diese letzte Bemerkung leitet zum Grund der Gefühle über. Aber vor allem zeigt sie, dass Sie das Unschuldige verstehen wollen, und uns allen tut es gut, wenn wir auf eine Weise verstanden werden, die uns dabei hilft, mit uns selbst in Kontakt zu treten und daran zu wachsen. In uns entsteht Vertrauen, und genau das wollen Sie erreichen: Das Unschuldige soll beginnen, Ihnen zu vertrauen.

Situationen, die Schutzreaktionen hervorrufen, erkennen

Der nächste Schritt besteht darin, den tieferen emotionalen Grund für die derzeitigen intensiven Gefühle des Unschuldigen herauszufinden. Sie können zum Beispiel einen erdachten Dialog so beginnen: „Ich kann spüren, wie traurig du bist. Das ist wirklich schrecklich." Damit zeigen Sie, dass Sie sich einfühlen.

Als Nächstes drücken Sie Ihr Verständnis für die Gefühle des Unschuldigen aus. „Du bist eher traurig und deprimiert als wütend darüber, dass jemand anderer die ganze Anerkennung bekommt. Aber das ist verständlich. Du fühlst dich machtlos, unterlegen. Tatsächlich fragst du dich, ob du das nicht einfach verdient hast, weil du dich nie richtig durchsetzen kannst."

Nun stellen Sie die Verbindung zum aktuellen Anlass her. Falls das Uschuldige Ihnen davon bereits erzählt hat, dann fassen Sie die Sache noch einmal in Worte. Aber manchmal hat es den Anlass noch gar nicht gesehen, oder Sie haben bisher noch nicht darüber nachgedacht. „Aber du hast große Angst davor, was geschehen könnte, wenn du etwas sagst. Lillian hat dir schon immer Angst eingejagt. Wenn du sie nun beschuldigst, dass sie die Lorbeeren für deine Arbeit eingeheimst hat, geht sie vielleicht auf dich los. Und nicht nur Lillian, sondern auch alle ihre Freunde könnten sich gegen dich stellen."

Die Ursachen aktueller Gefühle in der Vergangenheit suchen

Als Nächstes erforschen Sie den Anlass für die aktuelle Gefühlslage, der in der Vergangenheit liegt, indem Sie das Unschuldige fragen: „Hast du dich schon jemals zuvor so gefühlt?" Es ist wichtig, dass Sie nachhaken, wann diese Gefühle schon einmal vorhanden waren. Gehen Sie nicht davon aus, dass Sie das wissen. Vergessen Sie nicht, dass das Unschuldige zwar ein Teil von Ihnen, aber autonom ist. Es wird Ihnen zumindest ergänzend etwas Neues zu dem zu sagen haben, was Sie bereits zu wissen glauben, ähnlich wie Träume Ihnen eine neue Perspektive aufzeigen können. Sobald es eine Verbindung seiner derzeitigen Gefühle mit solchen aus der Vergangenheit hergestellt hat, begleiten Sie es, wenn es sich mit den Emotionen beschäftigt, die Sie beide damals empfunden haben.

In diesem Fall erzählt es Ihnen möglicherweise etwas, woran Sie sich zwar erinnern, was Sie aber nicht als besonders wichtig betrachtet haben. Andere Kinder haben Ihnen damals eine Hausaufgabe weggenommen – ein Bild, das es von Kolumbus' drei Schiffen gezeichnet hatte. Es war ein sehr gutes Bild, und das Unschuldige wurde dafür bestraft, es „verloren" zu haben. Eines der anderen Kinder gab das Bild ab, und es wurde am schwarzen Brett ausgehängt. Der Lehrer glaubte ihm nicht, dass es von ihm war, denn üblicherweise zeichnete es nicht so gut, und alle lachten es aus, weil es versucht hatte, es als sein Werk auszugeben. Das Unschuldige versuchte, alles zu erklären, aber der Lehrer erwiderte nur, dass er keine Lügner in seiner Klasse haben wolle. Er rief die Eltern des Unschuldigen an, und sie glaubten dem Lehrer mehr als ihm. Natürlich war es jetzt zu verängstigt, um Anerkennung für das Werk einzufordern, das Lillian als ihres ausgegeben hatte.

Es ist wichtig, dass Sie jetzt das Unschuldige ermutigen zuzugeben, wie schrecklich dieses Erlebnis in der Vergangenheit war. Es erzählt Ihnen etwas über Ihre eigenen abgespaltenen Gefühle. Damit es weiterspricht, sollten Sie etwas sagen wie: „Das ist schrecklich traurig. Sicher hast du dich sehr schlecht gefühlt." Machen Sie weiter so, bis alles herauskommt.

Emotionen korrigieren durch eine neue Sichtweise

Der Ausdruck klingt ziemlich ungewöhnlich, aber dass man Emotionen durch eine neue Sichtweise „korrigieren" kann, indem man Erlebnisse mit anderen Emotionen verknüpft, ist eigentlich ganz einfach. Sie zeigen dem unschuldigen Anteil in Ihnen lediglich die Reaktion, die ihm in der Vergangenheit das Gefühl der Unterlegenheit und Scham hätte ersparen können. Wenn das Unschuldige zum Beispiel ein Ereignis beschreibt, bei dem es sich gefürchtet hat, sagen Sie ihm, wie sehr Sie sich wünschen, dass Sie es damals hätten beschützen können, sodass es seine Ängste nicht hätte allein durchstehen müssen. Bezogen auf das Beispiel mit der gestohlenen Hausaufgabe könnten Sie sagen: „Ich weiß, dass du das Bild gezeichnet hast, und es macht mich wütend, dass du dafür keine Anerkennung bekommen hast. Am liebsten würde ich mit dem Direktor sprechen und dafür sorgen, dass er den Lehrer feuert." Ihre Reaktion zeigt dem Unschuldigen Ihre Liebe, und auf diese Weise können Sie mit Ihrer Zuwendung die alte schmerzliche Erfahrung, die es mit niemandem teilen konnte, korrigieren und ersetzen.

Manchmal reichen Attunement, Akzeptanz und Verständnis aus, um eine belastende Emotion ins Positive aufzulösen. Aber hin und wieder bedarf es auch einer aktiveren Vorstellung davon, was Sie für das Unschuldige tun würden. Vielleicht sind seine Eltern sogar zum Direktor gegangen, haben aber nichts erreicht. Möglicherweise schämte es sich dann für seine Eltern ebenso wie für sich selbst. Die korrigierte Emotion zeigt, wie es hätte sein können, wenn Sie dabei gewesen wären. Sie sollten jedoch auf keinen Fall ein weiteres Szenario ins Spiel bringen, bis Sie ihm Ihr Übereinstimmen und Verständnis und die Verbindung zu den gegenwärtigen und vergangenen Situationen, die Anlass gaben, wie damals zu reagieren, gezeigt haben. Und spielen Sie seine derzeitigen Gefühle nicht herunter – es denkt vielleicht immer noch, dass es verdient habe, was geschehen ist, weil es schwach und wertlos ist und die Kinder das bemerkten. Akzeptieren Sie stattdessen diese Gefühle, aber bieten Sie ihm gleichzeitig Ihre eigene, gerechtere Perspektive an. Alles, was Sie dem Unschuldigen erzählen, muss ehrlich sein. Hintergedanken wird es rasch durchschauen. Es kann Ihnen nicht vertrauen, wenn Sie Ihr Mitgefühl übertreiben, nur um seine Stimmung damit schneller zu ändern.

Widerspruch, wenn nötig

Hier geht es um einen Dialog. Emotionen sind niemals „falsch“ – sie sind einfach da, wie das Wetter. Allerdings können sie auf Ungenauigkeiten basieren, also müssen Sie Ihre Gedanken dazu äußern. Wenn Sie mit dem Unschuldigen nicht einer Meinung sind, überlegen Sie genau, warum das so ist. Verursacht Ihnen seine Perspektive Unbehagen? Ist sie unbequem? Versteckt sich das Unschuldige hinter einer Selbstschutzmaßnahme, während Sie versuchen, ihm Informationen zu geben, die für eine genauere, „richtigere“ Reaktion sorgen könnten? Zum Beispiel beschuldigt es andere, aber Sie wissen, dass es sich dabei um ein ungewolltes Muster handelt. Es fordert Sie vielleicht auf: „Sag ihnen allen die Meinung, kündige den Job und arbeite nie mehr.“

Sie wissen, dass das unrealistisch ist, also machen Sie einen Vorschlag. „Du hast große Angst, dass deine Vorgesetzten sich verhalten würden wie damals, als Lillian deine gute Arbeit für sich in Anspruch genommen und dafür die Lorbeeren geerntet hat. Du musst ihnen ein bisschen mehr von dir zeigen, ihnen beweisen, dass du gute Arbeit leistest, nicht wertlos bist und dich ohnehin schon unterbewertest, indem du einen niedrigen Rang akzeptierst."

Anerkennung

Danken Sie dem Unschuldigen immer dafür, wenn es sich gezeigt und geäußert hat. Sagen Sie ihm, wie viel Sie von ihm lernen. Wenn Sie zu beschäftigt sind, um mit ihm in einen Dialog zu treten, erklären Sie ihm beim nächsten Gespräch die Gründe und entschuldigen Sie sich.

Es mag Ihnen dumm vorkommen, sich bei einem Teil von sich selbst zu entschuldigen, aber es hat viele Vorteile, das Unschuldige als eigene Persönlichkeit zu betrachten. Es wird Ihnen dadurch auch weiterhin seine veralteten und überraschenden Gedanken mitteilen, und Sie werden sich immer weniger für die Gefühle schämen, das *es* hat. Indem Sie zuerst *seine* Gefühle akzeptieren, werden auch Sie diese Emotionen schließlich als Teil Ihres Selbst akzeptieren können.

Behutsamer Umgang

Das Unschuldige empfindet viele Gefühle, von denen Sie sich bei einem Trauma distanzieren mussten. Eines dieser Gefühle ist wahrscheinlich Selbstbeschuldigung, also müssen Sie sanft mit ihm umgehen. Selbst wenn es Ihnen geholfen hat, aus Selbstschutz anderen die Schuld zu geben, beschuldigt es tief in seinem Inneren doch sich selbst. Geben Sie also nun nicht ihm auch noch weitere Schuld.

Vor allem: Belehren Sie das Unschuldige nicht. Geben Sie ihm keine Ratschläge, die es ohnehin nicht in die Tat umsetzen kann. Kritisieren oder beleidigen Sie es nicht, verletzen Sie seine Gefühle nicht. Damit würden Sie sich in der Rangordnung über es stellen und eine Wiederholung der Traumata und eine Verstärkung der instinktiven Reaktionen wie das Gefühl der Wertlosigkeit, Scham und Unterlegenheit hervorrufen. Ihre Grundlage ist Akzeptanz. Beginnen Sie damit und kehren Sie immer wieder dorthin zurück, wenn Sie einmal davon abgewichen sind. Vergessen Sie dabei nicht, dass Sie trotz Akzeptanz nicht mit allem einverstanden sein müssen. Sie können zum Beispiel sagen: „Obwohl ich das nicht so sehe, verstehe ich deine Einstellung." Auf diese Weise beginnt das Unschuldige zu lernen, dass seine Empfindungen nicht zu einem Streit zwischen Ihnen führen und dass Sie es deshalb nicht weniger lieben, es nicht bestrafen wollen, es nicht zurückweisen und sich ihm gegenüber nicht überlegen fühlen.

Was Sie dem Unschuldigen während der aktiven Imagination anbieten sollten

1. **Attunement/Affektabstimmung:** Lassen Sie das Unschuldige wissen, dass Sie seine Gefühle kennen und ihm Ihre eigenen Gefühle nicht aufdrängen möchten. „Es ist schrecklich, was dir passiert ist."

2. **Verständnis:** Lassen Sie es wissen, dass Sie seine Gründe für seine Gefühle in dieser Situation verstehen. „Als er so mit dir gesprochen hat, war das niederschmetternd für dich." Wenn es Ihnen sagt, dass Sie es falsch verstanden hätten, lassen sich Sich belehren.

3. **Die aktuelle Situation für die Aktivierung der Schutzraktion erkennen:** Versuchen Sie herauszufinden, was seine Reaktion verursacht hat. „War es für dich so niederschmetternd, weil es dir sehr wichtig ist, was er von dir hält?"

4. **Die Ursache dieser Aktivierung in der Vergangenheit suchen:** Fragen Sie es, an was es sich dabei erinnert, oder versuchen Sie, selbst herauszufinden, welches Ereignis aus der Vergangenheit seine jetzige Reaktion intensiviert hat. „Es gleicht sehr den Situationen, in denen dein Vater dich kritisiert hat."

5. **Emotionen korrigieren:** Reagieren Sie auf das Ereignis in der Vergangenheit auf die Weise, auf die ein liebender Mensch damals hätte

reagieren sollen. Das zeigt dem Unschuldigen, wie es sich selbst bewerten und reagieren sollte. „Ich kann verstehen, wie du dich fühlst. Es macht mich wütend, dass man dich so behandelt hat. Eine derart scharfe Kritik hast du nicht verdient. Dafür gibt es keine Entschuldigung."

6. Widerspruch, wenn nötig: Widersprechen Sie ihm behutsam, wenn es die Situation falsch beurteilt, eine Selbstschutzmaßnahme ergreift, eine überholte Instinktreaktion zeigt oder Sie auffordert, auf eine Weise zu reagieren, die Ihrer Meinung nach nicht funktionieren wird. „Ich kann verstehen, wie du dich fühlst, aber ich werde es nicht zulassen, dass du aufgibst, nur weil du dich für komplett wertlos hältst."

7. Anerkennung: Zeigen Sie ihm, dass Ihnen auch kleine Dinge wichtig sind. „Vielen Dank für das Gespräch. Es war sehr hilfreich."

8. Behutsamer Umgang: Vergessen Sie nicht, dass das Unschuldige große Scham empfindet, also zeigen Sie ihm Ihre Liebe und Ihren Respekt, auch wenn Sie es korrigieren.

BEGINNEN SIE MIT AKTIVER IMAGINATION

Aktive Imagination ist am erfolgreichsten, wenn sie vorher geplant wird, aber manchmal wird sie auch spontan durchgeführt. Zur Vorbereitung beachten Sie folgende Richtlinien:

- **Legen Sie einen Zeitpunkt fest.** Sie sollten sich mindestens einmal pro Woche dafür Zeit nehmen. Bei dreimal die Woche oder noch öfter beschleunigt sich der Prozess. Suchen Sie sich einen Zeitpunkt aus, an dem Sie nicht gestört werden.
- **Seien Sie flexibel.** Es gibt keine Regeln über die Länge des Zeitraums, aber zu Beginn brauchen Sie einige Zeit dafür, und Sie sollten sich dabei nicht unter Druck setzen. Sie müssen es jeweils nur ein paar Minuten versuchen, aber wenn Sie einmal im Dialog sind, kann dieser durchaus eine halbe Stunde dauern.

- **Suchen Sie sich einen ruhigen Ort.** Stellen Sie das Telefon ab. Wenn Sie möchten, umgeben Sie sich mit einigen Dingen, die Ihnen dabei helfen, sich sicher und unverletzlich zu fühlen.
- **Bereiten Sie sich darauf vor, aufzuschreiben, was geschieht.** Wenn die aktive Imagination eher aus Aktionen als aus einem Dialog besteht, machen Sie sich im Anschluss daran Notizen darüber. Bei einem Dialog hingegen, der aus mehr als nur wenigen Sätzen besteht, sollten Sie währenddessen mitschreiben. Achten Sie darauf, das Unschuldige und sich selbst im Dialog deutlich voneinander abzugrenzen. Am Computer ist das leicht machbar, indem Sie die Feststelltaste für die eine Person benutzen und für die andere nicht.
- **Falls Sie zu sehr aus der Fassung geraten, hören Sie auf und nehmen Sie professionelle Hilfe in Anspruch.** Es ist unwahrscheinlich, dass Sie sich bei einer aktiven Imagination übermäßig aufregen oder die Kontrolle verlieren. Aber Sie beschäftigen sich mit dem Unbewussten, also können Sie nicht genau vorhersehen, was passieren wird, wenn Sie Emotionen zulassen, die Sie lange Zeit unterdrückt haben. Seien Sie da-rauf vorbereitet, falls nötig aufzuhören und sich professionelle Hilfe zu suchen.

Ihre erste aktive Imagination

- Machen Sie es sich bequem. Versuchen Sie, ganz ruhig zu werden und Ihren Fokus nach innen zu richten. Das können Sie durch Meditation, Atemübungen oder eine ähnliche Technik erreichen.
- Stellen Sie sich vor, dass sich in Ihrer Körpermitte ein einladender Ort befindet, vielleicht eine dunkle, leere Bühne. Bitten Sie das Unschuldige zu sich.
- Oft können Sie es sofort sehen oder sprechen hören. Wenn nicht, fragen Sie es, ob es etwas sagen oder tun möchte.

- Wenn ein Dialog entsteht, sollte es auch ein richtiger Dialog bleiben. Lassen Sie es nach Ihren Bemerkungen spontan antworten und reagieren Sie dann entsprechend darauf.
- Wenn es nicht spricht, aber etwas tut, schließen Sie sich ihm eventuell schweigend an und warten Sie seine Reaktion darauf ab. Wenn Sie es zum Beispiel unter einem Tisch kauern sehen, stellen Sie sich vor, sich still in einer gewissen Entfernung danebenzusetzen, und warten Sie, bis es den Mut aufbringt, sich Ihnen zu nähern. Sagen Sie erst etwas, wenn Sie spüren, dass es mit Ihnen sprechen will, das Bedürfnis dazu hat.
- Wenn Ihre Gedanken abschweifen – und das wird hin und wieder sicher geschehen –, kehren Sie immer wieder zu dem Ausgangspunkt zurück. Abschweifende Gedanken sind manchmal ein Zeichen dafür, dass ein sehr wichtiges, aber beängstigendes Thema versucht, an die Oberfläche zu dringen, also hören Sie nicht auf, nur weil Sie sich abgelenkt fühlen.
- Sie werden lernen zu spüren, wann es Zeit ist, aufzuhören. Möglicherweise zieht sich das Unschuldige zurück oder der Dialog stockt oder wirkt plötzlich gezwungen. Werten Sie nicht ab, was geschehen ist, nur weil das Ende nicht optimal schien. Bedanken Sie sich bei dem Unschuldigen für sein Kommen und vereinbaren Sie einen Zeitpunkt für ein nächstes Treffen.

Tricia lernt von Belle

Tricia ist in letzter Zeit sehr bedrückt. Sie weiß, dass sie sich zu stark am Standpunkt ihres unterbewerteten Selbst orientiert. So beschließt sie, sich mit ihrem Unschuldigen Belle in Verbindung zu setzen – Belle ist ihr Spitzname, den ihre Mutter ihr gegeben hat. Der folgende Dialog wurde bearbeitet, sodass Sie genau sehen können, wie Tricia Belle jedes benötigte Element zur Verfügung stellt.

Tatsächlich verlief der Dialog nicht so geordnet und übersichtlich, und das wird bei Ihnen auch nicht der Fall sein.

Zu Beginn setzt Tricia sich an ihren Computer – ihre bevorzugte Art, eine aktive Imagination durchzuführen. (Falls Sie auch so vorgehen, aber ein Notizheft mit handschriftlichen Notizen haben, können Sie anschließend den Dialog ausdrucken und abheften.) Neben ihr liegt eine Liste mit den acht Dingen, die sie beachten soll. Sie nennt das ihren „Spickzettel". Sie schließt die Augen, macht ein paar Atemübungen, um sich zu beruhigen, und sucht den ruhigen, dunklen Ort in ihrer Körpermitte, der einer Bühne gleicht. Dann lädt sie Belle ein, zu ihr zu kommen. Belle erscheint und sagt: „Ich bin nicht deprimiert wie du, aber ich habe Angst. Große Angst." Tricia setzt nun ihre Fähigkeiten in die Tat um.

Ich habe im folgenden Dialog Namen verwendet, um deutlich zu machen, wer jeweils spricht. Möglicherweise fällt es Ihnen leichter, die Aussagen des einen in Großbuchstaben und die des anderen in Normalschrift zu verfassen.

Attunement

TRICIA: Angst? Das habe ich nicht gewusst. Tut mir leid. Wovor hast du Angst?

BELLE: Ich glaube, ich mag deinen neuen Job nicht. Ich habe die ganze Zeit Angst davor. Ständig.

Verständnis

TRICIA: Meine Güte. Ich bin froh, dass du mir das gesagt hast. Ich verstehe. Es muss schlimm für dich sein, an einen Ort gehen zu müssen, vor dem du Angst hast. Was geschieht mit dir, wenn wir dorthin gehen?

BELLE: Ich mag deinen Boss Mr Barth nicht. In seiner Gegenwart fühle ich mich immer schlecht, so als würde ich nichts taugen.

Eingehen auf die aktuelle Situation

TRICIA: Er übt oft Kritik. Hast du Angst vor ihm, weil du dich dann immer wieder schlecht fühlst?

BELLE: Ich fühle mich wirklich schlecht. Alles, was ich mache, ist falsch. Er hasst mich. Er hält mich für dumm. Aber vielleicht hat er recht. Ich bin ein Verlierer.

Weitere Affektabstimmung, weil sich neue starke Gefühle zeigen

TRICIA: Das scheint alles so aussichtslos zu sein. Du fühlst dich sehr schlecht – dumm, wie ein Verlierer. Es ist furchtbar, sich den ganzen Tag über so zu fühlen.

BELLE: Er weiß, dass ich ihn hasse. Aber er hat damit angefangen. Und jetzt wird er alles immer noch schwerer für mich machen.

Suche nach einem Anknüpfungspunkt in der Vergangenheit

TRICIA: Erinnert dich Mr Barth an jemanden, Belle?

BELLE: An Daddy. Und an Mr Wrong, den Mathelehrer. Und an den ersten Boss, Mr Fathead. Daddy hat mich immer auf einen Stuhl gestellt, damit ich den Abwasch machen konnte. Dann hatte er sich alles genau angeschaut. Und wenn irgendwo noch ein Fleck war, hat er mich angebrüllt. Je mehr er herumschrie, desto stärker zitterte ich, und wenn ich dann etwas fallen ließ, wurde er richtig wütend. Er versprach mir auch oft, dass er mir bei meinen Hausaufgaben helfen würde, aber dann sagte er, ich sei dumm. Ich hatte große Angst vor ihm. Selbst wenn ich eine gute Note in einer Prüfung bekommen hatte, versohlte er mir den Hintern und sperrte mich in mein Zimmer ein, weil ich nicht perfekt war.

Emotionen korrigieren

TRICIA: Ich wünschte, ich hätte Vater vorschreiben können, wie er dich zu behandeln hat. Du hättest viel besser lernen können, wenn du für deine Leistungen gelobt worden wärst. Ich bin sehr stolz auf dich, dass du dir trotz deiner Angst so große Mühe gegeben hast.

BELLE: Tatsächlich? Du bist stolz auf mich? Das hast du mir noch nie gesagt. Aber schau dir an, wie schlecht ich jetzt zurechtkomme. Wenn ich so weitermache, werde ich meinen Job verlieren. Ich bin so dumm.

Widerspruch, wenn nötig

TRICIA: Ich verstehe sehr gut, wie schlimm es ist, wenn man sich dumm fühlt. Aber ich kann dir in diesem Punkt nicht zustimmen. Du bist ganz sicher nicht dumm. Ich glaube, du fühlst dich nur dumm, weil du all diese Jahre mit Vater, Mr Wong und Mr Fathead verbracht hast. Vor allem mit Vater – er hatte eine keine Ahnung, wie man ein sensibles kleines Mädchen erzieht. Du hast immer dein Bestes gegeben. Immer.

BELLE: Ich möchte diesen Job kündigen. Ich hasse ihn, Es ist schrecklich, wie ich mich dabei fühle. TRICIA: Aber ich brauche diesen Job. Und ich glaube, wir müssen uns gemeinsam dem Problem stellen, dass wir vor Männern Angst haben, die Vater gleichen. Das wird immer wieder vorkommen.

BELLE: Aber was soll ich tun? Es ist aussichtslos.

TRICIA: Vielleicht sollte ich damit beginnen, genau zu beobachten, ob er mich wirklich nicht leiden kann, oder ob ich Ranking sehe, wo es gar nicht stattfindet. Vielleicht sollte ich ein wenig freundlicher zu ihm sein. Möglicherweise glaubt er, dass ich ihn nicht mag.

BELLE: Ich hoffe, du weißt, was du tust.

TRICIA: Ich werde mich um dich kümmern. Und wenn ich herausfinde, dass er ein so gemeiner Mensch wie Vater ist, werde ich kündigen. Dir zuliebe.

BELLE: Ich nehme an, das wäre einen Versuch wert. Aber vergiss bitte nicht, wie groß meine Angst ist. Du musst dich wirklich vergewissern, dass er kein böser Mann ist.

Anerkennung

TRICIA: Ich werde mich um dich kümmern, weil ich dich sehr schätze. Du hast mir heute sehr viel beigebracht. [Tricia stellt sich vor, wie sich Belles Miene erhellt.

Behutsamer Umgang

TRICIA: Ich freue mich, dass es dir anscheinend besser geht, aber ist wirklich alles in Ordnung? Noch vor ein paar Minuten hast du dich sehr schlecht gefühlt.

BELLE: Das stimmt. Ich mag mich immer noch nicht. Ich verursache einigen Ärger, richtig? Ich meine, ich bin ein großer Angsthase, und ich habe kein großes Selbstbewusstsein und kein Selbstvertrauen.

TRICIA: Es tut mir sehr leid, dass du immer noch so empfindest. Ich liebe dich sehr. Es ist sehr schwer, wenn man sich dumm fühlt. Aber bitte schäme dich nicht für deine Gefühle. Du kannst nichts dafür. Du bist nicht so auf die Welt gekommen. Und du tust alles, um dich zu ändern. Sprich einfach weiter mit mir. Das wird dir helfen, dich besser zu fühlen. Okay?

Was Tricia für Belle getan hat und Belle für Tricia

Beachten Sie, was Tricia in diesem Dialog tut:

- Sie bleibt in dem Modus, mit einer anderen Person zu sprechen.
- Immer wenn Belle von ihren Gefühlen spricht, zeigt sie, dass sie sich auf sie eingestellt hat.
- Sie korrigiert Belles Emotionen, indem sie ihr sagt, wie stolz sie auf sie ist, und verringert damit deren Schamgefühl. Tricia sagt das nicht nur so dahin, sie empfindet tatsächlich Stolz. Sie hätte Belle auch an die guten Schulnoten und all die Lehrer, die Belle mochten, erinnern können. Ebenso an die vielen Chefs und Mitarbeiter, mit denen sie je zu tun hatte und die Belles Arbeit über alles gelobt hatten.

- Sie bietet neue Emotionen an, die die alte Verletztheit ersetzen sollen, indem sie Belle zeigt, wie viel Liebe und Schutz sie eigentlich hätte empfangen sollen, und sie erklärt Belle, dass sie, Tricia, ab jetzt dafür sorgen wird.
- Sie akzeptiert Belles Gefühl der Wertlosigkeit, hält es aber nicht für begründet.
- Sie bleibt in ihrer Rolle als einsichtige Person, die sich um Belle kümmert, eine Rolle, die Tricia sich vorstellen kann, wenn sie sich bemüht. Und das tut sie sogar in den Situationen, in denen sie beginnt, sich mehr wie Belle zu fühlen – angsterfüllt und sich selbst hassend. Indem sie das tut, dringt sie tiefer zu den Gefühlen vor, die zu überwältigend für sie waren, als sie noch jung und unschuldig war.
- Sie arbeitet weiter behutsam an dem Problem des unterbewerteten Selbst und gibt Belle Hoffnung, dass sich das ändern wird.

Indem sie sich mit Belle verbindet, findet Tricia Zugang zu den Gefühlen, den Erinnerungen und den Abwehrmaßnahmen, die zu einem gewissen Grad von ihrem Bewusstsein abgespalten waren. Sie ist sich dieser Gefühle jetzt nicht nur stärker bewusst, sondern sie hat vielmehr durch die neue korrigierende Verbindung ihrer alten Erlebnisse mit positiven Gefühlen (die sie im ursprünglichen Erlebnis nicht hatte) ihre Einstellung dazu verändern können. Wie konnte sie das nun auch alleine bewerkstelligen? Es gelang ihr, indem sie die Rolle der vernünftigen Person übernahm, die sich um Belle kümmert, eine Rolle, die sie bereits mit einer anderen Person spielen konnte. Warum also nicht auch für sich selbst? Ein Teil ihres Gehirns hilft sozusagen einem anderen.

Der Dialog führte dazu, dass Tricia ihre Situation am Arbeitsplatz klarer sehen konnte. Mr Barth begann ihr sogar ein wenig leidzutun. Er war eindeutig überarbeitet, so wie auch ihr Vater es ständig gewesen war. In der Firma fand eine Umstrukturierung statt und er bangte um seine Position.

Tricia beschloss, den Versuch, eine positive Beziehung zu ihm aufzubauen, zu wagen. Sie fing an, zu geben, und ihr Chef strahlte wie ein kleiner Junge. Sie begriff, dass er sich mit seinen beruflichen Problemen allein gefühlt hatte, und war nun sehr erfreut über ihre Empathie. Er wandte sich öfter an Tricia, wenn er emotionalen Beistand brauchte, und er bemerkte nun auch, wenn sie Unterstützung benötigte. Tricias Stimmung wurde besser. Sie wusste, dass ihr dieser Job sicher war, und freute sich immer öfter auf ihre Arbeit. Und, was noch wichtiger war: Sie stufte sich viel seltener als minderwertig ein.

Wenn Sie Widerstand gegen aktive Imagination empfinden

Um ein Trauma zu bewältigen, müssen Sie aktive Imagination mindestens einmal in der Woche durchführen, und wesentlich öfter, wenn Sie sich extrem unterbewerten; neue Muster im Gehirn entstehen nicht über Nacht. Aber manchmal haben Sie keine Lust dazu. Ein Grund dafür könnte sein, dass Sie allmählich ein wenig frustriert sind. Aktive Imagination klappt oft erstaunlich schnell, so als würde das Unschuldige nur darauf warten, endlich sprechen zu dürfen. An anderen Tagen müssen Sie jedoch große Geduld aufbringen. Dann hilft Ihnen vielleicht ein Traum weiter.

Clint saß ruhig und mit geschlossenen Augen an seinem Computer und war aufnahmebereit für sein Unschuldiges, aber es kam keine Meldung. Dann erinnerte er sich an einen Traum, den er ein paar Nächte zuvor gehabt hatte. Ein Pfadfinder war von einigen größeren Jungen herumgeschubst worden. Der kleine Junge weinte und flog dann einfach davon. Die anderen schauten ihm verblüfft nach. Clint beschloss, den Jungen aus seinem Traum in seiner aktiven Imagination zu seinem Unschuldigen zu machen, und so begann Clints lange Beziehung mit dem Pfadfinder.

Es ist sehr hilfreich, auf seine Träume zu achten, wenn man sein unterbewertetes Selbst heilen möchte, denn Träume erschließen uns den Zugang zu den Teilen des Gehirns, die uns normalerweise verschlossen bleiben – wie zum Beispiel die durch ein Trauma abgespaltenen Bereiche. Nachts ist das Gehirn wellenförmig aktiv, so als würde es nach Stellen suchen, die der Aufmerksamkeit bedürfen. Eine Traumfigur in Schwierigkeiten kann das Unschuldige repräsentieren.

Am besten ist es, die aktive Imagination an dem Punkt zu beginnen, an dem der Traum endet, so, als würde der Traum fortgesetzt. Clint begann seine aktive Imagination damit, dass er neben dem schikanierten Pfadfinderjungen herflog und sich mit ihm unterhielt. Schließlich überredete er ihn dazu, mit ihm wieder nach unten zu kommen und sich mit ihm gemeinsam den großen Jungen zu stellen. Er stellte sich vor, dass er anschließend davonflog, und der Junge ihm nachsah, stolz darauf, dass sein neuer erwachsener Freund das für ihn getan hatte.

Auch wenn eine aktive Imagination gut klappt, haben Sie vielleicht immer noch das Gefühl, dass Sie resistent dagegen sind. Nachdem der Pfadfinder Clint gezeigt hatte, wie er in schwierigen Situationen einfach davonflog – aus Angst, noch mehr schikaniert zu werden –, begann Clint, sich anderen Menschen mehr zu öffnen. Aber dann kam eine Phase in seinem Leben, in der er seine Gespräche mit dem Pfadfinder vergaß. Schließlich träumte er von einem kleinen Jungen, der entführt und geknebelt worden war. Clint verstand den Hinweis und kehrte zur aktiven Imagination zurück.

Widerstand ist ganz natürlich. Das neuronale System im Gehirn, das Erinnerungen an gespeicherte Traumata vermeidet, ist nicht ohne Grund vorhanden. Es soll Sie davor schützen, von schlechten Gefühlen überwältigt zu werden. Wer will schon dahin zurückkehren? Aber wenn Sie Heilung anstreben, bleibt Ihnen das nicht erspart.

Wenn Sie zwar einen Anfang finden, aber Ihre Gedanken dann ständig abschweifen, kehren Sie immer wieder an den Ausgangspunkt zurück. Wenn Sie vergessen, die aktive Imagination durchzuführen, schreiben Sie sich Termine dafür in Ihren Kalender. Widerstand kann dazu führen, dass Sie keinen Kontakt mehr zu Ihrem Unschuldigen herstellen. Es gibt einige Lösungen für dieses Problem. Wenn Sie keine Verbindung mehr zu Ihrem Unschuldigen bekommen, versuchen Sie Folgendes:

- Stellen Sie sich selbst in einem Alter vor, in dem Sie besonders verletzlich oder in Schwierigkeiten waren.
- Nehmen Sie die Liste Ihrer traumatischen Kindheitserlebnisse aus Kapitel 3 in die Hand und stellen Sie sich das Unschuldige in einer dieser Situationen vor, vielleicht in einer speziellen Situation, in der Sie „Ihre Unschuld" und Ihr Vertrauen zu anderen Menschen verloren haben. Möglicherweise bewegt das Ihr Unschuldiges, Ihnen zu erzählen, wie es sich dabei fühlte.
- Stellen Sie sich vor, dass Ihr Unschuldiges aus einem bestimmten Grund nicht spricht. Was könnte dieser Grund sein? Hat es vor etwas Angst? Ist es zornig oder verzweifelt?
- Wenn Sie dann immer noch keinen Erfolg haben, üben Sie keinen Druck aus. Lesen Sie den Rest dieses Kapitels und fahren Sie mit Kapitel 6 fort. Es wird Ihnen helfen, besser zu verstehen, was geschieht.

Selbst Personen, die sich für diesen Prozess durchaus in der Lage fühlen, erleben manchmal Widerstand gegen aktive Imagination. Geben Sie nicht auf, wenn das bei Ihnen der Fall ist. Vor allem betrachten Sie das nicht als Fehlschlag. Jeder hat irgendwann solche Schwierigkeiten.

Vergessen Sie nicht Ihren Körper

Das äußere Erscheinungsbild und die Aktivitäten des Unschuldigen sind sehr wichtig. Sie sehen es möglicherweise als neunjähriges Kind und erinnern sich daran, dass Sie neun Jahre alt waren, als Ihre Eltern sich für einige Monate trennten. Das machte Ihnen so sehr zu schaffen, dass Ihre schulischen Leistungen abfielen. Jetzt sehen Sie Parallelen zu Ihren derzeitigen Problemen und Ihrer ungenügenden Leistung im Job. Falls das Unschuldige eine besondere Erscheinungsform annimmt, wie zum Beispiel die einer jungen Frau mit einem gebrochenen Bein oder eines Teenagers mit Akne, sollten Sie darüber nachdenken, was das bedeuten könnte.

Als Alternative zu einem Dialog können Sie sich das Unschuldige auch bei einer bestimmten Aktivität vorstellen. Wenn es anfängt zu weinen, nehmen Sie es einfach in den Arm. Vielleicht spielt es auf einem weiten Feld, tanzt auf der Schulabschlussfeier, liegt in einem dunklen Raum und streichelt einen Hund, hält vor einem großen Publikum einen Vortrag, reitet in einer Moorlandschaft auf einem Pony oder hält ein Baby im Arm. Erkundigen Sie sich, ob Sie mitmachen oder irgendwie helfen können.

Wenn Sie sich vorstellen, körperlich bei dem Unschuldigen zu sein, ist das mehr als nur eine weitere Art der Kommunikation mit ihm. Emotionen haben ihren Ursprung im Körper und können dort immer noch als körperliche Erinnerungen verankert sein. Einige der ersten und wichtigsten Erlebnisse im Linking und Ranking haben sich vielleicht schon abgespielt, bevor Sie sprechen konnten. Beim Erleben eines Traumas in späterer Kindheit oder im Erwachsenenalter haben Sie möglicherweise körperliche Reaktionen erfahren, ohne sich dessen bewusst zu sein. Diese Informationen können als körperliche Zustände und Symptome auftauchen, zum Beispiel in Form von Kopfschmerzen vor einem Arztbesuch oder in Form von unerwarteten Tränen beim Hören eines bestimmten Lieds. In Träumen können Sie vielleicht fliegen oder haben keine Zähne. All das kommt ohne Worte aus, ist aber so real wie alles, was Sie in Worte fassen können. Während Sie mit Ihrem Unschuldigen einen Dialog führen, erleben Sie möglicherweise eine starke emotionale Reaktion. Zum Beispiel beginnen Sie zu zittern, wenn es Ihnen erzählt, wie sein bester Freund es zurückgewiesen hat.

Das zeigt Ihnen, wie sehr Sie diese Erinnerung immer noch bewegt. Nehmen Sie Ihre körperlichen Reaktionen ernst, denn sie sind vielleicht die einzige Möglichkeit, etwas über bestimmte Erlebnisse aus der Vergangenheit zu erfahren.

Clints Traum von dem davonfliegenden Pfadfinder war zum Beispiel genau das, was Clint als Junge gefühlt hat: Er war so verängstigt, dass er am liebsten davongeflogen wäre und seinen irdischen Körper und seine schmerzhaften Emotionen zurückgelassen hätte. Als Clint und der Pfadfinder sich über diese Zeit unterhielten, krampfte sich Clints Magen zusammen und er ballte die Hände zu Fäusten. Der Pfadfinder half Clint, das Erlebnis, drangsaliert worden zu sein, noch einmal hervorzuholen und die Erinnerungen und Gefühle miteinander zu verbinden.

Das Unschuldige und die sechs Selbstschutzmaßnahmen

Meistens empfindet das Unschuldige nur seine eigenen Gefühle – Ihre abgespaltenen Gefühle –, vor allem Wertlosigkeit und Scham. Aber hin und wieder wendet es auch Selbstschutzmaßnahmen an, und dabei verhält es sich oft unnachgiebig. Wenn Sie es beobachten, können Sie feststellen, dass Sie Selbstschutz auf eine Weise anwenden, die Ihnen bisher noch nicht aufgefallen ist. Solange Sie von Ihrem Unschuldigen abgeschnitten waren, waren Sie auch von diesem Bewusstsein abgespalten. Belle zum Beispiel kam von ihrem Schamgefühl auf die Beschuldigung von Mr Barth: „Es ist alles seine Schuld; er hat damit angefangen." Daran erkannte Tricia, wie sehr sie Mr Barth tatsächlich beschuldigte, selbst bei Dingen, für die er nicht verantwortlich war.

Tricia entdeckte auch, dass Belle vor allem die Selbstschutzmechanismen Bagatellisierung und Konkurrenvermeidung aktivierte. Tricia hatte angenommen, sie verhalte sich lediglich gutmütig, wenn sie bezüglich Mr Barth Dinge gesagt hatte wie „Keine Sorge, mich stört das nicht" oder „Es ist mir gleichgültig, was er von mir hält". Doch als sie mehr über Belles Angst vor Kritik und davor, andere Menschen zornig zu machen, lernte, begriff sie, dass ihr unschuldiger Teil ständig versuchte, Schamgefühle und Niederlagen zu vermeiden, indem es nicht forderte, was es wollte, und sich nicht wehrte, wenn es unfair behandelt wurde.

Konkurrenzvermeidung ist möglicherweise eine bevorzugte Selbstschutzmaßnahme für das Unschuldige, weil es die Welt wieder so haben möchte, wie sie vor jeglichem Machtmissbrauch war. Es glaubt, dass ihm das gelingt, indem es die Existenz von Ranking verleugnet. Sie können ihm dabei helfen zu akzeptieren, dass Ranking ganz normal ist, dass man ihm nicht entkommen kann, auch nicht bei sich selbst. Tatsächlich genießt man es, hin und wieder der Beste zu sein. Verhelfen Sie dem Unschuldigen zu einer realistischen Einschätzung seiner Rechte gegenüber anderen und der eigenen Fähigkeiten, indem Sie seine minderwertigen Gefühle korrigieren. So kann es sich, wo angebracht, konkurrenzbetont verhalten.

Eine weitere bevorzugte Selbstschutzmaßnahme des Unschuldigen ist übertriebene Leistungsorientierung. Es fühlt sich so minderwertig, dass es nie mit sich zufrieden ist und glaubt, dass auch die anderen es so sehen. Daher will es unbedingt alles perfekt machen. Machen Sie ihm klar, dass Sie es dafür schätzen, was es ist, unabhängig von dem, was es tut. Jeder, der Zuneigung für es empfindet, sollte ihm das eigentlich sagen. Ermutigen Sie es, sich einzugestehen, wie anstrengend seine Bemühungen sind. Begrüßen Sie es, wenn es sich beklagt, und fordern Sie es auf, das ruhig öfter mal zu tun. Wenn Sie überarbeitet sind, kann das Unschuldige Ihnen helfen, die richtige Balance in Ihrem Leben zu finden, indem es Ihnen klarmacht, dass es hin und wieder Zeit zum Spielen ist.

Das Unschuldige greift eher selten zum Mittel der Schuldzuweisung, und wenn es das doch einmal tut, müssen Sie gründlich überlegen, ob das nicht sogar gerechtfertigt ist. Möglicherweise erzählt es

Ihnen etwas, was der Wahrheit entspricht, Ihnen aber bisher nicht aufgefallen ist. Ansonsten könnte eine gute Antwort lauten: „Ich verstehe deine Wut auf Sally, aber ich wette, dass du härter zu dir selbst bist, als du es jemals ihr gegenüber wärst."

Auch der Überhöhung bedient sich das Unschuldige nur selten, aber in seiner Bemühung, weiteren Schmerz zu vermeiden, beschließt es möglicherweise, keinen anderen Menschen zu brauchen. Oder es unterhält Sie mit seinen Fantasien über seine Größe, um seinen Gefühlen der Wertlosigkeit und Scham entgegenzuwirken. In diesem Fall müssen Sie sich nicht nur um diese Gefühle, sondern auch um sein unterdrücktes Bedürfnis nach Liebe und Anerkennung kümmern. Wenn es Scham empfindet, weil es sich schwach oder zu bedürftig fühlt, erklären Sie ihm, dass diese Gefühle verständlich und normal für jemanden in seiner Situation sind und dass Sie seine Fähigkeit bewundern, sich dazu zu bekennen.

Wie in Kapitel 2 erwähnt, kann es sehr schwierig sein, sich selbst bei Projektion zu ertappen. Wenn das Unschuldige diese Selbstschutzmaßnahme anwendet, werden Sie sie jedoch besser erkennen. Sie werden es Dinge über andere sagen hören, die beinahe absurd klingen. Eine aktive Imagination wird Sie vielleicht an eine Situation erinnern, in der das Unschuldige von einem anderen Kind besiegt wurde, sich dafür schämte und dann alle Spielsachen packte und davonlief. In Ihrer aktiven Imagination hören Sie es seinem Feind zurufen: „Mit dir spiele ich nicht mehr – du bist habgierig und rechthaberisch." Stammt dieser Vorwurf daher, dass es in letzter Zeit selbst habgierig und rechthaberisch gewesen war? Die Angst vor Niederlagen und beschämender Erniedrigung kann jeden von uns dazu bringen, auf diese Weise zu reagieren. Sie erkennen, dass das Unschuldige projiziert, wenn das, was ihm bei anderen so sehr missfällt, sehr gut auf es selbst zutreffen könnte. Aber Sie sollten ihm dabei helfen, diesen Fehler zu akzeptieren und sich weniger dafür zu schämen. Sagen Sie so etwas wie: „Wir sind alle hin und wieder habgierig", oder: „Dein Freund ist rechthaberisch, und du bist das manchmal auch. Aber ist das wirklich so schlimm?" Besonders hilfreich kann es sein, damit Erinnerungen an Personen zu verbinden, die in der Vergangenheit solche Gefühle als schlecht beurteilt haben oder die so kritisch waren, dass das Unschuldige verleugnen musste, irgendwelche Fehler zu haben, um einem strengen Urteil zu entgehen.

Betrachten Sie Ihre aktive Imagination

Es ist äußerst wichtig, eine aktive Imagination nicht zu vergessen wenn Sie sich wieder dem Alltag zuwenden. Denken Sie noch einmal darüber nach, was das Unschuldige gesagt hat, und planen Sie, was Sie nun tun wollen. Das Geschehen zu vergessen oder zu ignorieren könnte dazu führen, dass Ihre alten Abwehrmaßnahmen Sie an allem hindern, was ein weiteres Trauma mit sich bringen könnte, wie zum Beispiel eine neue Bindung zu jemandem einzugehen oder ein beherztes Auftreten.

Vielleicht sind Sie nach einer aktiven Imagination aufgewühlter als vorher – das kann daran liegen, dass Sie sich jetzt mehr mit dem Unschuldigen identifizieren. Dieses Gefühl ist möglicherweise vorübergehend nötig, um einen abgespaltenen Aspekt Ihres Selbst wieder zu integrieren. Sollte es andauern, wenden Sie sich an einen Therapeuten, der sich mit aktiver Imagination auskennt.

Vielleicht sind Sie auch damit unzufrieden, einen Dialog führen zu sollen. „Das ist doch alles Zeitverschwendung!“ Oder: „Das bilde ich mir alles nur ein!“ Solche Einwände sind eine Reaktion eines Teils Ihres Unbewussten – ein Widerstand, weil Sie abgespaltene Gefühle aus der Vergangenheit in Ihr Bewusstsein holen und sich davon, wie in der Vergangenheit, überwältigen lassen. Aber aktive Imagination ist keine Zeitverschwendung. Und ja, Sie oder ein Teil von Ihnen hat den Dialog erfunden, so wie ein Teil von Ihnen auch Ihre Träume erfindet. Aber kein anderer Mensch kann sich vorstellen oder träumen, was Sie im Kopf haben. Selbst wenn wir „etwas erfinden“, verrät das sehr viel über unser Innenleben.

Mit diesem Widerstand müssen Sie selbst zurechtkommen, aber wenn Sie begreifen, was dabei vor sich geht, wird Ihnen das helfen, diese negativen Gefühle zu ignorieren.

MIT DEM ERLERNTEN ARBEITEN

Vertiefen Sie Ihre Beziehung zu dem Unschuldigen

Wahrscheinlich haben Sie schon zu Beginn dieses Kapitels eine Beziehung zu Ihrem Unschuldigen aufgenommen. Falls nicht, fangen Sie jetzt damit an. Geben Sie Ihrem Unschuldigen einen Namen. Wenn Ihnen spontan kein Name einfällt, warten Sie eine Weile. Vergessen Sie nicht: Das Unschuldige kann männlich oder weiblich sein.

Stellen Sie sich eine Situation vor, in der Sie sich selbst unterbewerten, und laden Sie das Unschuldige ein, mit Ihnen darüber zu sprechen. Orientieren Sie sich dabei an den in diesem Kapitel beschriebenen Schritten. Wenn das Unschuldige jedoch etwas anderes im Sinn hat, konzentrieren Sie sich stattdessen darauf. Sie sollten ihm geben, was es braucht. Wenn es getröstet oder beruhigt werden möchte, gehen Sie darauf ein, auch wenn es bereits erwachsen ist.

Setzen Sie sich während der nächsten sieben Tage täglich mit dem Unschuldigen in Verbindung. Es muss nicht immer eine komplette aktive Imagination sein, aber sprechen Sie immer mit ihm, wenn Sie sich unglücklich oder deprimiert fühlen. Dabei wird es sich meistens um Situationen handeln, in denen Sie sich unterbewerten. Finden Sie heraus, was in ihm vorgeht. Das wird Sie hin und wieder wahrscheinlich überraschen. Rufen Sie sich ins Gedächtnis, dass das Unschuldige ein autonomer Teil von Ihnen ist und oft einen anderen Blickwinkel hat. Sie werden feststellen, dass es Gefühle, die Ihnen unbegründet oder unerklärlich erschienen, sofort sehr gut erklären kann.

KAPITEL 6
DER UMGANG MIT DEM INNEREN KRITIKER UND DEM BESCHÜTZER-VERFOLGER

Wir alle haben einen inneren Kritiker, und viele von uns haben ebenfalls einen Beschützer-Verfolger. Der innere Kritiker ist der Teil von uns, der ständig Kommentare zu unserem Äußeren, zu unseren Leistungen und zu unserem allgemeinen Wohlbefinden abgibt. Er – ich verwende das männliche Pronomen, aber der innere Kritiker kann auch weiblich sein – verstärkt das unterbewertete Selbst. Noch schlimmer, er ist auf Ranking fixiert. Aber der innere Kritiker hat in den vergangenen drei Millionen Jahren auch einige effektive Instinkte entwickelt, die Ihnen helfen, Ansehen in Ihrer Gruppe zu gewinnen, und das ist sehr wichtig. Er will Ihnen helfen und kann umtrainiert werden.

Der Beschützer-Verfolger hingegen will Ihnen nicht dabei helfen, in irgendeinem Bereich besser zurechtzukommen. Wenn Sie bereits sehr früh in Ihrem Leben ein Trauma erlebt haben, das sich später möglicherweise sogar wiederholt hat, will er, dass Sie sich verkriechen und nichts tun. Sein Ziel ist es zwar, Sie zu beschützen, aber er will Sie dabei vor dem Leben und seinen Gefahren fernhalten und, falls nötig, wird er Sie verfolgen, um sicherzustellen, dass Sie nie wieder traumatisiert werden.

WIE MAN DEN INNEREN KRITIKER UMTRAINIERT

Der innere Kritiker entwickelt sich in der Kindheit. Als Kind waren Sie viel weniger kompetent als die Erwachsenen, und das traf auch auf Ihren Kritiker zu. Trotzdem hielt ihn das nicht davon ab, Sie ständig anzustacheln, sich mehr zu bemühen, besser zu werden, so gut wie die

Erwachsenen. Der innere Kritiker kümmerte sich auch darum, dass Sie die von den Erwachsenen festgesetzten Regeln nicht verletzten. Aber wahrscheinlich hat er mit Ihrer Entwicklung nicht Schritt gehalten. Er ist zu konservativ für den Erwachsenen in Ihnen, der mehr Entscheidungsfreiheit braucht.

Ihr innerer Kritiker muss umgeschult werden, damit er Ihren heutigen Rang akzeptiert und nicht mehr so streng mit Ihnen umgeht. Er soll Sie nicht mehr beschimpfen und keine allgemeinen Kommentare von sich geben wie „Du bist wertlos." Oder: „Du solltest dich schnellstens ändern." Oder: „Du musst härter arbeiten, du Idiot."

Wie Sie die Stimme Ihres inneren Kritikers erkennen

Die folgende Checkliste wird Ihnen helfen, die wenig hilfreiche Stimme eines inneren Kritikers zu erkennen. Setzen Sie neben jeder Aussage, die so klingt, als würde sie von Ihrem eigenen inneren Kritiker stammen, ein Häkchen.

- Deine Arbeit ist fehlerhaft.
- Deine Manieren lassen mal wieder zu wünschen übrig.
- Etwas mehr Sorgfalt – du machst ständig Fehler.
- Wenn du das tust, was du im Augenblick vorhast, wirst du dich zum Narren machen.
- Du bist nicht gut genug angezogen.
- Es ist deine Schuld, dass sich dein Kind (Partner, Freund oder eine von Ihnen zu beaufsichtigende Person) nicht richtig verhält.
- Du bist nicht freundlich oder großzügig genug.
- Wenn du deine Familienangehörigen nicht öfter besuchst, werden sie dir das nicht verzeihen oder dich nicht mehr lieben.
- Wenn du das tust, wirst du jemanden verärgern.
- Du solltest viel härter arbeiten.

- Dafür bist du nicht klug genug.
- Du bist ein Feigling.

Wenn Ihr innerer Kritiker auch nur eine dieser Aussagen macht oder Ihnen Ähnliches vorwirft, ist es nicht gut, auf ihn zu hören. Je mehr Aussagen Sie angekreuzt haben, umso mehr behindert Ihr innerer Kritiker Sie.

Bringen Sie Ihrem inneren Kritiker bei, wie er mit Ihnen reden soll

Wenn Sie die Stimme Ihres inneren Kritikers identifiziert haben, können Sie in einen Dialog mit ihm treten, ähnlich, wie Sie es mit dem Unschuldigen bereits getan haben. (Schauen Sie sich dazu noch einmal die Schritte in Kapitel 5 zum Beginn einer aktiven Imagination an.) In diesem Fall ist Ihr Ziel jedoch nicht, einen abgespaltenen Teil von sich wieder zu integrieren, sondern einen Teil zu optimieren, der Ihnen nur allzu bewusst ist. Sie sollten die guten Absichten des inneren Kritikers anerkennen, aber auf bessere Methoden bestehen. Überlegen Sie, was Sie von einem guten Coach erwarten würden – keinen Tyrann, sondern jemanden, der an Ihrer Seite steht.

Insbesondere soll der innere Kritiker lernen, was Ihrer Meinung nach jeder in Ihrem Umfeld über richtiges Kritisieren lernen sollte.

- Er soll „Ich-Formulierungen“ verwenden, zum Beispiel so: „Wenn du dieses Lied nicht richtig singst, wirst du dich wahrscheinlich über dich selbst ärgern. Davor möchte ich dich beschützen.“ *Nicht* so: „Du wirst heute Abend total versagen.“
- Er soll zielgerichtete Vorschläge machen: „Ich würde mich besser fühlen, wenn du dieses Lied noch dreimal üben würdest.“ *Nicht*: „Du hast so schrecklich gesungen wie immer; wahrscheinlich gelingt dir das nie.“
- Er soll keine allgemeinen Aussagen machen, sich Ihnen gegenüber nicht abfällig äußern und Ihnen keine abfälligen Schimpfnamen

geben: „Du singst wie ein Amateur. Du bist neurotisch – je mehr du übst, desto schlechter wirst du.“

- Er soll sich bei der Bewertung Ihres Rangs genauer ausdrücken. „Du bist besser als die meisten Sänger, aber eben kein Profi wie Frank.“ (Das ist in Ordnung, denn Sie besitzen keine so gute Stimme wie er und haben auch nicht so viel Zeit zum Üben wie Frank.)
- Er soll zu jedem Kritikpunkt vier Anmerkungen darüber machen, was dennoch gut war. „Das erste und dritte Lied hast du gut gesungen. Deine Stimme ist in guter Form. Du hast einen großartigen Liedtext geschrieben. Dein neuer Stil gefällt mir. Nur der zweite Song klingt noch nicht ganz richtig.“

Myras innerer Kritiker

Myra erlernt das Arbeiten mit einem Computerprogramm zur Datenerfassung, aber ihr innerer Kritiker lenkt sie ständig ab. Zuerst begreift sie nicht, was passiert, und arbeitet einfach weiter, doch sie fühlt sich zunehmend schlechter. Dann erkennt sie, dass ihr Selbstbewusstsein abrutscht, und vermutet, dass ihr innerer Kritiker diesem Programm negativ gegenübersteht, also hält sie inne und führt folgenden Dialog:

MYRA: Du behauptest schon wieder, dass ich etwas nicht könne.

INNERER KRITIKER: Das ist doch nicht zu übersehen. Du arbeitest nun schon seit Stunden daran. Du bist zu alt für dieses neumodische Zeug. Außerdem war das noch nie dein Ding. Sie werden es bemerken. Wie sie dir schon bei deiner Leistungsbeurteilung gesagt haben, bist du nicht auf dem neusten Stand, und daran wird sich nie etwas ändern.

MYRA: Moment mal, das ist nicht sehr hilfreich. Was stört dich denn? Bitte antworte mit „Ich-Sätzen“.

INNERER KRITIKER: Oh, dieser Mist schon wieder. Okay, wenn du stundenlang auf diese Weise arbeitest und nicht vorankommst, bekomme ich Angst.

MYRA: Du hast Angst um mich. Du glaubst, dass ich mir zu viel zugetraut habe. Ich weiß es zu schätzen, dass du mir helfen willst. Aber nur weil das sehr anstrengend für mich ist, heißt das nicht, dass ich es nicht schaffen werde. Kannst du nichts Positives daran sehen?

INNERER KRITIKER: Also gut, du lernst etwas dabei. Du bleibst am Ball. Du hast nicht übertrieben, als du angegeben hast, was du bis morgen schaffen könntest. Und du klingst zumindest zuversichtlich, dass dir das gelingen wird, obwohl das ein Fehler sein könnte.

MYRA: Es wäre eine Hilfe, wenn du den letzten Kommentar streichen würdest. Was soll ich denn tun? Und antworte bitte konkret. (Geben Sie dem inneren Kritiker Zeit, um darüber nachzudenken.)

INNERER KRITIKER: Warum wendest du dich nicht an die Support-Hotline, die du über das Feld „Hilfe“ erreichen kannst?

MYRA: Das ist ein guter Vorschlag. Sehr hilfreich. Vielen Dank.

Myra hat sich so gut wie möglich mit ihrem inneren Kritiker verbunden. Sie hat ihm ihre Anerkennung und Empathie gezeigt, aber sich auch behauptet und deutlich gemacht, dass sie ranghöher ist.

Wenn sich Ihr innerer Kritiker nicht benehmen will

Geben Sie nicht auf, wenn Ihr innerer Kritiker sich nicht gleich bessert. Oft bedarf es dazu vieler Gespräche. Lassen Sie nicht locker, bleiben Sie konsequent dabei, ihn bei seinen Fehlern zu ertappen und zu korrigieren. Sie sollten ihn auch fragen, wie es ihm früher ging, etwa: „Seit wann machst du dir so große Sorgen um mich?“ Versuchen Sie herauszufinden, wem seine Stimme einer anderen aus Ihrer Vergangenheit gleicht – Ihrer Mutter, Ihrem Vater, Ihrem Lehrer in der zweiten Klasse,

Ihrem ersten Chef, Ihrem Exfreund? Wenn er wirklich besorgt um Sie ist, zeigen Sie ihm Ihr Mitgefühl. Aber bleiben Sie standhaft; die Zeiten haben sich geändert, und das erwarten Sie auch von ihm.

Myras relativ gut funktionierende Beziehung mit ihrem inneren Kritiker ist nicht über Nacht entstanden. Zuerst musste sie seine Stimme identifizieren und seine besondere Eigenart erkennen – er brachte sie dazu, dass sie sich viel zu viele Gedanken über Fehler machte und an ihren Fähigkeiten und ihrer grundsätzlichen Intelligenz zweifelte. Als sie begann, Dialoge mit ihm zu führen, kritisierte er sie sogar deswegen. „Du versuchst jeden neuen Selbsthilfetrick. Das ist dumm. Selbst wenn das bei anderen funktioniert ... bei dir nicht!“ Also musste Myra schon bald den folgenden Dialog mit ihm führen.

MYRA: Ich habe die Nase voll von dir. Verschwinde! Du ruinierst mein Leben.

INNERER KRITIKER: Das hast du schon selbst erledigt.

MYRA: Warum kritisierst du mich immer auf eine Weise, sodass ich an mir selbst zweifle? Gerade hast du es wieder getan.

INNERER KRITIKER: Ich versuche nur, dir zu helfen.

MYRA: Aber das ist keine Hilfe für mich.

INNERER KRITIKER: Ich mache mir eben Sorgen um dich.

MYRA: Sorgen um mich? Wann hat das angefangen?

INNERER KRITIKER: Ich nehme an, das habe ich von Mom gelernt. Sie hat sich immer Sorgen gemacht, ob du es schaffen wirst, allein in der Welt zurechtzukommen und finanziell unabhängig zu sein. Aber sie hat sich ja über alles Sorgen gemacht.

MYRA: Dann hast du also diese Angewohnheit praktisch schon mit der Muttermilch aufgenommen. Aber sie hat sich um mich gekümmert. Und mir Selbstvertrauen gegeben.

INNERER KRITIKER: Ach ja? Du gehörtest zu den Kindern, die als Letzte lesen lernten. Du warst nicht gut in Mathe. Und du konntest nicht auf das College deiner Wahl gehen.

MYRA: Das ist eine ziemlich lange Liste. Und du hast also beschlossen, mich noch weiter nach unten zu ziehen, anstatt mich aufzubauen? Warum sagst du mir nicht konkret, wie ich mich jetzt mache?

INNERER KRITIKER: Hm, na ja, ich erwarte schließlich auch von dir, dass du dich konkret ausdrückst ...

MYRA: Ja, und ich bin davon überzeugt, dass du sehr hilfreich sein könntest, wenn du dich konkret äußern würdest. Schau, ich weiß deinen Wunsch, mir zu helfen, sehr zu schätzen, aber versuch bitte, mich zu unterstützen. Du bist ein großartiger Coach.

INNERER KRITIKER: Findest du wirklich?

Was Myra getan hat:

- Sie hat zuerst Ihrem Ärger Luft gemacht, um die Aufmerksamkeit ihres inneren Kritikers zu erregen.
- Sie hat Argumente gebracht, die der innere Kritiker versteht.
- Sie hat sich mit der Vergangenheit verbunden – Mutters Sorgen.
- Sie hat das Gespräch mit einem Kompliment abgeschlossen.

WIE SIE DEN BESCHÜTZER-VERFOLGER ERKENNEN

Im vorherigen Beispiel reagierte Myras innerer Kritiker auf ihre Bestimmtheit und ihr Bemühen, sich mit ihm zu verbinden. Aber wenn er das nun nicht getan hätte? Wenn der innere Kritiker darauf bestanden hätte, die Oberhand zu behalten, sie weiter verspottet und ihre Selbstzweifel noch verstärkt hätte? In diesem Fall hätte sie es nicht mit ihrem inneren Kritiker, sondern mit ihrem Beschützer-Verfolger zu tun gehabt. Das ist ein Teil Ihres Selbst, von dem Sie vielleicht noch nie etwas gehört haben, aber wenn er aktiv ist, spielt er die größte Rolle beim Erhalt des unterbewerteten Selbst.

In Kapitel 3 haben Sie sich mit den Traumata Ihrer Vergangenheit beschäftigt und vielleicht auch zusätzliche Auswirkungen von Vorurteilen, Hochsensibilität und einem von Unsicherheit geprägten Bindungsmuster bei sich festgestellt. All das kann dazu beitragen, ein besonderes Verteidigungssystem zu aktivieren, das in Form des Beschützer-Verfolgers auftaucht. Er kann Sie an einem beschützenden Zufluchtsort der Fantasie oder Sucht festhalten oder, falls Sie versuchen, daraus zu entfliehen, Sie verfolgen, bis Sie aufgeben. Der Beschützer-Verfolger hat also zwei Gesichter, aber er verfolgt nur ein Ziel. Es handelt sich um eine tief liegende, frühkindliche Verteidigungsmethode.

Einige klinische Psychologen glauben mittlerweile, dass Menschen, die sich bei hervorragenden Fachkräften in Therapie befinden, von ihrem Beschützer-Verfolger abgehalten werden, sich nicht mehr selbst unterzubewerten – und das oft noch nach Jahren therapeutischer Behandlung.[1] Dieses neue Verständnis ist Teil der Untersuchungen, die sich darum drehen, die Auswirkungen von Traumata zu verstehen und zu klären.

Jeder hat einen inneren Kritiker, aber nicht jeder einen Beschützer-Verfolger. Im Gegensatz zu dem inneren Kritiker meint es der Beschützer-Verfolger nicht immer gut mit Ihnen. Der innere Kritiker kann lernen, gute Ratschläge zu geben, der Beschützer-Verfolger kann das nicht. Sie können mit Ihrem Kritiker einen Dialog aufnehmen, aber das sollten Sie nicht bei Ihrem Beschützer-Verfolger tun – außer Sie stellen eine ausdrückliche Veränderung bei ihm fest.

Ein umtrainierter Kritiker kann Ihnen tatsächlich dabei helfen, sich nicht mehr unterzubewerten. Er kann Ihnen zu einer realistischen Einschätzung Ihres Werts in Ranking-Situationen verhelfen. Er kann Ihnen auch abgewöhnen, Ranking dort zu sehen, wo es gar nicht vorhanden ist, und er kann Ihnen vor allem helfen, sich effektiver mit anderen zu verbinden. Der Beschützer-Verfolger will nicht, dass Sie irgendein Risiko eingehen, also braucht und ermutigt er Ihr unterbewertetes Selbst. So gestärkt, sorgt es dafür, dass Sie an Ihrer Fähigkeit zweifeln, die Dinge tun zu können, die der Beschützer-Verfolger für gefährlich hält.

Da die Anweisungen des Beschützer-Verfolgers aus Ihrem Unbewussten aufsteigen, nehmen Sie diese nur indirekt wahr. Um festzustellen, ob Sie einen Beschützer-Verfolger haben, überlegen Sie, ob folgende Aussagen auf Sie zutreffen:

- Sie sind sehr schüchtern und üblicherweise davon überzeugt, dass andere Sie ablehnen.
- Sie geraten immer wieder in private oder geschäftliche Beziehungen, in denen Sie missbraucht werden.
- Sie haben oft das Gefühl, dass ein Versuch sich gar nicht lohnt.
- Sie verpassen häufig wichtige Chancen, weil Sie es vergessen, zu spät kommen, sich verletzen oder plötzlich krank werden.
- Sie fühlen sich oft zu müde, um etwas zu erledigen, obwohl Sie sich ausreichend ausgeruht haben.
- Sie haben immer wiederkehrende Albträume, die viel schlimmer sind als die Erinnerung an ein Trauma.
- Sie schaffen es, ein Ziel zu erreichen oder ein paar Schritte in diese Richtung zu gehen, fühlen sich dann aber auf unerklärliche Weise viel schlechter oder haben bizarre Albträume.
- Ihre Fantasien nehmen einen Großteil Ihres Lebens ein.
- Sie leiden an einer Sucht oder einer Zwangsneurose, was Sie davon abhält, am gesellschaftlichen Leben teilzunehmen.
- Es mangelt Ihnen genau dann an Gefühlen, wenn sie eigentlich angebracht wären.

Wenn Sie ein schlimmes Trauma erlebt haben oder sich ein Trauma bereits sehr früh in Ihrem Leben ereignet hat, Sie außerdem in Ihrer Kindheit eine von Unsicherheit geprägte Bindung hatten oder fast Ihr ganzes Leben lang unter Vorurteilen leiden mussten, dann ist dieses angeborene Verteidigungssystem in Ihrem Inneren wahrscheinlich aktiv. Falls Sie darüber hinaus hochsensibel sind, ist es sehr wahrscheinlich, dass Sie einen Beschützer-Verfolger haben, denn dann sind Sie von einem Trauma noch stärker betroffen.[2]

Aus dem Dunkeln: Instinktive Lösungen

Der Beschützer-Verfolger und ein stark traumatisiertes Unschuldiges sind ein untrennbares Paar. Der Beschützer-Verfolger steigt aus den dunklen Tiefen der Psyche empor, wenn das Unschuldige durch ein Trauma so stark erschüttert und verletzt wurde, dass die üblichen Selbstschutzmaßnahmen nicht funktionieren. Das Kind ist zu jung, um diese zu ergreifen, und der Erwachsene ist zu betäubt dazu. In solchen hochdramatischen Situationen ist keine Hoffnung mehr vorhanden. Es ist unmöglich, eine der sechs Selbstschutzmaßnahmen gegen das Gefühl der absoluten Machtlosigkeit anzuwenden. Stattdessen tut sich ein tiefer schwarzer Abgrund auf, und Sie fallen endlos ins Dunkle, während sich Ihr Selbstbewusstsein in nichts auflöst.

Wenn jemand rechtzeitig zur Stelle ist und Ihnen hilft, das extreme Trauma aufzuhalten, schließt sich der Abgrund wieder. Anderenfalls ist es tatsächlich nicht in Worte zu fassen, welche Wirkung sich dann entfaltet, denn das gesamte Erlebnis wird nicht in das zugängliche verbale Gedächtnis aufgenommen. Dazu ist das Gehirn zu stark überstimuliert. Falls eine Erinnerung an das Trauma besteht, dann ist sie in zu bewältigende Portionen aufgeteilt, die separat aufbewahrt werden, um eie Übererregung zu verhindern – einige Teile werden von dem Erinnerungsspeicher abgetrennt, andere aufbewahrt, allerdings ohne die damit verbundenen Gefühle. Ohne Ihr Wissen wurde das Beschützer-Verfolger-System aktiviert, um alles zu verhindern, dass etwas wie dieses Trauma noch einmal geschehen kann.

Der Beschützer

Der Beschützer agiert wie ein Schutzengel. Er spinnt Sie in einen Kokon ein, um sie vor der Realität zu schützen. Wir alle haben solche Beschützer: unglückliche Kinder, die sich in eine Welt aus Büchern, Computerspielen oder Fantasien zurückziehen; Erwachsene, die sich in einem Zimmer einschließen, um dort den „großen amerikanischen Roman" zu schreiben, oder Basketballspieler, die hoffen, auf dem Spielfeld entdeckt zu werden. Andere haben hingegen den Eindruck, dass solche auf die eigene Person bezogenen fieberhaften Bemühungen an der Realität vorbeigehen – das Buch wird niemals veröffentlicht werden, der Amateur wird niemals zum Profi. Wir entdecken auch den Beschützer, wenn jemand einen Star oder eine andere angebetete Person verehrt und von ihr schwärmt, obwohl der glühende Verehrer seinen Angebeteten wahrscheinlich nie treffen wird. Und das ist dem Beschützer ganz recht, denn er will auf keinen Fall, dass er oder sie eine reale Beziehung beginnt.

Der Beschützer lockt eventuell auch mit einem Suchtmittel und kann sich hier sogar wie ein dämonischer Liebhaber gebärden. „Du möchtest Spaß haben? Kein Problem. Kaufen wir uns einen großen Becher Eis (eine Flasche Wodka) und machen uns einen schönen Abend." Ich habe schon einige Frauen kennengelernt, die sich aus einer schlechten Beziehung gelöst und in Therapie begeben hatten, dann aber so stark zunahmen, dass sie sich mit niemandem mehr verabreden wollten. Der Beschützer hatte sie fest in seiner Hand.

Der Unterschied zwischen fruchtbarer Kreativität oder Hoffnung und beschützender Fantasie besteht darin, dass diese Fantasie Sie von der realen Welt fernhält, anstatt Sie dort hineinzuführen. Die Scheinwelt des Beschützers kann sich unendlich weit ausdehnen, aber sie bringt Sie nirgendwohin und wird nicht von anderen Personen geteilt, denn das könnte das Trauma der Zurückweisung nach sich ziehen. Oder alles andere, was vermieden werden muss.

Der Verfolger

Wenn Sie an Ihrem Zufluchtsort unruhig werden und versuchen, ihn zu verlassen, dann greift der Verfolger ein. Sie bemerken, dass etwas nicht stimmt, weil Sie Ihre Pläne nicht durchführen können. Sie stellen fest, dass Sie ständig Dinge aufschieben. Sie bemerken auch, dass Sie zu viel trinken oder sich nicht aus einer Beziehung lösen können, in der Sie missbraucht werden. Ihr Zufluchtsort ist zum Gefängnis geworden. Sie hassen sich selbst. Der Verfolger tötet alle Hoffnung, Willenskraft, Selbstwertgefühl und alles andere, was das Unschuldige in Ihnen dazu ermutigen könnte, sich hervorzutrauen, und das Risiko, traumatisiert zu werden, einzugehen. Sobald Sie einen Schritt vorwärtsgehen, schlägt der Verfolger zu und tut alles, was in seiner Macht steht, um Ihnen das Interesse, die Energie, das Selbstvertrauen oder den Mut zu nehmen. Sie können noch so sehr an Ihrem inneren Kritiker und allem anderen arbeiten: Die Attacken auf Ihre Bemühungen, etwas zu ändern, bleiben bestehen.

Nehmen wir einmal an, Sie haben eine tolle neue Freundin. Leider verletzte sie Ihre Gefühle, indem sie Ihnen versprach, etwas für Sie zu erledigen, es aber dann vergaß. Dadurch sind für Sie enorme Kosten entstanden. Sie wissen, dass Sie zum Wohl der Freundschaft mit ihr darüber reden müssen, aber Sie haben Angst davor, das Thema zur Sprache zu bringen. Eine Stimme in Ihnen sagt Ihnen, dass Sie es tun sollten. Das könnte sogar Ihr innerer Kritiker sein, der der Meinung ist, dass Sie sonst ein Feigling wären. Aber Sie tun es nicht – Sie schaffen es einfach nicht. Wenn Sie es versuchen, kommt kein Ton aus Ihrer Kehle, und das verblüfft Sie.

Wenn Sie weiter versuchen, mit Ihrer Freundin darüber zu sprechen, hören Sie vielleicht die Stimme des Verfolgers: „Das ist nicht der richtige Zeitpunkt dafür." Wenn Sie weiter darauf bestehen, mit ihr zu reden, bekommen Sie vielleicht zu hören: „So wichtig ist das doch gar nicht." Wenn Ihre Freundin sich schließlich danach erkundigt, ob Sie ihr wegen dieser Sache böse seien, sagen Sie: „Nein, schon in Ordnung. Das macht mir nichts aus." Schon bald haben Sie genug von dieser Freundschaft, und sie verläuft im Sand.

Oder nehmen wir an, Sie wollen sich wieder verlieben. Sie versuchen, sich durch selbstbejahende Sätze zu motivieren, nehmen an einem Speed-dating teil und sprechen mit Ihren Freunden oder in der Therapie ständig über Liebe. Trotzdem sagen Sie mögliche Verabredungen ab: „Ich weiß noch nicht, ob ich heute Abend Zeit habe. Ich habe im Moment einfach viel zu viel zu tun." Oder Sie verabreden sich ein paarmal, stellen aber dann fest, dass Sie nicht den Richtigen getroffen haben. Das kommt immer wieder vor, und immer wieder durchkreuzt der Verfolger Ihre Pläne.

Paradoxerweise hält Sie der Verfolger in einer Missbrauchsbeziehung fest, sowohl im privaten wie auch im beruflichen Bereich. Er kann auf frappierende Weise Situationen nachbilden, in denen Sie missbraucht wurden. Manche Leute behaupten, dass wir in solchen Beziehungen verharren, weil wir nicht verhindern könnten, die gleichen Fehler immer wieder zu machen. Aber warum? Normalerweise lernen wir aus unseren Fehlern. Der eigentliche Grund dafür ist meist, dass der Beschützer-Verfolger es für Sie als sicherer erachtet, dass Sie mit einer bereits bekannten Gefahr konfrontiert sind, die Ihr unterbewertetes Selbst am Leben erhält, als dass Sie sich einer Hoffnung hingeben und dann möglicherweise einen Verlust erleiden oder Verrat erfahren – nach dem Motto „Beim letzten Mal warst du völlig am Boden, also passiert uns das nie wieder".

Der Verfolger kann auch schwer zu bewältigende Depressionen und selbstzerstörerische Handlungen verursachen. In extremen Fällen schlägt er sogar Selbstmord als „Lösung" vor. Er scheint den Tod einem Trauma vorzuziehen, wie viele tragische Abschiedsbriefe von Selbstmördern bestätigen. Ich habe einige Patienten, die keine Ahnung davon hatten, dass sich eine so todbringende Stimme in ihnen befindet, bis sie den Verfolger während einer aktiven Imagination in meiner Praxis hörten. Plötzlich sagte eine Stimme in ihnen: „Es wäre besser, du würdest sterben." Oder: „Du bist so wertlos, du solltest dich umbringen."

Wie der Beschützer-Verfolger Ihre Linking-Versuche attackiert

Der Beschützer-Verfolger, entweder als Einheit oder in einer seiner zwei Formen, versucht, jede von Ihnen angestrebte Bindung zu verhindern. Das betrifft sowohl äußere Beziehungen zu Freunden wie auch innere Verbindungen, die eine von ihm gewünschte Dissoziation beenden könnten. Nun wissen Sie, warum Sie mit Ihren Versuchen, einen Dialog mit dem Unschuldigen zu führen, oft auf unerklärlichen Widerstand stoßen.

Emotionen, Erinnerungen, Gedanken oder Verhaltensweisen und die jeweilige körperliche Verfassung, die mit einem Trauma verbunden sind, können alle voneinander abgespalten werden. Erinnerungen werden unterdrückt und im wahrsten Sinne des Wortes vom Bewusstsein getrennt. Oder Ihre Gefühle werden nicht mit gegenwärtigen Erinnerungen oder Ereignissen verknüpft. Sie fühlen sich wie betäubt, haben keine Emotionen mehr oder sind sich einiger Gefühle bewusst, die plötzlich und scheinbar grundlos in Ihnen aufsteigen. Wenn Ihr Körper von Ihren Erinnerungen abgetrennt ist, erinnern Sie sich zwar an das das Trauma verursachende Ereignis, aber Sie haben keine Ahnung, was währenddessen mit Ihrem Körper geschehen ist. Ihr Körper ist möglicherweise noch von Ihren Gedanken abgespalten, mit dem Ergebnis, dass Sie sich seiner Bedürfnisse nicht bewusst sind. Oder Ihr Körper ist nicht mit Ihren Handlungen verbunden, Sie fühlen sich unwirklich und losgelöst von ihm, während Sie versuchen, Ihren Tagesablauf zu meistern.

Dissoziation kann auch Ihr Handeln beeinflussen. Sie tun Dinge, die keinen Sinn ergeben oder selbstzerstörerisch sind, weil Ihr Verhalten nicht mit den realen Gründen gekoppelt ist. Möglicherweise leiden Sie an einer stressbedingten Erkrankung, weil Erinnerungen, Gefühle oder Gedanken, die tief in der Psyche sitzen, sich über den Körper äußern. Oder Sie werden von Albträumen geplagt, die scheinbar nichts mit den aktuellen Geschehnissen in Ihrem Leben zu tun haben.

Der Beschützer-Verfolger lässt jedes Linking nach außen als Ranking erscheinen und vermittelt Ihnen dabei gern, dass Sie der Unterlegene sind. Manchmal gibt er Ihnen jedoch auch das Gefühl, der Überlegene zu sein – „Er ist nicht gut genug für mich“ –, falls das dazu beiträgt, Sie an einer realen, engen und langlebigen Beziehung zu hindern. Der

Beschützer-Verfolger erlaubt Ihnen vielleicht eine eingeschränkte Bindung zu jemandem, der Sie mag, indem er ein falsches Selbst schafft, das sich an Ihre Umgebung anpasst. Dabei spüren Sie jedoch, dass Sie nicht wirklich mit sich verbunden und auch nicht authentisch sind.

Ein Mann mit einem starken Beschützer-Verfolger erzählte mir, dass er sich in Gesellschaft eines jeden Menschen unwohl fühlt, der ihn freundlich behandelt, weil es in einer solchen Beziehung zu viel zu verlieren gebe. Mit Menschen, die ihm mit Wärme und Respekt begegnen, hält er nur oberflächlichen Kontakt und „vergisst" oft, sich bei ihnen zu melden, bis sie ihn schließlich in Ruhe lassen. Stattdessen hat er immer wieder Freunde, die ihn kontrollieren oder verraten, und Chefs, die ihn nicht befördern. Er wurde in der Burg seines Hexenmeisters festgehalten.

Das Märchen von Rapunzel und ihrem Beschützer-Verfolger

Das Märchen „Rapunzel" beschreibt ausgezeichnet die Beziehung zwischen dem Unschuldigen und dem Beschützer-Verfolger. In der Geschichte will die Hexe ihre Tochter Rapunzel vor allem Übel der Welt beschützen, indem sie sie ihr ganzes Leben lang in einen Turm einsperrt. Aber das Mädchen kann aus einem Fenster schauen. Sie wird erwachsen und entdeckt schließlich einen Prinzen. Rapunzel benutzt ihr langes, nie geschnittenes Haar (ihre natürliche Entwicklung und ihr Talent), um den Prinzen zu sich heraufzuholen; ihr Haar wird ihre Verbindung zur Außenwelt.

Aber die Hexe entdeckt Rapunzels Sehnsucht und wird prompt zur Verfolgerin ihrer Tochter. Sie schneidet Rapunzel das Haar ab, zerstört damit symbolisch deren Verbindung zur Außenwelt und bringt das Mädchen in die Wüste, wo es Zwillinge zur Welt bringt. Dann verwendet die Hexe Rapunzels Haar, um den Prinzen ein letztes Mal nach oben in den Turm zu locken. Als der Prinz der Hexe gegenübersteht, ist er so verzweifelt, dass er sich vom Turm stürzt, in einen Dornbusch fällt und durch die Dornen sein Augenlicht verliert.

Er wandert viele Jahre umher, bis er plötzlich Rapunzels Weinen in der Wildnis hört. Als sie sich endlich wieder in den Armen halten, benetzen ihre Tränen seine Augen und heilen sie. Die wiedervereinigte Familie lebt glücklich bis ans Ende ihrer Tage. Dieses Märchen zeigt uns auf symbolische Weise, dass Linking schließlich siegte, obwohl die Hexe versuchte, die natürliche Anziehung zwischen einem jungen Mann und einer jungen Frau zu verhindern, zwischen einem Kopf und dessen Haar, zwischen einem Vater und seinen Kindern und zwischen den Augen des Vaters und dem, was er sich so sehr zu sehen wünschte.

Kurts Beschützer-Verfolger

Kurt war ein sehr erfolgreicher Spezialist im Bereich Computersicherheit. Von außen gesehen wirkte er gut angepasst und war mit seinen 31 Jahren eine richtig gute Partie. Aber in seinem Inneren sah es ganz anders aus. Kurts Eltern hatten sich scheiden lassen, als er noch ein kleines Kind war. Sein noch junger Vater war ein Tageshändler – und ein zwanghafter Spieler, der das Haus, das Auto und das Erbe seiner Frau verspielte. Seine Mutter hatte all das zugelassen, bis sie schließlich nach Hause zu ihren wohlhabenden, aber alkoholsüchtigen Eltern zurückgekehrt war und ihnen Kurts Erziehung überlassen hatte.

Kurts Großvater, ein ehemaliger Marinesoldat, übernahm mit Freuden die Erziehung seines Enkels. Er glaubte an Strafmaßnahmen, wie man sie bei Kriegsgefangenen zuteilwerden ließ. (Er war selbst in Vietnam gefangen genommen worden.) Seiner Ansicht nach musste Kurt abgehärtet werden, damit er kein Versager wie sein Vater wurde. Also wurde Kurt zur Strafe ohne Essen und Wasser in einen Wandschrank gesperrt und mitten in der Nacht an einem fremden Ort ausgesetzt, von wo er den Weg nach Hause finden sollte. Er lebte in ständiger Angst vor seinem Großvater und zog sich so oft wie möglich in sein Zimmer an seinen Computer zurück. Später entdeckte er Marihuana für sich. Kurts Beschützer hatte die Sache übernommen.

Mit der Zustimmung seines Großvaters zog Kurt mit 15Jahren aus. „Das wird ihn abhärten.“ Seine Mutter hatte einen neuen Freund und schien ihm keine Träne nachzuweinen. Dank seines Computertalents fand er rasch Arbeit, aber er hasste seinen Job. Wenn er allein in seiner Wohnung saß, spielte er Videospiele und Online-Poker. Er wollte beim Poker genug gewinnen, um sich frühzeitig zur Ruhe setzen zu können. Sein Beschützer schirmte ihn weiterhin ab, indem er einen Kokon um ihn spann, in dem er sich sicher fühlte.

Doch in seinen Albträumen tauchte nun der Verfolger auf. Kurt wurde von einem dunklen Lord gefoltert, von Außerirdischen entführt oder in einen Zombie verwandelt. Tatsächlich fühlte Kurt sich wie ein Zombie. Er hatte ein paar gleichgesinnte Freunde, aber sein Leben machte ihm keinen Spaß. Wie Rapunzel war er es leid, auf eine Weise beschützt zu werden, die ihn von der Welt fernhielt. Alles schien sich nur darum zu drehen, überleben zu können, und gewinnen konnte man nur, wenn man sehr reich war. Und dann lernte Kurt Catherine kennen und verliebte sich in sie.

Catherine fühlte sich sehr zu Kurt hingezogen, aber sie wollte keine feste Beziehung mit ihm eingehen, solange er nicht aufhörte, Marihuana zu rauchen und Poker zu spielen. Außerdem wollte sie, dass er sich wegen seiner Albträume in Therapie begab. So lernte ich Kurt kennen. Er wollte seine wunderbare Freundin nicht verlieren, aber es fiel ihm schwer, seine Süchte aufzugeben. Bevor wir uns diesen widmeten, kümmerten wir uns um Kurts unterbewertetes Selbst, denn mir war klar, dass er sich bei diesen Kindheitserlebnissen mit Sicherheit abwertete.

Zögernd versuchte er eine aktive Imagination mit dem kleinen Jungen in ihm, die ihn zu seinem Erstaunen zum Weinen brachte. Danach war sein Widerstand sehr groß. Aber er erzählte mir von seinen Albträumen, die uns seinen Beschützer-Verfolger offenbarte. Als Kurt begann, sich auf Catherines Fehler zu konzentrieren, wurde ihm klar, dass sein Verfolger nun, da sich eine tatsächliche Beziehung anbahnte, zu richtig gemeinen Mitteln griff.

Nach und nach löste sich Kurt von seinen süchtig machenden Angewohnheiten. Er begriff, wie sehr er den Schutz des Marihuanas und die Fantasien, ein Pokergewinner und Multimillionär zu werden, gebraucht hatte. Seine Bemühungen, das aufzugeben, hatte den Verfolger ins Spiel gebracht. Aber nun verstand er, wie das alles funktionierte. Er erkannte, dass er in Wahrheit eine schreckliche Strafe fürchtete, so schlimm wie das Eingesperrtsein in einem Schrank, wenn er nicht die starke und erfolgreiche Person war, die sein Großvater erwartet hatte. Er spürte auch seine Angst davor, wieder absolut machtlos zu sein, so wie als Kind, als er seinem Großvater nicht entkommen und seine Mutter nicht daran hindern konnte, ihn zu verlassen. Dank dieser Erkenntnisse gelang es ihm, seine aktive Imagination mit dem kleinen Jungen wieder aufzunehmen. Von nun an machte er große Fortschritte, vor allem weil Catherine ihn sehr unterstützte und ihm eine sichere Bindung bot, wie er sie vorher nie erfahren hatte.

Das Bindungstrauma und der Beschützer-Verfolger

Ein Beschützer-Verfolger, der aus einer von Unsicherheit geprägten Beziehung entsteht, ist oft besonders streng. In solchen Fällen ersetzt der Beschützer oft die fehlende mütterliche oder väterliche Zuwendung mit einer Sucht wie Rauchen, Alkohol oder Ähnlichem. Oder er erzeugt eine Vision von perfekter Liebe, der Liebe, die das Kind nie erhalten hat. Er ermutigt das unerträgliche Sehnen und Verlangen, während er die Dinge im Leben, die diese Sehnsucht zum Teil stillen könnten, unterminiert oder herabsetzt. Er behauptet, sie seien nicht genug oder nicht real, nur Lügen oder Illusionen, die auf Dauer nicht funktionieren würden.

Trotzdem ist es immer wieder Liebe oder die Vorstellung davon, die uns hervorlockt. Schließlich ist die Sehnsucht nach Liebe und einer sicheren Bindung in uns allen verankert und vollkommen natürlich. Auch Rapunzel ließ sich durch die Aussicht auf Liebe locken, und bei Kurt verhielt es sich ebenso. Sie erkennen die Möglichkeit einer Bindung und denken sich: „Dieser wunderbare Mensch spricht von Liebe. Andere an meiner Stelle würden diese Liebe erwidern und eine glückliche Beziehung führen. Warum kann ich das nicht?" Besiegt Liebe nicht alles? Schon, aber nur, wenn Sie in der Lage sind, damit den Beschützer-Verfolger zu bekämpfen.

Ein Bindungstrauma hängt oft mit einer unerträglichen Trennung zusammen, wie zum Beispiel mit der Scheidung der Eltern oder dem Tod eines Elternteils. Daher schließt der Beschützer-Verfolger Liebe aus – sie könnte das Risiko eines weiteren Verlusts mit sich bringen. Er meint, dass Sie das nicht ertragen könnten, genauso wie Sie das bereits Geschehene nicht ertrugen. Solange Sie nicht Ihre eigenen Antworten für diese Szenarien gefunden haben, ist es unmöglich, den Beschützer-Verfolger davon zu überzeugen, dass Sie einen Verlust im wahrsten Sinne des Wortes überleben würden, dass weder Ihre Seele noch Ihr Körper daran zugrunde gehen würden. Daran müssen Sie arbeiten. Vielleicht realisieren Sie bald, dass es immer andere geben wird, mit denen Sie sich in Liebe verbinden können. Manchmal findet man die Antworten nur im spirituellen Bereich. Und es gibt eine gute Nachricht: Während Sie versuchen zu akzeptieren, dass alle Beziehungen irgendwann einmal enden, bereiten Sie sich viel besser auf einen Verlust vor als andere, die sich aufgrund einer guten Kindheit sicher fühlen.

Außer vor Verlust werden Sie noch von zwei weiteren Bindungstraumata „beschützt": Verrat und Missbrauch. Wie bereits gesagt, hat ein Kind in einer unsicheren Beziehung das Gefühl, dass seine Mutter oder sein Vater die ganze Macht besitzt und sie ohne Liebe ausübt. Das kann sich zu einem schweren Trauma entwickeln. Als Folge erwarten wir weiteren Verrat und Missbrauch in unserem Erwachsenenleben.

Der Beschützer-Verfolger macht sich die Tatsache zunutze, dass wir die Gedanken unserer Mitmenschen nicht lesen können, daher nie genau wissen, welche Person es ehrlich mit uns meint, wenn sie von Liebe spricht, und wer nur versucht, uns zu betrügen. Wir müssen alle vom Besten ausgehen und annehmen, dass Menschen, die uns ihre Liebe beteuern, es ernst meinen. Aber der Beschützer-Verfolger versucht, Sie dazu zu bringen, immer mit dem Schlimmsten zu rechnen. Die einzige Lösung besteht in dem Versuch, die Liebe, die freundlichen Worte und Taten eines anderen anzunehmen.

Wenn der Beschützer-Verfolger Sie davon abhält, mit jemandem, den Sie lieben, eine intime Beziehung einzugehen, dann geben Sie nicht auf. Sich einer Liebesbeziehung zu öffnen ist wahrscheinlich eine der größten Herausforderungen für einen Menschen mit einer problematischen Vergangenheit, und selbst ein Teilsieg muss als Triumph angesehen werden. Außerdem kann das unterbewertete Selbst ohne die Freiheit zu lieben nicht geheilt werden. Nur Linking und Liebe befreien Sie von Ranking und Unterbewertung.

Wie Sie sich von Ihrem Beschützer-Verfolger befreien

Allein die Tatsache, dass Sie von Ihrem Beschützer-Verfolger wissen, lockert seine Kontrolle über Sie. Es ist eine Erleichterung, wenn Sie begreifen, dass all Ihre fehlgeschlagenen Versuche, sich zu ändern, Ihre unerbittliche Selbstkritik und Ihre Beschäftigung mit Ranking das Ergebnis dieser psychologischen Verteidigungsmaßnahme sind. Diese Erkenntnis ist auf jeden Fall besser, als sich einzubilden, Sie seien eben selbstzerstörerisch veranlagt. Der erste Schritt, sich ein wenig von diesem Verteidigungssystem zu lösen, besteht darin, es genau zu beobachten und zu analysieren.

Beim zweiten Schritt brechen Sie die Regeln des Beschützer-Verfolgers, so wie Rapunzel die Regeln ihrer Mutter gebrochen hat. Mit dem dritten Schritt verbinden Sie sich mit anderen und Ihren eigenen Gefühlen, ebenso wie Rapunzel. Im vierten Schritt nutzen Sie die Informationen, die Sie durch Ihre Träume erhalten. Ihre Träume werden Ihnen verraten, was Ihr Beschützer-Verfolger vorhat, und Ihnen Hinweise darauf geben, was Sie als Nächstes tun sollen.

Wenn Sie die für den ersten Schritt nötige Distanz nicht herstellen und sich nicht abgetrennt von diesem Verteidigungssystem sehen können oder wenn sich Ihre selbstzerstörerischen Verhaltensweisen nicht ändern, obwohl Sie jetzt den Grund dafür kennen, dann ist es an der Zeit, einen Therapeuten aufzusuchen. Auch wenn Sie das Gefühl haben, jemand „von außerhalb“, wie zum Beispiel eine Stimme, verleitet Sie zur Selbstzerstörung, *müssen* Sie unbedingt mit einem Therapeuten sprechen, bevor Sie sich dem nächsten Ratschlag in diesem Kapitel widmen.

Beobachten Sie den Beschützer-Verfolger

Nehmen Sie noch einmal die Liste mit den Anzeichen in die Hand, die darauf hindeuten, dass Sie einen Beschützer-Verfolger haben, und gehen Sie jeden einzelnen Punkt durch. Denken Sie auch darüber nach, wie Ihr Beschützer-Verfolgers zu Ihnen spricht.

Beachten Sie dabei vor allem Ihre Beziehungen zu anderen Personen. Der Beschützer-Verfolger unterstützt immer die Verteidigungsmaßnahmen, die mit von Unsicherheit geprägten Bindungen verknüpft sind. Wenn Sie ängstlich-unsicher sind, träumen Sie wahrscheinlich von einem idealen Partner und fühlen sich unterlegen und verunsichert, wenn Sie von jemandem geliebt werden. Wenn Sie zu dem vermeidend-unsicheren Typ gehören, ziehen Sie sich wahrscheinlich sofort zurück, wenn eine Beziehung intimer wird. Oder Sie vermissen die Person, sobald sie sich von Ihnen entfernt, vertreiben sie aber mit Ihrem gereizten oder in sich gekehrten Verhalten, wenn sie bei Ihnen ist.

Gehen Sie davon aus, dass der Beschützer-Verfolger manche Dinge aufgrund Ihrer Bindungsscheu in bestimmten Momenten verzerrt darstellt. Es kann sich dabei um folgende Situationen handeln:

- Wenn Sie ständig anderen gegenüber extrem kritisch sind, das Interesse verlieren oder darüber nachdenken, die Beziehung zu beenden, vor allem, nachdem etwas Gutes zwischen Ihnen geschehen ist.
- Wenn Sie eine Beziehung so sehr idealisiert haben, dass Sie alles als enttäuschenden Misserfolg sehen, falls irgendetwas falsch läuft.
- Wenn Sie einer anderen Person misstrauen, das aber nicht überprüfen und auch kein klärendes Gespräch suchen.
- Wenn Sie wütend oder niedergeschlagen sind, weil der andere nicht ständig mit Ihnen zusammen sein will.
- Wenn Sie geringschätzig auf Ihren Partner herabschauen, weil er öfter mit Ihnen zusammen sein will, als Sie ihm das gewähren.
- Wenn Sie schon bei dem kleinsten Konflikt beschließen, dass jetzt alles vorbei ist.
- Wenn Sie sich pausenlos sorgen, dass einer von Ihnen zu abhängig, zu schwach oder zu bedürftig ist.
- Wenn Sie ständig darüber nachdenken, dass der andere Sie verlassen könnte, Sie vielleicht nicht mag oder bald sterben wird.
- Wenn Sie nicht den geringsten Fehler an dem anderen entdecken können, so als sei er ein Gott.

Es ist schmerzhaft zu sehen, was der Beschützer-Verfolger anrichten kann, aber es ist besser, wenn Sie ihn als Teil eines Abwehrsystems begreifen, als wenn Sie sich selbst als Verlierer betrachten.

Brechen Sie die Regeln

Um die Regeln des Beschützer-Verfolgers zu brechen, müssen Sie sie kennen. Die Traumata, die Sie in Kapitel 3 erkannt haben, geben oft die speziellen unbewussten Regeln vor, die Sie befolgen. Einige der häufigsten finden Sie nachfolgend. Lesen Sie sich die Aufstellung durch und kreuzen Sie die Regeln an, die Sie bei sich wiedererkennen. Dann erstellen Sie eine Liste zusätzlicher Regeln von Ihrem Beschützer-Verfolger, die Sie ebenfalls befolgen.

- *Keine Intimität.* Stellen Sie niemals persönliche Fragen oder beantworten solche; ignorieren Sie es, wenn sich Ihnen jemand öffnet; verhalten Sie sich respektlos und unhöflich; gehen Sie weg, falls Ihnen jemand näherkommen möchte.
- *Keine Diskussionen.* Seien Sie immer nett; beenden Sie Beziehungen, sobald ein Konflikt entsteht oder die andere Person verärgert ist; gehen Sie Streit aus dem Weg.
- *Keine Weiterentwicklung.* Lehnen Sie neue Möglichkeiten oder Angebote ab; streben Sie keine höhere Position an; stellen Sie sich dumm, damit niemand an Sie denkt, wenn sich eine Gelegenheit auftut weiterzukommen.
- *Keine festen Beziehungen oder Heirat.* Verschieben Sie Verabredungen; kümmern Sie sich nicht um Ihr Äußeres; bleiben Sie bei Schwärmereien oder Fantasien; halten Sie an einer Beziehung zu jemandem fest, den Sie niemals heiraten werden; fangen Sie Affären mit verheirateten Personen an; geben Sie sich ewig jung wie ein immer zum Flirten aufgelegter Junggeselle oder wie ein Partygirl, obwohl die Zeit dafür längst vorbei ist.
- *Keine starken Gefühle.* Verlieren Sie nie die Kontrolle; weinen Sie nicht; zeigen Sie keinen Zorn; bleiben Sie immer kühl.
- *Kein Sex oder zumindest nicht mit Genuss.* Verzichten Sie auf Sex; betrachten Sie Sex als mechanische Angelegenheit; fühlen Sie sich von Sex nicht angezogen; beruhigen Sie sich mit Sex, ohne Gefühle dabei zu empfinden.
- *Glauben Sie niemandem, der behauptet, Zuneigung für Sie zu empfinden.* Lehnen Sie Komplimente oder Liebesbezeugungen ab; gehen Sie davon aus, dass diese nicht echt sind.

- *Bitten Sie nicht um Hilfe.* Seien Sie misstrauisch, ziehen Sie sich zurück; beklagen Sie sich nicht.
- *Keine Aufrichtigkeit.* Sagen Sie einfach nur, was andere von Ihnen hören wollen. Seien Sie vorsichtig, vor allem wenn Sie aufgefordert werden, „nur Sie selbst zu sein“.
- *Keine Hoffnung.* Erwarten Sie keine Hilfe; glauben Sie nicht, dass sich irgendetwas verbessern wird; glauben Sie nichts und niemandem.
- *Setzen Sie sich nicht zur Wehr.* Lassen Sie die anderen sagen, was sie wollen; verursachen Sie keinen Ärger; erwarten Sie keine Gerechtigkeit oder Fairness auf dieser Welt.
- *Kein Vertrauen.* Lassen Sie sich nicht hinters Licht führen; niemand ist wirklich an Ihnen interessiert.

Mit dieser Liste der Regeln, die Ihr Beschützer-Verfolger Ihnen aufgezwungen hat, können Sie beginnen, sich davon zu befreien. Es ist sehr wichtig, dass Sie sich nicht entmutigen lassen, wenn es Ihnen nicht auf Anhieb gelingt, eine Regel zu brechen, oder wenn es Ihnen so vorkommt, als würden Sie immer zwei Schritte vorwärts und einen zurück gehen. Die Abwehr des Beschützer-Verfolgers ist stark. Schlimmer noch – er wird Sie dazu bringen zu glauben, dass Ihre Bemühungen wirkungslos sind, sobald sie anfangen zu funktionieren.

Um sich gegen diese Sabotage des Beschützer-Verfolgers zu schützen, sollten Sie versuchen, Zorn auf ihn zu entwickeln. Wenn Ihnen das nicht gelingt, bleiben Sie zumindest hartnäckig. Achten Sie vor allem auf mögliche Angriffe des Beschützer-Verfolgers in Bezug auf Ihr Interesse für dieses Buch und die damit verbundenen Aufgaben wie zum Beispiel den Dialog mit dem Unschuldigen. Ohne Zweifel würde der Beschützer-Verfolger dieses Buch gern auf die Liste der verbotenen Dinge setzen. Tatsächlich verlor eine Frau, die eine frühere Version des Manuskripts für dieses Buch las und gerade bei diesem Kapitel über den Beschützer-Verfolger angekommen war, plötzlich das Manuskript.

Da sie allein lebte, war ihr klar, dass sie es verlegt haben musste. Es tauchte schließlich unter einem Papierstapel in einem von ihr nur selten benützten Regal wieder auf. Sie konnte sich nicht daran erinnern, es dort hingelegt zu haben.

Verbindung. Wie ein Terrorist, der Bahngleise, Telefonleitungen, Straßen oder andere Dinge zerstört, die Menschen miteinander verbinden, versucht auch der Beschützer-Verfolger, Ihre Verbindungen anzugreifen und sie funktionsunfähig zu machen. Sie müssen also diese Verbindungen immer wieder aufs Neue aufbauen und erhalten. Wenn der Beschützer-Verfolger begreift, dass Sie nicht aufgeben, wird er sich schließlich zu Verhandlungen bereit erklären. Es wird immer wieder Angriffe geben, aber von Mal zu Mal werden Sie die Situation besser unter Kontrolle haben.

Äußere Verbindungen. Ohne die Hilfe von mindestens einer Person, die die Absurdität dieser Regeln erkennt und Sie dabei unterstützt, sie zu brechen, ist es fast unmöglich, sich dem Beschützer-Verfolger erfolgreich zu widersetzen. Aber das Abwehrsystem möchte nicht, dass Sie Verbündete haben. Eine der oft vom Beschützer-Verfolger erteilten Regeln lautet, dass wir nicht daran glauben sollen, wenn jemand uns seine Liebe gesteht. Auch wenn Ihnen eine Person immer wieder beteuert, dass sie Sie liebt, fällt es Ihnen schwer, das anzunehmen. Das kann für beide Seiten sehr frustrierend sein. Machen Sie diesen Menschen klar, dass sie Ihnen am besten helfen, wenn sie konsequent für Sie da sind, auch wenn Sie sich nicht immer perfekt verhalten.

Es hilft auch, sich mit einer Person zu verbinden, die Ihrem Unschuldigen zusätzliche Sicherheit geben kann. Das kann ein Therapeut sein, aber auch ein Mensch, der Sie liebt. Aber vergessen Sie dabei nicht, dass der Beschützer-Verfolger die Geduld einer Person auf eine harte Probe stellen kann und dass das Unschuldige dann sehr viel Bestätigung braucht. Oft kann ein Therapeut besser damit umgehen und dem Unschuldigen einen stabilen, sicheren Ort bieten. Aber jemand, der versteht, was da vor sich geht, kann auch sehr hilfreich sein.

Erstellen Sie eine Liste der Personen, die Ihnen helfen könnten oder bereits geholfen haben, die Regeln zu brechen. Verbringen Sie mehr Zeit mit ihnen. Wenn Sie das Gefühl haben, dass es hilfreich wäre und dass diese Personen dafür Verständnis aufbringen, dann erzählen Sie ihnen von Ihrem Beschützer-Verfolger. Sie können ihnen dieses Kapitel oder das ganze Buch zu lesen geben. Falls Sie einen Lebenspartner haben, machen Sie ihn zu Ihrem Verbündeten. Wenn er sieht, wie sich der Beschützer-Verfolger einmischt und versucht, Ihre Bindung zu zerstören, wird das Ihrer Beziehung helfen.

Innere Verbindungen. Sie müssen auch Ihre inneren Verbindungen zwischen Ihren Gedanken, Gefühlen, körperlichen Empfindungen, Erinnerungen und Ihren gegenwärtigen Handlungen, die mit der Vergangenheit verbunden sind, wiederherstellen. Versuchen Sie, sich an alles zu erinnern und alles zu spüren. Seien Sie achtsam, sodass Sie die Verbindungen wahrnehmen. Akzeptieren Sie, dass die von Ihnen abgespaltenen Gefühle immer noch vorhanden sind. Hier geht es meist um einfache Empfindungen wie Angst, Wut, Traurigkeit und Hoffnungslosigkeit. Schwieriger ist es, die scheinbar grundlos und plötzlich auftauchenden Emotionen mit dem Trauma zu verbinden, durch das sie aus Ihrem Bewusstsein verdrängt wurden. Manchmal können Sie nur raten, weil Sie nicht viel darüber wissen. Hin und wieder werden Sie zwar genau wissen, was geschehen ist, aber trotzdem Probleme haben, Ihre emotionale Reaktion einzuordnen. Zum Beispiel haben mir schon viele Patienten, die an Depressionen oder Angststörungen litten, ganz beiläufig erzählt, dass sie als Kind sexuell missbraucht wurden; sie erkannten jedoch nicht den Zusammenhang.

Sie müssen lernen, nach verschütteten Emotionen in Ihrem Körper zu suchen, denn starke Gefühle drücken sich durch den Körper aus. Möglicherweise tun sie das bereits in Form von Ausschlag, Kopfschmerzen, Muskelverspannungen oder Abgeschlagenheit. Sie können sich in Ihren Augen als Tränen zeigen, in Ihrer Kehle als Schreie, in Ihren geballten Fäusten, in Ihrem Herzen, das sich anfühlt wie ein schwerer schwarzer Stein, oder in Ihrem Magen, der sich zusammenkrampft. Untersuchen Sie die Ursachen all dieser Empfindungen. Falls Sie Schwierigkeiten haben, Ihre Emotionen in Ihrem Körper wahrzunehmen, dann sollten Sie sich einen Körpertherapeuten suchen, der darauf spezialisiert ist, Menschen zu helfen, die in ihrem Körper aufgestauten Gefühle auszudrücken. Therapeuten können Ihnen dafür meist jemanden empfehlen.

Starke Emotionen können beängstigend sein, aber nichts dauert ewig, und wenn Sie sich nicht allzu sehr dagegen wehren, halten sie immer kürzer an. Setzen Sie eine bestimmte Zeit dafür fest, um diese Gefühle wahrzunehmen, vielleicht nach Ihrem Dialog mit dem Unschuldigen. Gehen Sie dazu in die Natur oder ziehen Sie sich in ein Zimmer mit Kerzenbeleuchtung und Musik zurück, die Ihnen hilft, Zugang zu Ihren verschütteten Gefühle zu finden, oder die, falls Sie Schwierigkeiten damit haben, Sie beruhigt. Wenn eine verständnisvolle Person bei Ihnen sein kann, wäre das ideal. Emotionen sind dazu da, um geteilt zu werden.

Das wichtigste Einzelgefühl – dasjenige, das Ihnen signalisiert, dass Sie sich den vergrabenen Emotionen nähern – ist Trauer. Sie müssen um etwas trauern, was niemals da war und auch niemals da sein wird. Das kann Trauer wegen eines frühen Kindheitstraumas sein und aufgrund der Tatsache, dass sich Ihre Kindheit auf tragische Weise von der vieler anderer unterschieden hat. Kummer, Betrübnis und Trauer haben nichts mit einer Depression zu tun. Wenn jemand trauert, dann weiß er, warum er das tut. Es entsteht eine normale, natürliche Verbindung zwischen dem Ereignis und den Emotionen, und das ist genau das, was Sie brauchen – auch wenn Trauer sehr schmerzhaft sein kann. Gerade weil das so ist, sollten Sie mit anderen darüber sprechen. Das gehört dazu, wenn Sie Ihre Emotionen korrigieren.

Die Unfähigkeit, Trauer zu empfinden, ist oft das größte Problem bei einem frühkindlichen Trauma. Sie wissen nicht einmal, worüber Sie trauern sollen, weil Sie sich nicht daran erinnern. Und in der Vergangenheit mag es gefährlich gewesen sein zu trauern, weil Sie das Gefühl unterdrücken mussten, um weiterzukommen. Wenn andere Ihre Trauer bemerkt hätten, dann hätten Sie unter den Menschen, die sich gut fühlten, einen schlechten Stellenwert gehabt. „Was ist denn mit der oder dem los?" Oder Ihre Trauer hätte Besorgnis bei anderen Personen, die sich für Sie verantwortlich fühlen, hervorgerufen. „Soll das etwa bedeuten, dass ich etwas falsch gemacht habe?" Wahrscheinlich war es aber nutzlos, zum Zeitpunkt des Traumas zu trauern, denn Trauer zieht andere an, und wenn das Unschuldige lediglich eine Person hat, von der es nur unangemessene oder gar keine Reaktion erwarten kann, dann erübrigt sich die Trauer. Aber jetzt können Sie betrauern, was Sie nicht erhalten haben und wonach Sie sich immer noch sehnen.

Die meisten dieser inneren Verbindungen können durch den Dialog zu Ihrem Unschuldigen hergestellt werden. Auch Ihre Träume werden Ihnen Aufschluss über Ihre Gefühle geben. Da der Beschützer-Verfolger sich Ihren Bemühungen widersetzt, müssen Sie systematisch vorgehen und sehr hartnäckig sein. Nehmen Sie sich mindestens eine Stunde pro Woche Zeit, um Ihre Emotionen zuzulassen und sich an Traumata zu erinnern. Sie müssen Teil Ihrer Lebensgeschichte werden, damit komplette Integration und Heilung stattfinden können. Schreiben Sie alles in Ihrem Notizheft auf. Während Sie das tun, werden die durch ein Trauma erzeugten Gesichtspunkte des unterbewerteten Selbst nach und nach ihren Einfluss auf Sie verlieren.

Nutzen Sie Ihre Träume

Selbst wenn Sie keinen Beschützer-Verfolger haben, sollten Sie lernen, mit Ihren Träumen zu arbeiten. Sie werden Ihnen helfen, den derzeitigen Zustand Ihres Unschuldigen zu erkennen, zu sehen, auf welche Weise Sie sich unterbewerten, was Sie traumatisiert hat und welche Qualität Ihre Bindung zu anderen besitzt. Im Allgemeinen zeigen Träume auf, was sich ohne Ihr Wissen in Ihrem Leben manifestiert hat. Sie verraten Ihnen den „Rest der Geschichte."

Träume vermitteln Ihnen wichtige Informationen, um die Verbindungen wiederherzustellen, die der Beschützer-Verfolger zerstören möchte. Ihre Träume sind Luftaufnahmen, die Ihnen nicht nur Ihre eigene genaue Position, sondern auch die des Beschützer-Verfolgers zeigen und darstellen, wie er gegen Sie vorgeht.

Die Sprache Ihrer Träume besteht aus Bildern und Geschichten, die sich in Symbole kleiden und Metaphern vermitteln und Sie mit hoher Wahrscheinlichkeit ganz persönlich ansprechen wollen. Jedes Detail ist wichtig. Achten Sie besonders auf ungewöhnliche oder unerwartete Einzelheiten, wenn ein Traum Ihnen etwas erzählen will, was Sie bereits zu wissen glauben.

Natürlich sind einige Traumsymbole allgemeingültig, so wie der Ozean das Unbewusste darstellt. Aber für einen Seemann hat das Meer auch noch andere Bedeutungen. Oder wenn Sie zum Beispiel von einem Vogel oder einem Taxi träumen, müssen Sie darüber nachdenken, was diese beiden Symbole für Sie persönlich darstellen könnten. Ich empfehle zwar nicht, die Bedeutung der Symbole in einem Traumlexikon nachzuschlagen, aber ich rate Ihnen, mehr über Träume zu lesen. Eines der besten Bücher dazu ist „*Inner Work*" von Robert Johnson [deutsch: Bilder der Seele. Traumarbeit und aktive Imagination. München: Irisiana, 1999]. Es ist kurz und behandelt auch aktive Imagination.[3]

Der Beschützer-Verfolger kann Sie nicht vom Träumen abhalten, aber er kann Ihnen befehlen, Ihre Träume schnell wieder zu vergessen und sie nicht ernst zu nehmen, vor allem wenn es sich um Albträume handelt. *Hören Sie nicht auf ihn.* Beschützer-Verfolger-Träume sind immer unangenehm. Aber selbst „schlechte" Träume sind hilfreich, denn Sie kommen alle aus einem Bereich Ihres Unbewussten, der Entwicklung fördert und immer Ihr Verbündeter ist. Ihre Träume sind also so etwas wie Insiderinformationen darüber, was der Beschützer-Verfolger tut oder wie er Ihre Gefühle beeinflusst.

Sie können sogar herausfinden, was der Verfolger vorhat, wenn Sie „angenehme“ Träume haben, die irgendwie nicht richtig zu sein scheinen. Ein Patient träumte von einem Zufluchtsort, einer riesigen Glaskuppel, die das Eindringen von giftigen Gasen verhinderte. Die Pflanzen im Inneren, von denen sich alle ernähren sollten, waren jedoch aus neonfarbenem Plastik. Oder Sie träumen, dass Sie in einer wichtigen Situation plötzlich einschlafen, eine Droge zu sich nehmen oder in Ohnmacht fallen. Das alles zeigt Ihnen, dass der Verfolger versucht, Ihr bewusstes Wahrnehmen des Traums drastisch einzuschränken.

Die drei Stufen eines Beschützer-Verfolger-Traums. Träume über den Beschützer-Verfolger durchlaufen während Ihrer Arbeit mit diesem Buch drei Stufen. Auf der ersten Stufe können diese Träume sehr erschreckend sein, sich furchtbar anfühlen, gewalttätig, Furcht einflößend oder katastrophenartig sein. Selbst wenn Sie schon seit längerer Zeit schlechte Träume haben, werden sie häufiger kommen, sobald Sie sich mit diesem Abwehrmechanismus auseinandersetzen oder versuchen, eine der Regeln zu brechen. Diese Träume zeigen Ihnen, wie der Beschützer-Verfolger darauf reagiert. Die Gewalt in Träumen stellt normalerweise nicht etwas dar, was Ihnen tatsächlich geschehen ist, außer es handelt sich um ein vor Kurzem erlebtes Trauma, das die Träume explizit widerspiegeln. Träume, in denen Atombomben auf die Erde fallen oder Außerirdische Städte mit Gift besprühen, zeigen nur, wie sehr das Unschuldige gelitten hat und wie gründlich der Beschützer-Verfolger Ihnen vor allem Angst machen will, was auf dieser Welt geschehen kann. Er sagt Ihnen damit, wie gefährlich es überall auf dieser Welt ist.

Auf der zweiten Stufe reflektieren Ihre Träume Ihren Fortschritt im Umgang mit dem Beschützer-Verfolger. Selbst wenn sie sich immer noch um schreckliche oder sogar noch schlimmere Dinge drehen, haben Sie jetzt in Ihren Träumen die Möglichkeit, etwas dagegen zu unternehmen, oder Sie können sich Hilfe holen. Sie haben beispielsweise große Angst vor einer Rakete, die vor Ihren Füßen gelandet ist und die jeden Moment explodieren kann. Sie schauen sich um und stellen fest, dass das Geschoss von einer Verteidigungsanlage mit hohen Mauern stammt. Eine Person, die in der Nähe steht, erklärt Ihnen ganz ruhig, dass die Leute, die diese Raketen abschießen, verrückt seien, und dass irgendjemand sie aufhalten müsse, bevor sie die ganze Welt vernichten würden.

Achten Sie auf die Kulisse – eine Verteidigungsanlage deutet auf den Beschützer-Verfolger hin. Der Traum zeigt Ihnen, dass Sie das erkannt haben. Und ein neutraler Teil von Ihnen scheint zu wissen, was getan werden muss. Ihnen ist klar, dass es sich nicht nur um den Verfolger handelt, denn Sie werden nicht von etwas, das Ihnen nicht helfen kann, von dem Problem weggelockt. Stattdessen werden Sie zu einem bestimmten Grad darüber informiert, wie Sie mit dieser Abwehr umgehen sollen – auch wenn die Unternehmung kaum möglich scheint.

Auf der dritten Stufe erscheint der Beschützer-Verfolger als eine Person in Ihren Träumen. Selbst wenn es sich bei dieser Person um Hitler oder eine Mutter, die ihre Kinder getötet hat, handelt, ist er nun in Menschengestalt aufgetaucht und daher auch verletzlich. Als Person kann er eingesperrt und verurteilt werden. In Träumen auf der dritten Stufe werden Sie vielleicht auch gerettet. Oder Sie setzen sich allein durch, konfrontieren den Beschützer-Verfolger oder besiegen ihn sogar. Falls nicht Sie, sondern eine andere Person das Opfer ist, zeigt Ihnen der Traum, dass Sie sich nicht länger mit dem Wesen identifizieren, das der Beschützer-Verfolger kontrollieren kann.

Diese Stufen sind nicht streng definiert, aber wenn Sie ihre allgemeine Bedeutung kennen, hilft Ihnen das, Ihren Fortschritt zu sehen und zu verstehen, warum Sie hin und wieder schlimme Träume haben (müssen). Ihre Träume beziehen sich möglicherweise auf eine frühere Stufe, in der der Beschützer-Verfolger durch Ihren Versuch, die Regeln zu brechen, auf den Plan gerufen wurde.

Umgebung und Alter. Wo ein Traum stattfinden und wie alt Sie darin sind, gibt Ihnen üblicherweise einen Hinweis auf das allgemeine

Thema. Spielt der Traum in dem Haus, in dem Sie aufgewachsen sind, geht es wahrscheinlich um Ihre Kindheit und um ein Ereignis, das dort geschehen ist und Sie immer noch beschäftigt. Sehen Sie sich als Erwachsener in diesem Haus, bezieht sich der Traum vielleicht auf Ihre jetzige Beziehung zu Ihrer Kindheit.

In einem Beschützer-Verfolger-Traum ändert sich die Umgebung gemäß der verschiedenen Stufen. In der ersten Phase wird sie albtraumhaft und außerirdisch anmuten. In der zweiten Stufe wird der Traum in einer eher von Menschen gestalteten, aber grauenhaften Umgebung stattfinden, wie zum Beispiel in einem Konzentrationslager. Ein Traum der dritten Stufe wird einen Ort zeigen, an dem Sie, zumindest theoretisch, den Angreifern die Stirn bieten können.

Je jünger Sie in Ihren Träumen sind, desto wahrscheinlicher ist es, dass sie sich um das Unschuldige drehen, selbst wenn Sie sich normalerweise als Erwachsenen sehen. Wenn Sie sich in dem Alter sehen, in dem Sie sich tatsächlich befinden, spiegelt der Traum wider, wie der Beschützer-Verfolger Sie jetzt behandelt.

Emotionen und Menschen. Im Allgemeinen entspricht die Stärke der Emotionen in einem Traum nicht der Stärke der Emotionen, der Sie sich bewusst werden müssen. Wenn Sie traumatisiert wurden und die Verbindungen zwischen Emotionen und dem auslösendem Grund gekappt wurden, können die bis dahin nicht zum Ausdruck gebrachten oder unbekannten Emotionen in Träumen sehr heftig sein. Genau aus diesem Grund wurden die Verbindungen unterbrochen – Sie sollten davon nicht überwältigt werden. Obwohl Albträume sehr beunruhigend sein können, sollen sie Ihnen dabei helfen, die Verbindung zwischen Emotionen und Bewusstsein wiederherzustellen. Von den Schrecken eines Albtraums erholt man sich am besten, wenn man ihn jemandem erzählt – auch hier wirkt wieder die Kraft der Bindung überaus heilsam.

Die Gestalt, die der Beschützer-Verfolger in einem Traum annimmt, verrät Ihnen viel. Kurt träumte, dass er gegen einen schwarzen Ritter kämpfen musste. Zuerst hatten beide die gleiche Ausrüstung, was auf Stufe drei hindeutete, doch dann verlagerte sich der Traum rasch auf Stufe eins zurück. Aus dem Ritter wurde ein riesiger Roboter, der sich vervielfältigte und alles zu töten begann – Menschen, Tiere und Pflanzen. Kurt lernte, dass die militärische Einstellung seines Großvaters nicht so schlimm gewesen wäre, wenn es ihm nur darum gegangen wäre, Kurt beizubringen, wie man kämpft, aber dahinter steckte mehr: Kurts Großvater ließ menschliches Gefühl vermissen. Aus der Sicht des Beschützer-Verfolgers waren Kurts frühe Erfahrungen mit Erwachsenen ein Grund, alle Verbindungen zur irdischen Welt zu zerstören. (Viel später träumte Kurt, dass er mit einem Schwert gegen einen Roboter kämpfte und dessen Rüstung damit durchdringen konnte. Menschliches Blut floss heraus, und der Roboter starb.)

Details zu Folter und Qualen. Wenn ein Beschützer-Verfolger-Traum von Folter oder Leid handelt, können die Details dessen, was Ihnen oder Ihrem Unschuldigen angetan wird, wichtige Informationen sein. Köpfen, Hängen oder Erdrosseln können sich auf die Abgrenzung vom Körper und seinen Emotionen beziehen. Jemand, der Sie verspottet, stellt wahrscheinlich die ständige Kritik des Verfolgers dar, mit der er Sie vom Handeln abhalten will. Ein Mangel an Sauerstoff, Nahrung oder anderen lebensnotwendigen Dingen kann darauf hindeuten, dass der Beschützer-Verfolger Sie in einem gefährlichen Maß davon abhält, sich um Ihre Bedürfnisse zu kümmern.

Wenn Sie oft von beängstigenden sexuellen Dingen träumen – Vergewaltigung oder Kindesmissbrauch zum Beispiel –, dann hat das Unschuldige wahrscheinlich irgendeinen sexuellen Übergriff erfahren, körperlich oder seelisch. Zum Beispiel hat ein Vater vielleicht sexuelle Dinge ausführlich mit seiner Tochter besprochen, weil ihm das sexuelle Befriedigung verschaffte. Unterschätzen Sie die Wirkung von sexuellen Übergriffen nicht, die sich „nur" auf seelischer Ebene abspielen. Vor allem Inzest, ob körperlich oder seelisch, ist eine archetypische Verletzung, die den meisten Kindern großen Schaden zufügt.

Sexuelle Übergriffe in Träumen spiegeln normalerweise nicht wider, was tatsächlich geschehen ist, sondern symbolisieren häufig etwas Wichtiges, was Sie bisher vielleicht noch nicht gewusst haben. Zum Beispiel kann das Erscheinen von mehreren Tätern in einem Traum auf die Häufigkeit traumatischer Ereignisse hindeuten, die aus einer Verletzung oder aus einem Übergriff herrühren. Sexuelle Böswilligkeit deutet nicht immer auf sexuellen Missbrauch hin. Der Traum kann Ihnen zeigen, was der Beschützer-Verfolger jetzt tut: Er vergewaltigt Sie, behandelt Sie auf sadistische Weise, fordert eine sehr intime und erniedrigende Unterwerfung oder greift Ihre Weiblichkeit oder Kreativität an.

Karens Dr. Tod

Karen, eine sehr sensible, hart arbeitende OP-Schwester, kam wegen ihrer Angstgefühle bei der Arbeit zu mir. Die Ärzte, mit denen sie zusammenarbeitete, deuteten das als Inkompetenz. Sie konnte nicht mehr schlafen, weil sie ständig in Sorge war, während einer Operation entscheidende Fehler zu machen. Ihr unterbewertetes Selbst regierte ihre Tage und Nächte. Das war genau das, was der Beschützer-Verfolger wollte, da ihr Selbstbewusstsein dadurch nicht mehr ausreichte, um entscheiden zu können, was sie in ihrem Leben wollte und brauchte.

An einem besonders schlimmen Tag schickte sie ein Arzt während einer OP aus dem Operationssaal und warf ihr vor, seine Anweisungen nicht befolgt zu haben. Karen wusste, dass der Arzt bei dieser Operationsmethode nicht auf dem neuesten Stand war und seine Anweisungen daher gefährlich sein konnten, aber sie war wie erstarrt. In dieser Nacht hatte sie einen Albtraum, in dem sie sich als Reh sah. Ihre Vorderbeine waren an einen und ihre Hinterbeine an einen zweiten Pfosten gebunden, und sie konnte sich nicht bewegen. Ein Arzt erschien, und sobald sie ihn sah, wusste sie sofort, dass er diese Folter angeordnet hatte. Er war offensichtlich beeindruckt, dass sie noch am Leben war, befreite sie, schnitt ihr aber dabei auch die Vorderbeine ab. Sie humpelte in den Wald, beschämt über ihre Behinderung.

Der Arzt folgte ihr und verwandelte sie in ein junges Mädchen, das ihm jedoch als Sklavin dienen musste. Nun musste sie ihm dabei helfen, Rehe zu fangen und sie mit den Beinen an Pfählen anzubinden, bis sie starben. Jedes Mal, wenn sie ihm dabei half, empfand sie großes Leid, aber sie musste ihm gehorchen.

Das Mädchen in dem Traum war acht Jahre alt, genau so alt, wie Karen war, als ihre Mutter an Krebs starb. Karen war schon immer ein braves Kind gewesen, und sie bemühte sich noch mehr, als ihre Mutter krank wurde. Aber sie war nur ein Kind, und kurz bevor ihre Mutter starb, freundete sie sich mit einem viel wilderen Kind an. Die beiden klauten mehrmals etwas im örtlichen Lebensmittelladen. Für Karen war das ein aufregendes Geheimnis, das sie mit ihrer neuen, schlauen und mutigen Freundin teilte – bis sie erwischt wurden.

Karens Mutter war am Boden zerstört und befürchtete, dass ihre Tochter ohne ihre Erziehung ein schlechter Mensch werden würde. Der Arzt sagte Karen, dass ihr Verhalten den Zustand ihrer Mutter verschlechtert habe.

Welche Emotionen drückte der Traum aus? Schmerz, Hilflosigkeit und Scham über das Handicap, das Karen immer haben würde – das Abschneiden ihrer Vorderbeine spiegelte das Abgespaltensein vom Leben wider und zeigte, dass sie innerlich nicht frei genug war, um daran etwas zu ändern. Vor allem enthüllte der Traum ihre schrecklichen Schuldgefühle, die sie beim Töten der Rehe empfand – sie glaubte, auch zum Tod ihrer Mutter beigetragen zu haben.

Der Arzt in ihrem Traum war der Beschützer-Verfolger, dem Karen den Spitznamen Dr. Tod gab. Karen träumte diesen Traum in der Zeit, in der sie sich durch die Therapie zu befreien versuchte, also schnitt ihr Dr. Tod die Beine ab, um sie daran zu hindern. Aber indem sie das Trauma ihrer Vergangenheit mit der Gegenwart verknüpfte – die sich beide im medizinischen Umfeld abspielten –, begann sie, sich von Ihrem Beschützer-Verfolger zu befreien, und schaffte es, an ihrem Arbeitsplatz bestimmter aufzutreten.

Merken Sie sich Ihre Träume und arbeiten Sie damit

Träume, an denen der Beschützer-Verfolger beteiligt ist, sind oft so brutal und aufwühlend, dass Sie davon mitten in der Nacht aus dem Schlaf gerissen werden oder Sie ihn am Morgen noch klar vor Augen haben. Aber das muss nicht immer so sein. Wenn ein Traum hilfreich sein könnte, macht es Ihnen der Beschützer-Verfolger möglicherweise schwer, sich daran zu erinnern. Ärgern Sie sich nicht, wenn Sie sie einen Traum vergessen – es werden noch mehr kommen. Aber Sie können versuchen, sich an Ihre Träume zu erinnern, indem Sie jeden Morgen nach dem Aufwachen ein paar Minuten im Bett bleiben und verschiedene Kategorien durchgehen: Spielte sich der Traum draußen ab, an Ihrem Arbeitsplatz, mit Tieren, mit Menschen am Strand? Wenn Ihnen etwas bekannt vorkommt, dann bleiben Sie dran. Schreiben Sie alle Träume in Ihr Notizheft und denken Sie während des Tages und am Abend vor dem Einschlafen darüber nach.

Es kann sehr hilfreich sein, sich mit einer anderen Person über Träume auszutauschen, vor allem wenn Sie beide über den Einfluss des Beschützer-Verfolgers Bescheid wissen. Sie können sich gegenseitig helfen, indem Sie sich gezielte Fragen über Ihre Träume stellen wie zum Beispiel: „Was hat Hitler für eine Bedeutung für dich?“ Oder: „Was hältst du von Partys?“ Oft beginnt dann die Person, die den Traum hatte, damit, ohne weitere Hilfe Verbindungen herzuleiten. Aber dabei kann alles Mögliche zur Sprache kommen, also vergewissern Sie sich, dass es Ihnen nichts ausmacht, dieser Person möglicherweise Ihr tiefstes Innerstes anzuvertrauen.

Manche Menschen mit einer traumatischen Vergangenheit behaupten, sie hätten keine Träume. Wir träumen jedoch alle, also arbeitet hier wahrscheinlich das Abwehrsystem. Auch chronischer Schlafmangel oder bestimmte Medikamente können sich störend auf Träume auswirken. Wenn Sie körperliche Gründe ausschließen können, seien Sie geduldig und denken Sie sorgfältig über jeden noch so kleinen Traumfetzen nach. Damit knüpfen Sie erste Verbindungen zu Ihren Träumen.

Üben Sie mit einem Beschützer-Verfolger-Traum

Wählen Sie einen Traum aus, in dem Sie glauben, den Beschützer oder den Verfolger zu erkennen – einen Traum, in dem Ihnen zum Beispiel etwas oder jemand Angst einflößt oder Leid zufügt, in dem Sie einsperrt werden oder nichts mehr richtig wahrnehmen können. Achten Sie auf Ihre Emotionen und deren Stärke. Denken Sie darüber nach, warum diese Emotionen in Träumen auftauchen. Geht es dabei um Gefühle, die Sie vielleicht auch im Wachzustand haben, ohne sich der Ursache bewusst zu sein? Oder geht es um Gefühle, die Sie in einer kürzlich erlebten Situation hätten haben sollen?

Je nach Erscheinungsbild des Beschützer-Verfolgers können Sie Ihren Traum einstufen. Zeigt er sich in Gestalt einer Maschine, eines Monsters oder eines menschlichen Wesens? Mächtig genug, um die ganze Welt zu zerstören? Oder eine Stadt oder nur Sie? Worauf deuten Ihr Alter und die Umgebung hin?

Schreiben Sie die Einzelheiten zu jeder Figur und jedem Objekt auf und denken Sie darüber nach, warum sie in dem Traum erschienen sind. Stellen Sie sich vor, Sie würden eines der Details einer Person beschreiben, die nicht mit Ihrem kulturellen oder persönlichen Symbolismus vertraut ist. Welche Bedeutung hat ein Fahrrad für Sie? Welche ein Hund? Wenn das Fahrrad rot ist, welche Bedeutung hat die Farbe für Sie? Signalisiert sie Zorn? Ist die Farbe Blau mit Depression gleichzusetzen?

Gehen Sie in sich und schauen Sie sich den gesamten Traum an. Finden Sie heraus, was der Traum Ihnen darüber verrät, wie sich der Beschützer-Verfolger im Augenblick in Ihrem Leben manifestiert. Können Sie bestimmte für den Beschützer oder den Verfolger typische Aktionen erkennen? Was können Sie aus einem Traum lernen, in dem der Beschützer-Verfolger als Mensch erscheint oder in dem Sie seine Regeln brechen können? Karens Traum von Dr. Tod zeigte ihr zum Beispiel, dass sie sich nicht unterkriegen ließ – das ist eine gute Nachricht –, aber dass sie die Regeln der Ärzte an ihrem Arbeitsplatz brechen musste, da sie ihnen erlaubt hatte, sie wie ein Kind oder eine Sklavin zu behandeln.

Aktive Imagination mit dem Beschützer-Verfolger

Da Sie nun von dem Beschützer-Verfolger in Ihrem Leben wissen, werden Sie feststellen, dass Sie sich freier fühlen und erfolgreich seine Regeln brechen können. Sie sind nun in der Lage, sich mit Verbündeten zusammenzutun und verloren gegangene Verbindungen zwischen der Vergangenheit und der Gegenwart, zwischen Geist und Körper sowie Emotionen und Erinnerungen wiederherzustellen. Der Erfolg schlägt sich in Ihren Träumen nieder, in denen der Beschützer-Verfolger nun zunehmend eine menschliche Gestalt oder andere natürliche Formen annimmt. Wenn das geschieht, ist es möglicherweise an der Zeit, dass Sie mit Ihrem Beschützer-Verfolger mittels aktiver Imagination in Verhandlung treten.

Ihr Ziel besteht nun nicht darin, den Beschützer-Verfolger ganz loszuwerden, denn das scheint unmöglich zu sein; es geht eher darum, ihn weniger oft zu aktivieren, indem Sie ihm zeigen, dass es Ihnen gut geht und Sie alle Herausforderungen, die diese Welt an Sie stellt, hervorragend meistern.

Sicherheit

Vor Ihren Verhandlungen müssen Sie dafür sorgen, dass Sie sicher sind. Selbst wenn der Beschützer-Verfolger in Ihren Träumen bereits eine menschliche Gestalt angenommen hat, ist er wahrscheinlich immer noch auf Angriff aus oder auf irgendeine Weise nicht vertrauenswürdig. Versuchen Sie bei Ihrer ersten aktiven Imagination mit seiner sanftesten, menschlichsten Form zu sprechen. Und konzentrieren Sie sich dann auf körperliche Sicherheit. Wenn der Beschützer-Verfolger in Ihrem Traum ein Mann ist, der versucht, Ihre Tür einzutreten, sollten Sie nicht mit ihm reden, während die Tür gerade krachend zersplittert. Stellen Sie sich vor, dass die Polizei kommt und ihn abführt, und sprechen Sie erst mit ihm, wenn er in einer Gefängniszelle sitzt. Falls Ihnen das nicht gelingt – wenn er zum Beispiel flieht oder wieder seine Superkräfte annimmt oder falls die Polizei nicht auf Ihrer Seite ist –, dann sollten Sie nicht fortfahren.

Verhandlungen

Ihr Ziel besteht darin, den Beschützer-Verfolger davon zu überzeugen, dass es Ihnen guttut, seine Regeln zu brechen und Risiken einzugehen, und dass Sie mehr Freiheit haben wollen. Erklären Sie ihm, dass Sie in Ihrem Job erfolgreich sind oder Ihnen zumindest nichts widerfährt, was diese alten Regeln rechtfertigen würde: nämlich dass Sie sich möglichst unauffällig verhalten, niemals über Ihre Bedürfnisse sprechen, nie Ihre Fähigkeiten zeigen oder alles andere tun sollen, was der sich Beschützer-Verfolger für Sie ausgedacht hat, damit Sie sich weiterhin unterbewerten. Erzählen Sie dem Beschützer-Verfolger etwas über Ihre guten Beziehungen. Gehen Sie nicht davon aus, dass er bereits darüber Bescheid weiß, denn er ist eigenständig und von Ihnen getrennt. Somit ist die Abwehr sicher an ihrem Platz.

Hören Sie aufmerksam zu, wenn der Beschützer-Verfolger Ihnen antwortet. Auch wenn Sie nicht seiner Meinung sind, lässt es sich besser mit ihm verhandeln, wenn Sie erst einmal zuhören. Außerdem werden Sie so feststellen, welche Bereiche ihn immer noch beschäftigen oder wie er nun agiert. Wenn Sie mehr über seine Strategien herausfinden, mit denen er Sie beschützen will, vergessen Sie nicht, seine gute Absichten anzuerkennen. Dann machen Sie ihm ruhig, aber unmissverständlich klar, dass auch Sie das Unschuldige beschützen wollen, ihm aber genauso Raum zur Entwicklung geben möchten. Das Unschuldige kann Ihnen helfen, wenn es seinen erweiterten Freiraum genießt und sich weigert, sich aus „Sicherheitsgründen“ weiter einsperren zu lassen.

Eine aktive Imagination mit Dr. Tod

Karen war immer mehr Risiken eingegangen und hatte immer mehr von Dr. Tods Regeln gebrochen, einschließlich einer Beförderung zur leitenden OP-Schwester, aber sie erfuhr zu spät, dass bereits drei Schwestern vor ihr diese Position als untragbar empfunden hatten. Obwohl niemand ihre Erfolge anerkannte, war sie doch überzeugt, dass sie alles richtig machte. Fehler wurden ihr nachgesehen, man übertrug ihr immer mehr Verantwortung. Sie machte ihren Job eindeutig besser als ihre Vorgängerinnen. Aber sie nahm ab, schlief zu wenig und hatte keine Zeit mehr für ihre Freunde. Im Krankenhaus konnte sie das Chaos gerade noch bewältigen, in ihrer Freizeit nicht.

Karen war bewusst, dass sie eigentlich kündigen musste. Sie wollte aufhören und schmiedete Pläne, sich an einer Institution weiterzubilden. Das hätte sie sich sogar leisten können, aber die oberste Regel von Dr. Tod lautete: *Keine Veränderungen.* Denn in der Vergangenheit hatte bereits eine kleine Veränderung – eine neue Freundin – anscheinend schreckliche Dinge nach sich gezogen. Aber Karen hatte bereits einige andere Veränderungen vorgenommen. Sie war aus dem Haus ihres Vaters ausgezogen und hatte zwei lang bestehende „Freundschaften" beendet, in denen sie trotz schlechter Behandlung immer loyal geblieben war. Während dieser Veränderungen war Dr. Tod ihr in ihren Träumen in einer menschlicheren Form erschienen. Er war nicht mehr in der Lage, Rehe in Mädchen oder Mädchen in Sklavinnen zu verwandeln. Davon ermutigt, beschloss sie, sich mit seiner menschlichsten Form in Verbindung zu setzen und mit ihm über die Kündigung zu sprechen.

KAREN: Hallo, Doktor. Ich glaube, du versuchst mal wieder, mir zu „helfen". Ich möchte kündigen, aber ich schaffe es einfach nicht. Versuchst du, das zu verhindern?

DR. TOD: Du willst doch kein Feigling sein, oder?

KAREN: Das reicht! (Karen wusste, dass ihr Vater Feiglinge verabscheute. Er war nie über den Tod seiner Frau hinweggekommen, ein eiskalter und strenger Zuchtmeister geworden und hatte Karen schon oft als Feigling bezeichnet.) Hey, als die Titanic gesunken ist, war es sinnvoll, das Schiff so schnell wie möglich zu verlassen. Meine jetzige Situation habe ich dem schlechten Management zu verdanken, und das kann ich nicht ändern.

DR. TOD: Dann kündige. Aber dein Gehalt ist im Moment höher als je zuvor. Einen solchen Job wirst du nie wieder finden.

KAREN: Ich wäre nicht befördert worden, wenn ich nicht eine ausgezeichnete OP-Schwester gewesen wäre. Einen solchen Job bekomme ich auf jeden Fall wieder.

DR. TOD: Aber man wird wissen wollen, warum du gekündigt hast. Wenn du sagst, dass das Management nicht gut war, wird man dich für eine Unruhestifterin halten.

KAREN: Mein ehemaliger Vorgesetzter wird mir ein gutes Empfehlungsschreiben ausstellen.

DR. TOD: Dein Boss wird in die Luft gehen, wenn du kündigst. Alles hängt von dir ab. (Das ließ Karen innehalten, denn sie hatte große Angst vor ihrem Chef.)

KAREN: Ich werde einen Brief schreiben. Ein Kündigungsschreiben verfassen.

DR. TOD: Du hattest eine großartige Chance, aber du hast es vermasselt.

KAREN: Das stimmt nicht! Die Situation war schon verfahren, bevor ich gekommen bin, und sie wird es auch nach mir noch sein.

DR. TOD: Schieb nur die Schuld auf andere.

KAREN: Hör auf! Ich hätte die Stelle ablehnen sollen, als sie mir angeboten wurde. Okay? Aber ich habe mein Bestes gegeben. Und ich habe keine Angst. Das wird schon werden.

Was Karen getan hat:

- Sie hat einen Dialog mit Dr. Tods sicherster Form aufgenommen.
- Sie hat nach einer Verbindung zu ihrer Vergangenheit gesucht – ihr Vater hatte sie „Feigling“ genannt.
- Sie hat standhaft argumentiert.
- Sie ist wütend geworden, als es ihr gereicht hat.

Aktive Imagination mit dem Beschützer-Verfolger im Vergleich mit dem inneren Kritiker

Hätte anstatt des Beschützer-Verfolgers Karens innerer Kritiker mit ihr gesprochen, hätte sie sich von ihm vielleicht auch anhören müssen, dass sie ein Feigling sei, denn er hätte das für die beste Taktik gehalten, sie damit zu größerer Anstrengung anzutreiben und ihr mehr Erfolg im Beruf zu ermöglichen. Sie hätte ihm aber wahrscheinlich das Gleiche gesagt, nämlich dass sie kündigen müsse. Aber ein innerer Kritiker lässt sich durch vernünftige Gründe rasch überzeugen. Die Motivationen des inneren Kritikers und des Beschützer-Verfolgers unterscheiden sich sehr voneinander: Der innere Kritiker wünscht sich, helfen zu können, während der Beschützer-Verfolger durchsetzen möchte, dass Karen ihren Job nicht kündigt, auch wenn sie darin scheitern sollte, und das nur, weil er keine Veränderungen will. Begünstigt wird dabei am meisten das unterbewertete Selbst.

Da diese Funktionen sich sehr voneinander unterscheiden, wird sich der Beschützer-Verfolger nie in den inneren Kritiker verwandeln und sich nie begeistert oder hilfreich über einen Ihrer Fortschritte zeigen, selbst wenn Sie im Heilungsprozess weit fortgeschritten sind. Im besten Fall wird er zynisch reagieren. Achten Sie also bei einer aktiven Imagination sorgfältig darauf, wer mit Ihnen spricht. Hören Sie etwas, was nützlich sein könnte, auch wenn die Form oder die Details nicht ganz passen? Oder hören Sie etwas, was Ihnen in Hinblick auf Ihr Ziel nicht weiterhilft oder sogar ganz und gar unwahr ist?

MIT DEM ERLERNTEN ARBEITEN

In diesem Kapitel haben Sie herausgefunden, wie Ihr innerer Kritiker das unterbewertete Selbst beeinflusst. Sie haben auch entdeckt, ob Sie einen Beschützer-Verfolger haben, der Ihr unterbewertetes Selbst aufrechterhält, und, wenn das der Fall ist, haben Sie eine allgemeine Strategie entwickelt, um die Kontrolle über Ihr Leben wiederzuerlangen.

Treffen Sie eine Vereinbarung mit Ihrem inneren Kritiker

Machen Sie sich in Ihrem Heft Notizen über die Änderungen, die Sie sich von Ihrem inneren Kritiker wünschen, dann schreiben Sie ihm einen Brief, in dem Sie ihm deutlich mitteilen, was Sie sich in Zukunft erwarten. Lesen Sie diesen Brief in einer aktiven Imagination vor und beobachten Sie, wie Ihr innerer Kritiker darauf reagiert. Bringen Sie in Ihrem Brief Veränderungen an, bis Sie und er zu einer Übereinkunft kommen. Wann immer Sie im Folgenden bemerken, dass Ihr innerer Kritiker wieder in alte Verhaltensmuster zurückfällt, holen Sie den Brief hervor. Wie jeder gute Trainer sollte er gewissenhaft reagieren und zugeben können, dass er sich nicht an die Vereinbarung gehalten hat.

Wie Sie die Oberhand über den Beschützer-Verfolger erlangen

Wenn Sie einen Beschützer-Verfolger haben, sollten Sie sich zuerst allgemein Gedanken über Ihre wichtigsten Werte und Ziele machen und darüber, wie das unterbewertete Selbst Sie davon abhält, diese zu erreichen. Dann denken Sie im Besonderen darüber nach, wie der Beschützer-Verfolger Ihre Entwicklung behindert und Ihr unterbewertetes Selbst gefördert hat und warum er das getan hat. Was war die Strategie der beiden und wer hat im Augenblick die Oberhand?

Falls Sie das noch nicht getan haben, sollten Sie jetzt eine Liste der Regeln aufstellen (keine Intimität, kein Eintreten für sich selbst und so weiter), die Sie brechen müssen, und vermerken Sie auch Ihre diesbezüglichen Fortschritte. Nun schreiben Sie einen Gesamtplan für die Strategie, die Sie verfolgen wollen, um den Beschützer-Verfolger besser in Schach zu halten. Seien Sie wachsam, brechen Sie weiterhin seine Regeln, achten Sie auf Ihre Träume, um zu beobachten, wie der Beschützer-Verfolger agiert, passen Sie den richtigen Zeitpunkt für einen Dialog mit ihm ab und dokumentieren Sie alle Zeichen von Fortschritt. Und vor allem sollten Sie sich Gedanken machen, falls Sie dieses Buch zurück ins Regal stellen. Fragen Sie sich, warum Sie das tun.

KAPITEL 7
WIE MAN BEZIEHUNGEN DURCH BINDUNG VERTIEFT

Sie haben nun mit dem Unschuldigen, mit dem inneren Kritiker und dem Beschützer-Verfolger gearbeitet, also mit den meist unbewussten Faktoren, die Sie von Bindungen abhalten. Jetzt können Sie ganz bewusst weitere Bindungsfähigkeiten aufbauen, um vom Linking zum Ranking zu wechseln, wenn Sie das möchten. In Kapitel 4 wurden bereits die Grundlagen von Linking erörtert, aber dabei ging es eher um relativ neue Bindungen und solche, die Sie zwar gerne behalten, aber nicht weiter vertiefen möchten.

Dieses Kapitel wird Ihnen dabei helfen, eine neue Freundschaft oder eine lockere Beziehung auf eine tiefer gehende Ebene zu bringen, bis zu dem Punkt, an dem Sie eine „feste Beziehung" eingehen, also sich mit jemandem eng befreunden oder ihn zum Partner machen. Sie wollen öfter zusammen sein, sich besser kennenlernen, auf dem Laufenden bleiben, was im Leben des anderen vor sich geht, und das fast täglich, sowie die Bedürfnisse des anderen so gut wie möglich erfüllen, gerade in schwierigen Zeiten. Obwohl diese enge Nähe auf ganz natürliche Weise entstehen kann, müssen Sie das nicht dem Zufall überlassen. Es gibt Fähigkeiten, die Sie lernen können und die Ihnen fast immer garantieren, dass sich diese Nähe einstellt, wenn Sie das möchten.

Enge Beziehungen geben Ihnen mehr Möglichkeiten zum Linking als zum Ranking, aber Sie helfen Ihnen in vieler Hinsicht auch, das unterbewertete Selbst inaktiviert zu lassen. In einer engen Beziehung wissen Sie, dass der andere Ihre Eigenheiten kennt und Sie trotzdem liebt. Falls Sie sich in Beziehungen unsicher fühlen, wird sich das abschwächen, und Sie werden einen Zufluchtsort in einer von Ranking bestimmten Welt finden.

Wie eng ist Ihre aktuelle Beziehung?

Sie könnten jetzt einen langen Test machen, um herauszufinden, wie nahe Sie einer bestimmten Person stehen. Dieser Test, den mein Mann und ich ausgearbeitet haben, ist ebenso genau wie alle anderen und erfasst das Gefühl für eine enge Bindung. Kreisen Sie einfach in dem folgenden Schaubild das Symbol ein, das am besten Ihre Beziehung mit der anderen Person darstellt. Wenn Sie den Test für mehrere Personen machen möchten, schreiben Sie jeweils die Namen unter das Bild, das Ihre Beziehung zu der entsprechenden Person am besten trifft.

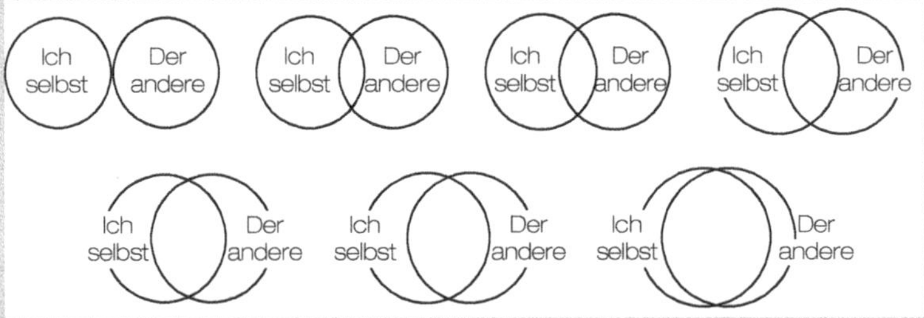

Je mehr sich die Kreise überschneiden, umso stärker sehen Sie die andere Person als Teil von sich selbst. In unseren Forschungsstudien haben wir Folgendes herausgefunden: Der Grad, in dem Sie den anderen mit einbeziehen, zeigt, wie sehr Sie ihn mögen und die Beziehung mit ihm genießen, wie sehr Sie bereit sind, seinen Bedürfnissen entgegenzukommen, und ihn so behandeln, als seien Sie beide eigentlich eine Person.[1] Das ist kein ungesunder Zusammenschluss – jeder von Ihnen bildet immer noch seinen eigenen Kreis. Um jemanden so zu behandeln, wie Sie selbst behandelt werden möchten, müssen Sie ein eigenes Selbst haben. Aber Sie beide teilen Ihre Mittel, Ansichten und emotionale Unterstützung. Und das ist das Wesentliche von Linking.

WAS SIE TUN KÖNNEN, UM EINE BEZIEHUNG ZU VERTIEFEN

Obwohl wir eine Bindung meist durch Reden vertiefen, sollte man nicht vergessen, dass Linking sich auch durch Taten anstelle von Worten entwickeln kann. In Kapitel 4 habe ich Sie Ihnen vorgeschlagen, etwas zu essen anzubieten, Geschenke zu machen und Gefälligkeiten zu erweisen. Je öfter Sie all das tun, umso enger wird Ihre Bindung zu dem anderen. Wenn es sich um eine noch lockere Beziehung handelt, bieten Sie dem anderen eine Tasse Kaffee an. Wird sie enger, laden Sie die andere Person zu einem Abendessen ein. Anstatt eine Postkarte aus dem Urlaub zu schicken, bringen Sie eine handgewebte Decke mit. Anstatt Ihrer Freundin anzubieten, Ihre Schicht in der Arbeit zu übernehmen, wenn sie sich einer ambulanten Operation unterziehen muss, bringen Sie sie ins Krankenhaus, warten dort auf sie, bringen sie wieder nach Hause und bleiben bei ihr, bis sie sich besser fühlt. Machen Sie ihr etwas zu essen, lesen Sie ihr etwas vor und schauen Sie sich gemeinsam mit ihr einen Film an.

Man weiß, dass sich Freundschaften und Liebesbeziehungen oft vertiefen, wenn zwei Menschen ein intensives Erlebnis miteinander teilen.[2] Denken Sie an Freunde, die Sie auf diese Weise gewonnen haben; vielleicht haben Sie zusammen für schwere Prüfungen gelernt, waren gemeinsam beim Militär oder haben Kinder im gleichen Alter großgezogen. (In diesem Kapitel drehen sich die meisten Beispiele um Freunde oder Verwandte, die Prinzipien gelten aber auch für Liebesbeziehungen.) Manche Menschen wurden Freunde, nachdem sie miteinander in einem Aufzug stecken geblieben waren. Sie können eine solche Verbindung bewusst verstärken. Wenn Sie sich dazu entschließen, gemeinsam zu verreisen oder sogar zusammenzuziehen, verstärken Sie natürlich die Intimität. Und das geschieht nicht nur, weil Sie dann mehr Zeit zum Reden haben, sondern auch, weil sich unvorhersehbare Situationen ergeben werden und Sie füreinander oder gemeinsam Dinge tun und dabei den anderen auch in seiner schlimmsten Verfassung kennenlernen werden. Ziehen Sie in Erwägung, die Beziehung zu vertiefen, indem Sie gemeinsam Segeln lernen, auf eine Rucksacktour gehen oder Seite an Seite in einem Obdachlosenheim arbeiten.

Forscher haben herausgefunden, dass aus Fremden rasch Freunde werden können, wenn man ihnen einen gemeinsamen Feind präsentiert oder ihnen eine Aufgabe gibt, die sie gemeinsam bewältigen müssen.[3] Dieses Wissen können Sie sich auch hin und wieder zunutze machen. Wenn Sie sich Sorgen wegen des ansteigenden Wassers im Flussbett machen und einen Nachbarn haben, mit dem Sie sich gut verstehen, dann stapeln Sie gemeinsam Sandsäcke am Ufer auf. Wenn Sie und eine Freundin beide eine Umgestaltung der Wohnung planen, dann helfen Sie sich gegenseitig bei den Entscheidungen. Auch gemeinsame Vergnügungen haben diesen Effekt. Wenn Sie beide dasselbe Sportteam unterstützen oder gern ins Theater gehen, kaufen Sie sich eine Dauerkarte bzw. ein Abo – bestimmt haben Sie in der Saison ein schönes gemeinsames Erlebnis.

Im Allgemeinen fühlen sich Menschen stärker zueinander hingezogen, wenn sie gemeinsam etwas erleben, was ihr Leben „aufregender“ macht, egal, ob es sich nur um eine Kleinigkeit oder ein größeres Ereignis handelt.[4] Schlagen Sie doch einmal statt eines Abendessens oder eines Kinobesuchs eine Wanderung im Mondschein vor. Gehen Sie statt zum Mittagessen zum Rollerbladen, beobachten Sie Vögel, machen Sie ein Picknick auf dem Hausdach oder melden Sie sich gemeinsam zum Freiwilligendienst in einer Suppenküche. Natürlich sollten Sie bei Ihren Vorschlägen nicht zu aufdringlich sein. Und Sie sollten etwas vorschlagen, was der andere Ihrer Meinung nach auch gern tut, und keine Überraschung planen, wenn Sie nicht sicher sind, ob Sie damit dem anderen wirklich eine Freude machen. Aber allein die Tatsache, dass Sie sich kreative Gedanken über gemeinsame Unternehmungen machen, ist ein Geschenk, das der andere sicher zu schätzen weiß.

WIE SIE EIN LOHNENSWERTES GESPRÄCH IN GANG BRINGEN

Je stärker die Bindung wird, um so reaktionsfähiger werden Sie sein. Sie achten dann beide darauf, sich zu verstehen und die Bedürfnisse des anderen zu erfüllen. Das meiste entwickelt sich durch Gespräche – unabhängig davon, ob es eher um heitere Dinge geht, Sie sich besser kennenlernen oder einander helfen wollen. Selbst wenn Sie einem Freund beim Umzug helfen, können Sie viel Spaß haben, wenn Sie sich dabei miteinander unterhalten und manchmal auch scherzhafte Bemerkungen austauschen. „Du hast mehr Kram als meine Eltern!" Oder: „Du hast sogar Kram, in dem du Kram aufbewahrst!" Einige Themen können auch zum besseren Kennenlernen führen. „Du kannst dich nur schwer von deinen Sachen trennen, richtig?" Oder Sie bieten Ihre Hilfe an. „Der Umzug fällt dir sehr schwer, wie ich sehe. Möchtest du darüber reden?"

Unterhalten Sie sich rein zum Vergnügen

Nehmen Sie sich ein Beispiel an den Franzosen und vielen anderen Europäern, die eine ganz andere Einstellung dazu haben wie Amerikaner.

Zuerst einmal treffen sie sich nicht mit Freunden, wenn sie nicht gut aufgelegt sind. Also gehen Sie in guter Stimmung zu Ihrem Treffen. Wenn Sie naturgemäß eher zurückhaltend sind, versuchen Sie, vorher Energie zu sammeln und sich Auftrieb zu geben. Wenn Sie sich vergewissert haben, dass Sie beide sich wohlfühlen, fragen Sie nicht: „Was gibt's Neues bei dir?", und hören dann zu, wie Ihnen Ihr Gegenüber einen ausführlichen Bericht vorträgt, so wie Amerikaner es zu tun pflegen. Versuchen Sie stattdessen, einen freundlichen Schlagabtausch zu beginnen. Betrachten Sie das Gespräch wie ein Tennismatch unter Freunden – wie beim Tennis hilft Ihnen hier auch die Übung. Ein Beispiel dafür könnte sich so anhören:

„Ich habe mir einen tollen Film angeschaut."

„Ah, du bist immer noch ein Kinofan. Sicher ist es ein Film, den ich mir auch unbedingt anschauen sollte."

„Dann komm doch nächstes Mal einfach mit, dann brauchst du nicht auf meine Kritik zu warten."

„Nein, deine Zusammenfassungen sind meistens besser als der Film."

„Soll ich dir wirklich etwas darüber erzählen?"

„Du siehst doch, dass ich bereits die Speisekarte aus der Hand gelegt habe."

Ist das solch ein Dialog wirklich zu viel Aufwand? Ein enger Freund oder eine starke Beziehung verdienen es, dass Sie sich Mühe geben. Bei einem Tennismatch haben Sie ja auch umso mehr Spaß, je besser Sie spielen. Wenn Sie sich eine stärkere Bindung in einer Beziehung wünschen – und das ist bestimmt der Fall, wenn Sie Ihr unterbewertetes Selbst heilen wollen –, dann müssen Sie sich bei Ihren Gesprächen entsprechend Mühe geben.

Sprechen Sie über Ihr Innenleben

„Intimität" stammt von dem lateinischen Wort *intimo ab*, das „das Innerste" bedeutet. Um eine Beziehung intimer zu gestalten, müssen Sie Ihre innersten Gedanken und Gefühle preisgeben – vor allem Ihre Gefühle. Stellen Sie sich vor, wie sich eine Unterhaltung kontinuierlich von zuerst wenig Vertraulichem bis zu absolut intimen Dingen entwickelt, wenn Sie und Ihr Gesprächspartner dazu bereit sind.

Vielleicht tauschen Sie zuerst einige Gedanken und Beobachtungen aus, bevor Sie Ihre Empfindungen teilen und sich dann gegenseitig Ihre Emotionen offenbaren, bis Sie gemeinsam in hysterisches Gelächter ausbrechen oder weinen. Solche emotionalen Momente tragen normalerweise das meiste dazu bei, Bindungen zu stärken.

Erlebnisse in der Gegenwart zu teilen, vertieft eine enge Bindung oft mehr als Gespräche über Vergangenes. Betrachten Sie den Unterschied zwischen den folgenden Beispielen: „Das erinnert mich an damals, als ich einen Artisten Kunststücke auf seinem Einrad habe vollführen sehen." Und: „Hey, siehst du den Einradfahrer dort drüben? Er ist großartig. Wollen wir ihm eine Weile zuschauen?" Die zweite Situation führt dazu, dass Sie einen schönen Augenblick miteinander teilen.

Ein Gespräch kann sich auch um jemand anderen drehen, um Sie und eine andere Person, um Ihren Freund oder um Sie und Ihren Freund. Bei den angenehmsten Gesprächen über Vertraulichkeiten geht es meist darum, was Sie füreinander empfinden, und nicht darum, was Sie voneinander halten. Das kann sich beispielsweise so anhören: „Ich freue mich immer, wenn wir uns treffen. Wie schön, dass wir heute gemeinsam zu Mittag essen können. Mir geht es heute nämlich nicht so gut und ich habe wirklich jemanden gebraucht, der mich ein bisschen aufheitert. Und weißt du was? Mir geht's schon viel besser, jetzt, wo ich dich sehe."

Am wenigsten wird eine Bindung gestärkt, wenn Sie etwas beschreiben, was für Ihre Beziehung oder Ihre gemeinsamen Interessen unwichtig ist. Zum Beispiel: „Ich war gestern shoppen und musste ein Kleid umtauschen, und die Verkäuferin sagte ..."

Diese Regeln sind nicht in Stein gemeißelt. Manchmal fühlen Sie sich jemandem sehr nahe, wenn Sie Neuigkeiten austauschen, und Sie spüren, dass der andere ebenso empfindet. Menschen, die sich lieben, tauschen gern ihre Ideen, ihre Lebensgeschichten, noch nicht lang zurückliegende Erlebnisse und sogar flüchtige Gedanken aus. Unter den richtigen Umständen kann all das Vertrautheit, Vertraulichkeit, Intimität fördern. Und natürlich sollte der Fokus dabei immer auf der anderen Person liegen: „Du scheinst heute mit den Gedanken woanders zu sein." Oder beziehen Sie sich auf ein Ereignis in der Vergangenheit: „Ich war wirklich stolz auf dich, als ich erfuhr, dass du diesen Preis gewonnen hast."

Mein Freund, der alles schafft

Bis zu einem gewissen Grad wird die Intimität zwischen Ihnen beiden auch durch Ihre Persönlichkeiten bestimmt. Ich habe eine enge Freundin, die zwar manchmal ihre Meinung zum Besten gibt, ohne vorher gründlich zugehört zu haben, die sich aber sonst hervorragend auf mich einstellen kann und im Allgemeinen immer für mich da ist, wenn ich sie brauche. Sie stellt mir aufmerksame, eindringliche Fragen und führt uns damit zu tief gehenden Gesprächen. Das liegt an ihrer Persönlichkeit, und dadurch bringt sie uns einander näher. Die folgenden Fragen sollten Sie allerdings niemandem stellen, der Ihnen nicht nahesteht: „Gibt es etwas, was du vor deinem Tod unbedingt noch machen möchtest?“ – „Was ist deine früheste Erinnerung?“ – „Wenn du die Möglichkeit hättest, in einem anderen Beruf zu arbeiten, was würdest du dann machen?“ – „Was, glaubst du, passiert nach unserem Tod mit uns?“ Sie bringt mich auch dazu, über unsere Freundschaft nachzudenken. „Wie, glaubst du, wird unsere Freundschaft in zehn Jahren sein?“ Oder: „Lass uns über die wichtigsten Dinge sprechen, die wir voneinander gelernt haben.“

Wir reden auch über unsere Träume und damit über unsere neusten und beeindruckendsten Erlebnisse. Wenn wir irgendwo gemeinsam eine Nacht verbringen, fragen wir uns am nächsten Morgen als Erstes: „Hast du etwas geträumt?“ Dann sprechen wir darüber. Ich mag ihr beständiges Interesse daran sehr, und wie ich bereits in Kapitel 6 erwähnt habe, kann ein Gespräch über einen Traum mit einer anderen Person mehr enthüllen, als man sich hätte vorstellen können.

Ich bin mir nicht sicher, ob sie sich der Kraft dieser Gespräche über unsere Beziehung, die sich in diesem Moment entwickelt, bewusst ist, aber jedes Mal, wenn wir sie führen, kommen wir uns wieder ein Stück näher. Manchmal sagt sie etwas wie: „Ich bin so froh, dass du das gesagt hast – das hilft mir wirklich weiter.“ Oder sie sagt, wenn wir telefonieren: „Das schreibe ich mir auf!“ Oder sie fragt mich: „Findest du auch, dass wir uns heute viel näher sind als noch vor einiger Zeit?" Oder sie stellt eine ganz wichtige Frage: „Irgendwie habe ich das Gefühl, dass du böse auf mich bist. Stimmt das?" Oder: „Elaine, wir müssen miteinander reden. Ich war wirklich sauer auf dich, als du ..."

Demzufolge vertieft jedes unserer Gespräche unsere Bindung.

Wie Sie sich dem anderen anpassen

Wenn Sie einer anderen Person Ihre Gefühle anvertrauen, möchten Sie, dass as Gespräch ausgeglichen ist. Sie geben etwas über sich preis, und meist tut der andere das dann auch. Tut er es aber nicht, haben Sie möglicherweise das Gefühl, zu viel über sich verraten zu haben, oder Sie fühlen sich zurückgestoßen. (Natürlich ist Ausgewogenheit nicht Ihr Ziel, wenn Sie nur über ein persönliches Problem sprechen wollen.)

Um sich mit dem anderen in Einklang zu bringen, ist es hilfreich, ein Gefühl für den Seelenzustand des anderen zu entwickeln. Ist Ihr Freund oder Ihre Freundin mit den Gedanken woanders oder aufgewühlt und Sie fühlen sich wie ein Beobachter? Vielleicht können Sie ihm oder ihr helfen, indem Sie Ihre eigene Gangart herunterschrauben. Wenn Sie sich zum Beispiel mit einem Freund nach der Arbeit auf einen Drink treffen und er in einem Wortschwall seine Probleme am Arbeitsplatz schildert, sollten Sie ganz bewusst ruhiger sprechen, sobald Sie an der Reihe sind. Schließlich wird auch Ihr Freund langsamer reden und sich entspannen.

Falls Sie den Eindruck haben, dass Ihr Freund Ihnen in Hinblick auf den derzeitigen Stand der Vertrautheit zwischen Ihnen zu viele persönliche Gefühle anvertraut, können Sie ihn ein bisschen bremsen, indem Sie weniger von sich selbst preisgeben oder das Thema leicht in eine andere Richtung lenken. Sie müssen dieses Tempo der Selbstoffenbarung nicht mithalten. Wenn Sie das tun, fühlen Sie sich möglicherweise anschließend schlecht, weil Sie mehr über sich verraten haben, als Ihnen angenehm ist. Wenn Ihr Freund etwa seine letzten sexuellen Erlebnisse anspricht und dabei für Ihr Empfinden zu viele Informationen preisgibt, ist es nicht nötig, Ihre eigenen Erfahrungen dazu beizusteuern.

Redet Ihr Freund weniger als Sie, und Sie haben das Gefühl, er ist unsicher, ob Sie wirklich interessiert sind, dann ermutigen Sie ihn, indem Sie ihm ein bisschen mehr von sich selbst erzählen. Dann machen Sie eine Pause und geben ihm die Gelegenheit, etwas ähnlich Intimes zu verraten. Aber achten Sie auch hier darauf, nichts mitzuteilen, was Ihnen später peinlich oder unangenehm sein könnte. Und sollte Ihr Freund zurückhaltend bleiben, auch wenn Sie sich ihm öffnen, dann dringen Sie nicht weiter in ihn oder stellen Sie eine vorsichtige Frage. „Du bist heute Abend sehr still. Das ist in Ordnung, aber falls du über etwas reden möchtest, bin ich ganz Ohr." Dieser Versuch, eine liebevolle Bindung aufzubauen, wird dabei helfen, Ihr unterbewertetes Selbst davon abzuhalten, Ranking zu wittern.

WENN ETWAS ZWISCHEN IHNEN UND JEMAND ANDEREM NICHT STIMMT

Es gibt nichts Intimeres als den Versuch, Ihre inneren Gefühle über etwas mitzuteilen, was Ihnen an dem anderen nicht gefällt. Aber wenn Sie ein unterbewertetes Selbst haben, kann eine solche Unterhaltung rasch zu Ranking führen. Sie haben Angst vor einer Auseinandersetzung, in der Sie den Kürzeren ziehen könnten, oder vor einer Anschuldigung im Gegenzug, die Sie beschämen würde. Falls Sie so etwas schon im Vorhinein befürchten, vermitteln Ihre Sprache oder Ihr Verhalten vielleicht Ranking-Modus. Möglicherweise ergreifen Sie die Selbstschutzmaßnahmen Schuldzuweisung oder Projektion. Und vor allem befürchten Sie, dass Sie zurückgewiesen werden oder die Bindung zerstören, wenn Sie ein Problem ansprechen. Auf lange Sicht gesehen ist es jedoch viel besser, das Problem anzusprechen. Es ist schwer, jemanden zu lieben, wenn man Groll gegen ihn hegt oder ihn wegen eines bestimmten Verhaltens nicht mehr respektieren kann, aber wenn Sie offen sagen, was Sie stört, wird Ihr unterbewertetes Selbst registrieren, dass es keinen Grund zur Angst gibt.

Bevor Sie sich zu Wort melden, sollten Sie sich jedoch vergewissern, dass es auch wirklich eine begründete Beschwerde gibt. Ein Beispiel: Sie kommen in einem Gespräch Ihrer Cousine näher, doch dann bezeichnet sie Sie als „Spaßbremse" und wirft Ihnen vor, dass Sie „sich wegen Kohlehydraten total verrückt machen". Fühlen Sie sich am nächsten Morgen immer noch schlecht wegen dieser Bemerkungen, oder kommen sie Ihnen belangslos vor, nachdem Sie darüber geschlafen haben? Sollten Sie immer noch ein ungutes Gefühl deswegen haben, warten Sie einen guten Zeitpunkt ab, um mit ihr darüber zu reden – nicht wenn sie gerade auf dem Weg zur Arbeit oder erschöpft ist. Wenn sich dann ein passender Moment ergibt, erwähnen Sie zu Beginn mindestens vier positive Dinge – sieben wären noch besser – über Ihre Cousine, bevor Sie vorsichtig und freundlich Ihr Problem mit ihrer Äußerung schildern. Das klingt vielleicht simpel, aber es wirkt.

Vergessen Sie nicht das Problem der Scham – beurteilen oder kritisieren Sie nicht, was Sie vielleicht bei dem anderen als Charakterfehler wahrnehmen. Bleiben Sie bei der Situation, in der der andere etwas getan hat, was Ihnen nicht gefiel, und bringen Sie zum Ausdruck, warum das für Sie unangenehm war. „Wenn du mit deinem Schlüsselbund klapperst, werde ich nervös, weil ich dann glaube, du möchtest gehen." Damit deuten Sie an, dass das Problem möglicherweise bei Ihnen liegt und dass Sie es ansprechen müssen, weil es sonst Ihre Beziehung gefährden könnte. Also sagen Sie nicht: „Zu spät zu kommen ist sehr unhöflich", sondern verwenden Sie lieber die Ich-Form. „Du kommst zu spät, und deshalb bin ich verärgert." Oder: „Ich werde wütend, wenn du nicht pünktlich bist."

Auch wenn Sie es so formulieren, sollten Sie jeden Vorfall einzeln und nicht pauschal ansprechen, um die Scham in Grenzen zu halten.

Also lieber „Ich war wirklich aufgebracht, als du heute zu spät gekommen bist“ anstatt „Es macht mich jedes Mal wütend, wenn du zu spät kommst.“ Wenn es wieder passiert, können Sie es erneut ansprechen.

Auch wenn Sie schlecht über eine Beziehung denken oder Zweifel an dem aufrichtigen Interesse des anderen haben, müssen Sie das zur Sprache bringen. Das kann eine ebenso große Herausforderung sein, denn man schämt sich dann sehr schnell für sein unterbewertetes Selbst. Aber der andere hat sicher auch schon ähnliche Momente erlebt. Wenn Sie Ihre Ängste und Ihre negativen Gefühle über sich selbst ansprechen und dem anderen die Möglichkeit geben, Sie zu unterstützen, wie auch Sie es bei ihm tun würden, können Sie die Bindung enorm stärken. Auf diese Weise bewahren Sie sich gegenseitig vor dem Leid und dem Schaden, das ein unterbewertetes Selbst mit sich bringt.

WIE SIE IN STRESSZEITEN DIE BEDÜRFNISSE DES ANDEREN ERFÜLLEN

Manchmal kann man eine Bindung am besten durch einen Dialog, eine witzige Konversation oder gegenseitige Bekenntnisse stärken, wie ich bereits erwähnt habe. Aber es gibt auch Momente, in denen einer von Ihnen beiden sich in einer Gefühlslage befindet, in der der andere ihm nicht helfen kann. Wenn Sie die Bedürfnisse des anderen erfüllen wollen, können Sie die Bindung am besten stärken, wenn Sie dem anderen Raum für seine Emotionen lassen, ihm zuhören und auf ihn eingehen. In Kapitel 5 haben Sie bereits einiges über Attunement gelernt, als Sie Ihrem Unschuldigen während einer aktiven Imagination geholfen haben. Auch wenn Sie sich gegenseitig aufeinander einstellen, kann das eine heilende Wirkung haben. Attunement bedeutet, die Gefühlslage des anderen genau zu erfassen, manchmal sogar bis zu einem Punkt, an dem man sich beinahe genauso fühlt wie der andere. Anders ausgedrückt: Es handelt sich um Empathie in ihrer intimsten Form.

Stellen Sie sich vor, Sie treffen einen Freund, der offensichtlich gestresst ist. Er erzählt Ihnen, dass seine Eltern sich nach 30 Jahren Ehe scheiden lassen wollen. Ihr erster Instinkt führt Sie zu folgenden Fragen: „Wie hast du davon erfahren? Was haben sie zu dir gesagt? Wollen sie sich tatsächlich scheiden lassen oder trennen sie sich vorläufig?" Oder vielleicht fragen Sie auch: „Wie fühlst du dich dabei?" Manche Menschen empfinden allerdings Fragen nach ihren Gefühlen als unangenehm. Hören Sie daher lieber einfach zu und stimmen Sie sich auf Ihr Gegenüber ein. Versuchen Sie, das zu empfinden, was der andere fühlt. Das bringt Sie fast immer zu einem tief gehenden Gespräch.

Die Möglichkeiten, wie Sie einem Freund in einer Krise helfen können, erinnern an Psychotherapie. Sie lernen zwar tatsächlich einiges, was auch geschulte Therapeuten tun, aber trotzdem besteht darin ein großer Unterschied. Sie müssen nichts davon tun. Tatsächlich würde es eine Bindung nur schwächen, wenn Sie sich dazu zwingen würden, sich auf die andere Person einzustellen. Und Sie müssen darin auch keine herausragenden Fähigkeiten beweisen. Es geht nur darum, sich um den anderen zu kümmern, und Ihre Instinkte werden Ihnen den Weg zeigen.

Was man beim Attunement tun sollte und was nicht

- Versuchen Sie, sich der Stimmung des anderen anzupassen. „Ja, wenn ich höre, dass sie sich trennen wollen, macht mich das auch traurig."
- Reflektieren Sie die Gefühle des anderen, indem Sie die Emotionen, die er Ihnen verbal oder nonverbal mitgeteilt hat, zum Ausdruck bringen. „Ich verstehe, dass das ein großer Verlust für dich ist."
- Zeigen Sie auch auf nonverbale Weise Ihr Interesse und Attunement. Beugen Sie sich vor und schauen Sie dem anderen in die Augen. Wenn der andere etwas Wichtiges sagt, unterbrechen Sie Ihre Tätigkeit. Wenn der andere traurig ist, zeigen Sie ihm durch Ihre Körpersprache und den Tonfall Ihrer Stimme, dass Sie sein Gefühl teilen. Weinen Sie, wenn Ihnen danach zumute ist.

- Verwenden Sie Vergleiche, um Ihr Verständnis zu illustrieren. „Du fühlst dich wie ein Waisenkind?" Metaphern sind oft die beste Methode, um ein Gefühl in Worte zu fassen.
- Falls Sie den falschen Ton getroffen haben, gehen Sie locker damit um. Ihr Freund sagt vielleicht: „Nein, nicht wie ein Waisenkind. Eher so, als würde ich sterben." Selbst wenn seine Korrektur nicht angemessen erscheint, lassen Sie sich auf die Richtung ein, die er vorgibt. Das zeigt ihm, dass Sie ihm dabei helfen wollen, seine Gefühle zu ordnen. Sagen Sie ihm nicht, was er empfinden sollte.
- Versuchen Sie nicht, Ihrem Freund Gefühle auszureden. „Du solltest dich nicht schuldig fühlen."
- Erwähnen Sie jetzt nicht Ihre eigenen Erfahrungen. „Ich war richtig wütend, als sich meine Eltern scheiden ließen."
- Warten Sie eine Weile, bevor Sie weitere emotionale Reaktionen zeigen. Bleiben Sie vorläufig bei Bemerkungen wie „Ich kann gut nachempfinden, wie sehr es dich beunruhigt, dass du nun deine Zuwendung zwischen den beiden aufteilen musst". Selbst ein Kommentar wie „Es tut mir so leid, das zu hören" kann warten. Es versteht sich von selbst, dass das so ist.
- Geben Sie keine Ratschläge, bevor Sie die ganze Situation überblicken und sich sicher sein können, dass Ihr Freund Ihren Rat hören möchte.
- Geben Sie keine klugen Bemerkungen von sich. „Ja, die Scheidung der Eltern kann große Auswirkungen auf das Leben eines Menschen haben."
- Vermeiden Sie Klischees wie „Die Zeit heilt alle Wunden" oder Allgemeinplätze wie „Das Leben ist hart".
- Halten Sie sich mit Fragen zurück. Fragen können ablenken oder darauf hindeuten, was der andere jetzt empfinden sollte, also fragen Sie nur nach, wenn Sie etwas nicht verstanden haben. Selbst Fragen über die Gefühle der anderen Person sind weniger hilfreich als Attunement und Reflexion.

Wenn Sie sich auf Ihren Freund einstellen wollen, müssen Sie ihm Ihre gesamte Aufmerksamkeit zuteilwerden lassen – er muss sehen, dass Sie wirklich interessiert sind. Achten Sie auf seine Gefühle, die sich in seiner Erzählung verbergen. Er sagt zum Beispiel: „Ja, meine Eltern haben mir gestern Abend von der Scheidung erzählt. Sie haben mich zum Abendessen eingeladen. Und ich dachte, sie kämen gut miteinander aus. Was ist mir da entgangen? Ich konnte es nicht fassen. Vielleicht hätte ich sie öfter besuchen oder zu mir einladen sollen. Getrennt voneinander, verstehst du? Um zu erkennen, was da vor sich ging."

Sie erkennen, dass er schockiert ist und sich schuldig fühlt. Sie empfinden seine Emotionen, als wären es Ihre eigenen. Also fassen Sie Ihr Attunement in Worte, die genau die Gefühle und nicht nur die Gedanken Ihres Freunds widerspiegeln. (Halten Sie sich dabei an die soeben erwähnten Regeln.) Sie können zum Beispiel sagen: „Du leidest wirklich darunter. Und sicher wünschst du dir, diese Sache irgendwie aufhalten zu können." Das Attunement soll bewirken, dass Ihr Freund sich stärker seiner Gefühle bewusst wird, was sehr heilend sein kann. Er wird auch Ihr Verständnis spüren, und das wird ihn daran hindern, das Gespräch mit Ihnen aus einer Ranking-Perspektive zu sehen und sich für seine Gefühle zu schämen.

Ihr Freund erwidert dann: „Ja, ich leide darunter. Und ich fühle mich schuldig. Ich möchte, dass sie zusammenbleiben. Ich möchte, dass mein Zuhause genau so bleibt, wie es war, als ich es verlassen habe." Während er weiterspricht, erkennt er, dass er traurig darüber ist, dass die Vergangenheit für immer vorbei ist, und begreift, dass seine Eltern andere Gefühle haben, die er akzeptieren muss.

Linking während einer ernsten Krise

Wenn Sie und eine andere Person eine enge Beziehung haben, werden Sie beide unweigerlich einige Krisen im Leben des anderen miterleben.

Wie Sie damit umgehen, ist oft entscheidend dafür, ob die Bindung stärker wird oder endet, weil eine der beiden Personen das Geschehnis nicht gut verarbeiten kann. Es kann sehr schwierig sein, einen Freund in einer Krise zu sehen, manchmal bricht es einem sogar fast das Herz. Aber wenn Sie Ihre Linking-Fähigkeiten einsetzen, um dem anderen bei der Bewältigung der Krise zu helfen, stärken Sie damit nicht nur die Bindung, sondern tragen auch zur Heilung des unterbewerteten Selbst von beiden bei.

In einem Gespräch über etwas sehr Schmerzliches ist Attunement der Schlüssel, um dem anderen zu helfen. Lesen Sie sich das folgende Beispiel durch und achten Sie dabei darauf, dass das Problem am Anfang gering zu sein scheint. Tatsächlich steckt Sandras Freund aber in ernsten Schwierigkeiten, und das wird ihr bewusst, weil sie sich auf ihn einstellt und entsprechend reagiert.

SANDRA: Wie läuft es mit der Arbeit?

PAUL: Ich überlege seit einiger Zeit, ob ich kündigen soll.

SANDRA: Ist es denn so schlimm?

PAUL: Es liegt an meinem Boss.

SANDRA *(hört die Anspannung in Pauls Stimme)*: Das klingt, als ob dich der Mann richtig fertigmache.

PAUL: Ja, so ist es, und das Schlimmste daran ist, dass ich dort festhänge. Ich kann nicht kündigen.

SANDRA: Du hast das Gefühl, in der Falle zu sitzen? Das hört sich beängstigend an.

PAUL: Ja, und ich mache mir große Sorgen, keinen anderen Job zu finden.

SANDRA: Stehen deine Chancen denn so schlecht?

PAUL: Meine Fähigkeiten sind ziemlich eingerostet. Auf dem Arbeitsmarkt bin ich sicher nicht begehrt.

SANDRA: Oje, dir geht's wohl wirklich nicht gut.

PAUL: Nein, ich fühle mich richtig mies.

SANDRA: Auch deprimiert?

PAUL: Deprimiert? Ja, ich schätze schon. Ich kann nicht schlafen und habe keinen Appetit. Und obendrein habe ich auch noch Probleme mit Phyllis. Ich glaube, sie will sich von mir trennen. Manchmal kann ich einfach nicht mehr.

SANDRA: Du bist an einem Punkt angelangt, wo du am liebsten aufgeben würdest.

PAUL: Ja, ehrlich gesagt will ich manchmal einfach nicht mehr weiterleben. Ich kann es kaum glauben, dass ich das jetzt tatsächlich ausgesprochen habe. Es ist dumm – vergessen wir das einfach.

SANDRA: Das klingt, als würdest du dich dafür schämen, dass es dir schlecht geht. Das verstehe ich, aber jeder in einer so schwierigen Situation würde sich schlecht fühlen. Ich bin wirklich froh, dass du mir das erzählt hast. Dafür sind Freunde doch da, richtig?

PAUL: Ja, wahrscheinlich schäme ich mich tatsächlich. Und du hast recht – wir haben schon einiges miteinander durchgemacht. Aber ich ... ich fühle mich so wertlos.

SANDRA: Das hört sich so an, als würden sich deine Gedanken ständig im Kreis drehen, ohne auf etwas Positives zu stoßen. Es tut mir sehr, sehr leid, das zu hören. Sicher ist das unheimlich schwer für dich.

PAUL: Wenigstens kann ich mit dir darüber reden. Vielen Dank.

SANDRA: Nichts zu danken. Das berührt mich sehr. Ich bin froh, dass du mit mir darüber redest; ich höre dir gern zu und freue mich, dass dir das hilft.

PAUL: Andere Menschen sind doch am wichtigsten. Vielleicht sollte ich mich nach einem neuen Job umhören.

SANDRA: Ah, ein kleiner Hoffnungsschimmer?

PAUL: Vielleicht. Ich sollte versuchen, etwas anderes zu finden, bevor ich kündige. Wie geht es eigentlich dir?

SANDRA: Nett, dass du fragst, aber willst du nun wegen mir das Thema wechseln?

PAUL: Na ja, ist nicht sehr höflich, ein Gespräch nur um sich kreisen zu lassen.

SANDRA: Erinnerst du dich an vergangenen März, als Pat und ich uns getrennt haben und ich am Boden zerstört war? Du hast mir unglaublich viel geholfen, indem du mir einfach nur zugehört hast. Und jetzt bist du an Reihe. Du bist ja schließlich auch nicht ständig so niedergeschlagen.

Achten Sie darauf, wie Sandra Paul hilft:

- Sie antwortet zu Beginn nicht mit Sätzen wie „Ja, ich würde manchmal auch am liebsten kündigen“, sondern hört weiter zu, um mehr zu erfahren.
- Fast alles, was sie sagt, dreht sich um Gefühle. Obwohl sie unbedingt mehr wissen und Paul helfen will, hält sie sich fern von oberflächlichen Fakten („Was hat dein Boss denn dieses Mal gemacht?“), Ratschlägen („An deiner Stelle würde ich kündigen!“) oder Gedanken („Es ist erstaunlich, was sich Firmen heutzutage erlauben können.“) Indem sie bei seinen Gefühlen bleibt, vertieft sie den Austausch und erfährt, was in Pauls Innerstem vorgeht.
- Ihr Zuhören hat ihn dazu gebracht, seine Selbstmordgedanken zu äußern. Obwohl solche Gedanken niemals ignoriert werden sollten, stürzt sie sich nicht sofort darauf. Sie kann später noch einmal darauf eingehen und Paul möglicherweise vorschlagen, sich professionelle Hilfe zu suchen. Manchmal sagen wir, dass wir sterben wollen, weil das unser einziger Weg ist, um unsere Hoffnungslosigkeit und die extreme Unterbewertung unseres Selbst auszudrücken.
- Sie versichert ihm dreimal, dass seine Gefühle in Ordnung sind und dass sie etwas darüber hören möchte. Wenn man sich schämt, erscheint einem das Leben oft ausweglos und man glaubt, dass die Bindungen zu anderen Menschen ebenfalls verloren gehen.

- Hin und wieder spricht sie auch ihre eigenen Gefühle an, aber nur, damit er begreift, dass sie ihn nicht verurteilen oder im Stich lassen wird.
- Sein verhaltener Optimismus entgeht ihr zwar nicht, aber sie nimmt ihn auch nicht zu euphorisch auf.
- Sie lässt es nicht zu, dass er aus Scham das Thema wechselt.

Attunement empfangen

Wenn Sie eine Bindung stärken wollen, ist es ebenso wichtig, in einer Stresssituation Hilfe zuzulassen, wie dem anderen zu helfen. Wenn Sie Ihre Gefühle zurückhalten, bleibt die Beziehung unausgeglichen. Sie wird weniger eng für Sie, weil Sie nicht riskieren, sich zu öffnen, selbst wenn Sie dem anderen vertrauen. Und für den anderen wird sie auch weniger eng, weil er Ihre Stimmung spürt, auch wenn Sie ihm nicht sagen, was mit Ihnen los ist. Betrachten Sie sich also nicht als selbstsüchtig oder belastend, wenn Sie das Attunement eines anderen brauchen. Sie genießen es doch, wenn Sie sich auf einen engen Freund eingestellt haben, also warum sollte er sich nicht auch mit Freude auf Sie einstellen? Wenn Sie sich gegenseitig etwas bedeuten, teilen Sie gern Ihre Gefühle mit dem anderen und verstärken dadurch Ihre enge Bindung.

Manche Freunde spüren sofort, wenn Sie etwas auf dem Herzen haben, andere müssen Sie darauf hinweisen. Werten Sie nicht automatisch jedes überhörte Stichwort oder eine kurze abschweifende Aufmerksamkeit als Desinteresse. Manche Menschen sind einfach sensibler als andere. Geben Sie dem anderen eine Chance, indem Sie sagen: „Ich muss dringend über etwas reden." Und wenn Ihr Freund Ihnen dann zu schnell einen Rat gibt, erwidern Sie: „Ich weiß deinen Rat zu schätzen, aber im Augenblick hilft es mir schon, wenn du mir nur zuhörst. Das bedeutet mir sehr viel." *Und halten Sie Ihre Tränen nicht zurück*. Tränen sind ein eindeutiges Zeichen dafür, dass Sie sich in einer Notlage befinden. Wenn Sie sich von Ihrem Freund trösten lassen, auch wenn es Ihnen ein wenig peinlich sein mag, kann das Ihr gegenseitiges Vertrauen bestätigen.

Vor allem wenn Ihr unterbewertetes Selbst durch Ihren Kummer aktiviert wurde, sollten Sie versuchen zu begreifen, dass Ihr Freund sich wirklich um Sie sorgt. Falls Sie irgendwelche Zweifel haben, fragen Sie doch einfach nach, wie er über das Gesagte und über Sie denkt. Wahrscheinlich werden Sie sofort Bestätigung erhalten, und eigentlich weiß ein Teil von Ihnen das bereits vorher – Ihr unterbewertetes Selbst will es allerdings noch einmal hören. Und falls Sie den Versicherungen nicht glauben können, geben Sie es zu. Möglicherweise halten Sie Ihr innerer Kritiker oder Ihr Beschützer-Verfolger davon ab. Wenn Ihr Freund über den Beschützer-Verfolger und Ihr unterbewertetes Selbst Bescheid weiß, erklären Sie ihm, was in Ihnen gerade geschieht. Und versuchen Sie, die Regel des Beschützer-Verfolgers zu brechen, die Ihnen vorschreibt, dass Sie niemandem glauben sollen, der sich anscheinend um Sie bemüht.

Erfolge teilen

Forschungen haben gezeigt, dass sich die engsten Beziehungen entwickeln, wenn man gemeinsam die Erfolge des jeweils anderen feiert.[5] Und genau das hat Geri getan.

MAX: Ich kann es kaum glauben – ich habe eine sehr gute Leistungsbeurteilung bekommen, bin befördert worden und bekomme sogar ein höheres Gehalt. Und das bei all den Entlassungen. Irgendetwas muss ich wohl richtig gemacht haben.

GERI: Nur irgendetwas? Das ist fantastisch. Großartige Neuigkeiten! Ich freue mich riesig für dich. Du bist sicher begeistert.

MAX: Natürlich. Aber ich bin auch erstaunt. Ich habe zwar sehr hart dafür gearbeitet, aber trotzdem ...

GERI: Du hast wirklich alles gegeben. Also was meinst du mit „trotzdem"?

MAX: Na ja, du weißt schon. Viele meiner Freunde wurden gefeuert.

GERI: Fühlst du dich schuldig?

MAX: Vielleicht. Nein, eigentlich nicht. *(Er lacht.)* Ich bin einfach nur hin und weg.

GERI *(lacht ebenfalls)*: Das kann ich mir vorstellen. Es ist wirklich großartig!

Wenn Sie näher auf den Erfolg eines Freundes eingehen, geben Sie der Beziehung wertvolle Nahrung. Aber wenn Sie nun ein wenig neidisch sind und sich unterbewerten, weil Ihr Freund auf ganzer Linie viel besser zu sein scheint als Sie? Oder wenn Sie versuchen, sich durch Überhöhung zu schützen und seinen Erfolg als unbedeutend abtun? Forschungen haben gezeigt, dass zwei Menschen, die nicht auf demselben Gebiet in Konkurrenz stehen, sich über die Erfolge des anderen viel stärker freuen können.[6] Wenn Ihr Mann auf einem Bankett als bester Verkäufer ausgezeichnet wird, können Sie sich vorstellen, wie gut seine Auszeichnung sich neben Ihrem Preis, mit dem Sie als beste Tänzerin geehrt wurden, machen wird.

Rufen Sie sich Details ins Gedächtnis und zeigen Sie Ihre Zuneigung

Bevor Sie sich mit einem Freund zum Beispiel zum Mittagessen verabreden, denken Sie darüber nach, was in letzter Zeit alles bei ihm los war. Sucht er nach einer neuen Wohnung? Pflegt er seine kranke Mutter? Erholt er sich von einer Verletzung? Hat er Ihnen erzählt, dass seine Frau ein Kind erwartet? Manche Menschen, die wissen, dass sie dazu neigen, Details zu vergessen, machen sich nach einem Gespräch sogar Notizen. Wenn Sie solche Dinge erwähnen und Ihrem Freund auf diese Weise Ihr Interesse zeigen, stärkt das die Bindung zwischen Ihnen.

Zeigen Sie ihm auch Ihre Zuneigung. Sagen Sie alles, was aus Ihrem Herzen kommt, wie zum Beispiel: „Jetzt habe ich zehn Gründe mehr, um unsere Freundschaft zu schätzen." Wenn Sie Freude an dem Zusammensein mit ihm empfinden, sagen Sie ihm das so oft, wie er das Ihrer Meinung nach hören möchte. „Ich finde es sehr schön, mich mit dir unterhalten zu können." Oder: „Ich freue mich schon sehr, dich wiederzusehen." Oder: „Ich möchte dich wissen lassen, wie sehr du mir am Herzen liegst." Und wenn es sich für Sie gut anfühlt: „Bis dann – ich hab dich lieb."

Nehmen Sie sich Zeit für die Vertiefung Ihrer Bindungen

Für die Bindung in einer Beziehung, die Ihnen wichtig ist, müssen Sie sich entsprechend Zeit nehmen. Ich kann nicht oft genug betonen, wie wichtig starke und bereichernde Bindungen für die Heilung des unterbewerteten Selbst sind.

Treffen Sie Verabredungen. Wenn Sie zu vermeidender Unsicherheit neigen oder von einem Beschützer-Verfolger zurückgehalten werden, müssen Sie die Initiative ergreifen, um regelmäßig Kontakt zu Ihren Freunden zu halten. Vereinbaren Sie, wie oft Sie sich treffen wollen, und machen Sie sich entsprechende Notizen in Ihrem Kalender.

Erstellen Sie Ihre Prioritätenliste. Wenn Sie eine Bindung stärken wollen, ist es unabdingbar, zu Ereignissen zu gehen, die für Ihren Freund wichtig sind: Hochzeiten, Abschlussfeiern oder andere Festlichkeiten, zu denen Sie eingeladen wurden. Wenn ein Freund Ihre Hilfe braucht, müssen Sie Ihren Terminplan ändern und sich notfalls auch rasch in einen Flieger setzen. Messen Sie nicht automatisch dem, was in Ihrem Leben gerade vor sich geht, so große Bedeutung zu, dass Sie sich dazu verleiten lassen, ihm nicht zur Seite zu springen. Natürlich können

Sie das nicht für jeden tun. Die Entscheidung können Sie schnell und einfach anhand einer mentalen Liste treffen. Auf dieser stehen die Personen, für die Sie alles stehen und liegen lassen würden, wenn diese Sie brauchen oder wenn es um ein besonderes Ereignis geht. Halten Sie die Liste immer auf dem neuesten Stand. Hier geht es nicht um eine Rangliste, sondern darum, Ihre engsten Beziehungen zu würdigen.

Wenn Beziehungen nicht funktionieren

In Kapitel 4 haben Sie gelernt, es nicht persönlich zu nehmen, wenn Sie versuchen, eine Bindung aufzubauen, und zurückgewiesen werden. Diese Lektion ist sehr wichtig, denn ein gescheiterter Versuch einer Annäherung kann sich wie eine Niederlage anfühlen. Das aktiviert mit großer Wahrscheinlichkeit das unterbewertete Selbst. Sie werden in den Ranking-Modus versetzt und ziehen die Schlussfolgerung, so etwas nie wieder zu versuchen. Weil Sie zurückgewiesen wurden, sind Sie der Ansicht, nicht so gut wie die anderen zu sein. Vielleicht bemerken Sie all das gar nicht, aber ein Teil von Ihnen beschließt, in Zukunft in solchen Situationen viel vorsichtiger zu sein, um keine Zurückweisung mehr erleiden zu müssen.

Wenn Sie versuchen, eine Bindung zu vertiefen, wirkt sich eine Zurückweisung viel subtiler aus. Möglicherweise möchten Sie dem anderen näher sein, als er sich das wünscht, oder Sie glauben, dass Sie die Gefühle des anderen vollkommen falsch interpretiert haben. Das kann viel schmerzhafter sein als die Zurückweisung eines Fremden oder eines flüchtigen Bekannten. Wahrscheinlich beschließen Sie dann, sich weniger einzubringen, sich weniger zu kümmern, alles etwas oberflächlicher zu halten, aber damit hat das unterbewertete Selbst die Oberhand gewonnen.

Wenn Sie einfach nur annehmen, dass Sie der Grund für den fehlgeschlagenen Versuch sind, haben Sie dabei nicht berücksichtigt, dass das Problem möglicherweise bei der anderen Person liegt. Nehmen wir einmal an, eine neue Freundin lehnt Ihre zweite Einladung zum Abendessen ab. Vielleicht hat sie nur festgestellt, dass sie einfach keine Zeit für eine weitere enge Beziehung aufbringen kann, will Ihnen das aber nicht sagen, weil sie Sie sehr mag.

Wenn Sie versuchen, eine Beziehung zu vertiefen, werden Sie möglicherweise auf einige unbewusste Widerstände beim anderen treffen, die sich wie eine Zurückweisung anhören, aber etwas ganz anderes bedeuten. Ohne es zu wissen, aktivieren Sie vielleicht ein Selbstschutzmaßnahme. Beispielsweise erzählt Ihnen Ihr Bruder etwas über eines seiner Probleme, und Sie versuchen, sich auf ihn einzustellen. Er schämt sich aber für seine Gefühle, die Sie spiegeln, und erwidert: „Das macht mir eigentlich nichts aus“ (Bagatellisierung), oder: „Ach, versuchst du mal wieder, die Therapeutin zu spielen?“ (Schuldzuweisung), oder: „So schlimm war das jetzt nicht für mich, aber für dich scheint sich da ja eine Krise anzubahnen“ (Projektion).

Vielleicht meidet der andere Bindungen generell und sagt dann so etwas wie: „Ich brauche kein Mitleid.“ Oder: „Lass uns das Thema wechseln.“ In diesem Fall sind Sie sich beide wahrscheinlich grundsätzlich uneinig darüber, wie eng eine enge Beziehung sein sollte. Derjenige, der das Thema zu vermeiden sucht, wünscht sich zwar die Sicherheit einer festen Bindung, scheut aber die Intimität, die damit verbunden ist.

Es könnte auch sein, dass Sie bei dem anderen auf ein emotionales Schema treffen. Sie sind sich bewusst, wie sehr Ihren Freund ein Telefonat mit seiner Mutter beschäftigt, und Sie versuchen, ihm mit einem Gespräch darüber zu helfen, erhalten aber eine überraschend feindselige Reaktion. „Warum erwähnst du jedes Mal meine Mutter, wenn ich mich mal ein wenig unsicher fühle? Anscheinend hältst du sie für ein Ungeheuer, nur weil sie uns Kinder jeden Tag geschlagen hat.“

Eventuell begegnen Sie auch dem Beschützer-Verfolger Ihrer Freundin, der alles tun wird, um Sie von einer engen Beziehung abzuhalten.

Wenn Sie eine Abfuhr erhalten, als Sie sich ihr genähert haben, und dann feststellen, dass das Problem nicht bei Ihnen, sondern bei Ihrer Freundin liegt, lassen Sie nicht das unterbewertete Selbst eingreifen. Denken Sie stattdessen darüber nach, diese Beziehung zu beenden. Lassen Sie es nicht zu, dass das unterbewertete Selbst Ihnen vorgaukelt, dass es für die andere Person nur den einen Grund gebe, nämlich dass Sie nicht gut genug für sie seien.

MIT DEM ERLERNTEN ARBEITEN

Nun folgt eine lange Liste, aber Sie müssen nicht alle Punkte gleichzeitig abarbeiten.

1. **Treffen Sie eine Entscheidung, zu wem Sie Ihre Bindung stärken wollen.** Schauen Sie sich noch einmal die Übung mit den sich überlappenden Kreisen am Anfang des Kapitels an. Entscheiden Sie sich für eine Person, mit der Sie sich eine größere Überschneidung wünschen – egal, ob es um eine neue Bekanntschaft, eine erste Verabredung, einen Verwandten oder einen langjährigen Freund handelt, mit dem Sie sich eine engere Verbindung wünschen.
2. **Planen Sie, gemeinsam etwas zu unternehmen.** Überlegen Sie sich eine besondere Freizeitbeschäftigung oder eine Herausforderung, die Sie einander näherbringt.
3. **Führen Sie eine angeregte Unterhaltung herbei.** Dabei sollten Ihre Bemerkungen wie ein Tennisball hin- und herfliegen. Wenn der andere nicht ganz so wortgewandt ist wie Sie, dann lassen Sie ihm ein wenig Zeit, damit er sich nicht unterlegen fühlt. Behalten Sie das Ziel im Auge, dass das Gespräch schwungvoll und anregend sein soll.
4. **Tauschen Sie sich aus, was Sie einander näherbringt.** Sprechen Sie über Ihre Gedanken und sagen Sie dem anderen, was Sie in diesem Moment für ihn empfinden. Das sollte in folgenden Schritten

ablaufen: Zuerst sprechen Sie über Ihre Gefühle in der Vergangenheit, dann über Ihre Gedanken und Gefühle in der Gegenwart, anschließend über Sie beide betreffende Gefühle in der Vergangenheit und zum Schluss über Gedanken und Gefühle in der Gegenwart, die Sie beide betreffen.

5. **Stellen Sie sich auf den anderen ein, wenn er angespannt oder aufgebracht ist.** Befolgen Sie dabei die Regeln zum Attunement – was sollten Sie tun und was nicht? (Seite 265f.)
6. **Stellen Sie sich auf den anderen ein, wenn er einen Erfolg verbuchen kann.** Achten Sie auf mögliches Ranking-Verhalten durch Eifersucht von Ihrer Seite und bleiben Sie beim Linking.
7. **Wenn Sie etwas am Verhalten des anderen irritiert hat, sprechen Sie ihn darauf an.** Versuchen Sie aber, das so zu tun, dass auf beiden Seiten kein Schamgefühl aufkommt.
8. **Wenn Sie mit einer belastenden Situation zu kämpfen haben, sprechen Sie darüber.** Halten Sie den anderen auf dem Laufenden und bleiben Sie bei Ihren Gefühlen. Vielleicht sprechen Sie mit dem anderen auch über das, was man beim Attunement tun sollte und was nicht.
9. **Denken Sie über eine gescheiterte Beziehung nach, die Ihr unterbewertetes Selbst gefördert hat.** Haben Sie jetzt andere Einsichten, was der Grund gewesen sein könnte? Gelingt es Ihnen jetzt, sich nicht mehr so niedrig einzustufen, wenn Sie daran denken?

KAPITEL 8
EINE FESTE BEZIEHUNG: DER LETZTE SCHRITT ZUR HEILUNG DES UNTERBEWERTETEN SELBST

Im letzten Kapitel haben Sie gelernt, wie Sie in einer Beziehung die Nähe steigern können – bis zur Liebe, wie sie in diesem Buch definiert wird. Dieses Kapitel soll Ihnen dabei helfen, diese Liebe aufrecht zu erhalten. Aber auch wenn Sie sich derzeit nicht in einer Liebesbeziehung befinden, ist dieses Kapitel trotzdem sehr wichtig für Sie. Es gibt unterschiedliche Grade von Bindungen, und möglicherweise befinden Sie sich im Augenblick auf dem Weg zu einer tieferen Bindung mit jemandem und wenden die in den Kapiteln 4 und 7 geschilderten Methoden an. Für mich bedeutet eine feste Liebesbeziehung, dass man zusammenwohnt oder in engem Kontakt steht und sich gegenseitig bei jeglichen Krisen- und Problemsituationen unterstützen will. Auch wenn sich dieses Kapitel auf Liebespaare bezieht, lässt es sich ebenso auf Beziehungen zwischen engen Freunden oder Verwandten anwenden.

Dieses Kapitel ist der letzte Schritt auf Ihrer Reise, denn Liebe besitzt, neben vielen anderen Vorzügen, eine tief greifende Wirkung auf das unterbewertete Selbst. Sie beschützt Sie davor, von Ranking überrollt zu werden. Sie hilft Ihnen besser als alles andere dabei, Traumata zu überwinden. Und nur eine beständige Liebesbeziehung kann Ihnen die Sicherheit geben, die Sie in Ihrer Kindheit vielleicht vermisst haben, denn sie zeigt Ihnen, dass Sie geschätzt werden und sich der Unterstützung Ihres Partners sicher sein können – in guten wie in schlechten Zeiten. Sie wurden bisher noch nicht im Stich gelassen oder missbraucht, und allmählich glauben Sie daran, dass das auch nie der Fall sein wird. In allen Beziehungen gibt es natürlich Probleme, aber Sie lernen, diese auf eine

Weise zu lösen, die eher Linking als Ranking fördert. Selbst wenn Sie voneinander getrennt sind, ist Ihr Partner allein schon in Gedanken Teil Ihres Lebens. Die Liebe des anderen ist eine Tatsache.

WIE MAN LIEBE DURCH DAS STÄRKEN DER BINDUNG SCHÜTZT

Paradoxerweise kann eine feste Beziehung das unterbewertete Selbst mehr verstärken als eine weniger enge Bindung. Je näher und fester Ihre Beziehung ist, desto mehr Gründe gibt es für Konflikte, Selbstschutzmaßnahmen, aus der Kindheit stammende Gefühle der Unsicherheit, ausgelöste emotionale Schemata und die Abwehr Ihres Beschützer-Verfolgers. All diese Dinge verstärken Ranking, und je mehr Ranking sich in Ihre Beziehung einschleicht, umso weniger Chancen hat wahres Linking darin. Auch wenn Sie einander noch so oft beteuern, dass Sie sich lieben, kann Ihre Beziehung zu einem Kampf darüber werden, wer wen kontrolliert. Es ist eine ungute Situation, wenn sich Ihr unterbewertetes Selbst leicht aktivieren lässt. Also müssen Sie lernen, wie man Liebe schützen kann. In den meisten Fällen besteht die beste Lösung darin, das Linking zu intensivieren. Betrachten Sie Ihre Bindung wie ein Bankkonto. Bei Problemen ist es nötig, etwas einzusetzen, um die unvermeidlichen Konflikte und Ranking-Kämpfe in den Griff zu bekommen. Deshalb sollten Sie regelmäßig etwas auf Ihr Konto einzahlen, um dafür gerüstet zu sein, aber natürlich auch versuchen, Ihre Ausgaben zu minimieren.

Nutzen Sie die Entwicklungsmöglichkeiten, die Liebe mit sich bringt

Mein Mann und ich haben bei unseren intensiven Forschungen herausgefunden, dass man sich am besten rüstet, wenn man in einer engen Beziehung seinen Sinn für Selbstentwicklung erweitert. Selbstentfaltung mag sich vielleicht egoistisch anhören, aber gemeint ist damit, dass Sie sich in der Gegenwart einer geliebten Person größer und stärker fühlen.[1] Sie teilen die Perspektive des anderen, wichtige Gedanken, den Status anderen gegenüber und in Krisenzeiten auch Ihre Kräfte. Wenn zwei sich liebende Menschen sich unschlagbar fühlen, geht es nicht um Ranking, sondern um das herrliche Gefühl, sich erweitern zu können – so, als könnten Sie plötzlich in alle Richtungen schauen. Sie gehen aufrechter und haben das Empfinden, als Person stark zu sein. Und Sie bewerten sich nicht mehr zu gering. Hier entfaltet eine Bindung ihre ganze Kraft.

Wenn sich eine Beziehung auf die in Kapitel 7 beschriebene Weise vertieft, kommen Sie in den Genuss dieser Expansion bei sich und Ihrem Partner – das ist sehr aufregend, vor allem, wenn das Ganze recht schnell geschieht. Wenn Sie dann miteinander vertrauter werden, verlangsamt sich die Entwicklung natürlich. Es gibt dann nicht mehr so viel Neues übereinander zu erfahren. Möglicherweise empfinden Sie die Partnerschaft als angenehmen Status quo, was wesentlich weniger aufregend ist als die Selbstentfaltung. Vielleicht langweilen Sie sich sogar ein wenig. Falls Sie sich dann selbst beschuldigen, nicht interessant genug zu sein, ruft das Ihr unterbewertetes Selbst wieder auf den Plan. Dann bewerten Sie den Rang Ihrer Beziehung entsprechend, weil sie scheinbar weniger aufregend ist als die anderer Menschen.

Entfaltung durch Gespräche

Eine Möglichkeit, das Gefühl der gemeinsamen Entfaltung zu bewahren, besteht darin, tägliche Erlebnisse zu teilen und sich vor allem auf ungewöhnliche oder besonders interessante zu konzentrieren. Zum Beispiel könnten Sie sich gegenseitig fragen: „Was hast du heute erlebt, was für dich vollkommen neu war?“ Zu Beginn mag das ein wenig gezwungen erscheinen, aber denken Sie an die Alternativen, die wesentlich weniger Wirkung mit sich bringen. Bei einer Frage wie „Wie war dein Tag heute?“ kommt meist eine Antwort wie „Oh, nicht so toll“ oder „Ach, alles wie gehabt“.

Jedes Gespräch kann zur Selbstentfaltung beitragen. Sicher fallen Ihnen einige Gespräche ein, die Sie mit einem alten Freund oder einem langjährigen Partner geführt haben und die die Beziehung neu belebt, vertieft und lebendiger gemacht haben. Rufen Sie sich ins Gedächtnis, was in diesen Gesprächen geschehen ist, und versuchen Sie, die wichtigsten Elemente, bei denen Sie sich am besten entfalten konnten, zu wiederholen.

Meist drehen sich solche Dialoge um vertrauliche Dinge und Gefühle, die sich in diesem Augenblick auf Sie beide beziehen. In Kapitel 7 wurde erörtert, wie Sie solche Gesprächsfähigkeiten entwickeln können. Wenn Sie beide lieber über intellektuelle Dinge als über Gefühle sprechen, wählen Sie ein Thema, das Sie beide interessiert, oder, noch besser, unterhalten Sie sich über eine Sache, von der Sie beide begeistert sind. Mein Mann und ich beginnen üblicherweise einen freien Tag, indem wir uns noch im Bett unterhalten. Wir wachen auf und bringen uns auf den neusten Stand. Häufig stoßen wir dabei auf einen neuen Gedanken, der einen von uns beiden im Lauf der Woche fasziniert hat. Natürlich geht es meistens um ein psychologisches Thema, und wir haben viel Spaß dabei, neue Erkenntnisse zu gewinnen. Das würde nicht jeder als intim oder amüsant ansehen, aber für uns ist es ein Mittel, unsere Liebe immer wieder aufzufrischen. Wir erfahren dabei, wie sehr uns unsere Bindung die Möglichkeit gibt, uns selbst zu entfalten.

Entfaltung durch gemeinsame Aktivitäten

Nicht nur durch Gespräche lässt sich eine feste Beziehung erweitern. Tatsächlich sollte man sich langfristig nicht nur darauf verlassen. Mein

Mann und ich haben intensiv die Auswirkungen bei Paaren erforscht, die neue und herausfordernde Dinge miteinander unternommen haben. In unserem Versuchsraum haben wir Paare gebeten, gemeinsam einfache Geschicklichkeitsübungen zu machen. Zum Beispiel mussten sie mit zusammengebundenen Fuß- und Handgelenken in einer bestimmten Zeit möglichst oft einen Ball über eine Barriere hin- und herschlagen. Oder wir haben sie gebeten, zwei Stunden pro Woche gemeinsam etwas Neues, Aufregendes oder Herausforderndes zu tun; die Paare in einer Kontrollgruppe unternahmen stattdessen etwas Angenehmes. In allen Fällen fühlten sich die Paare, die eine aufregende Aufgabe übernommen hatten, einander näher. Sie waren zufriedener mit ihrer Beziehung und fühlten sich stärker miteinander verbunden. Darüber hinaus fühlte sich auch jeder Einzelne besser, da diese Erlebnisse das unterbewertete Selbst in Schach hielt.[2]

Natürlich sollten Sie eine Aktivität wählen, die für beide gut geeignet ist. Manche Paare möchten vielleicht Drachenfliegen oder Gerätetauchen lernen, andere gehen lieber zum ersten Mal in die Oper oder besuchen einen Vergnügungspark. Überlegen Sie, was in Ihrer Beziehung eine aufregende, neue oder herausfordernde Aktivität sein könnte, an der Sie beide Spaß haben.

Körperliche Intimität

Wir alle möchten instinktiv dem Menschen, den wir lieben, nahe sein. Wir wollen wissen, wo er sich aufhält, wenn er nicht bei uns ist. Wir wollen ihn zumindest hin und wieder berühren und auch von ihm berührt werden. Linking ist wesentlich befriedigender, wenn es angenehme Berührungen einschließt.

Wenn sexuelle Intimität angebracht ist und von beiden gewünscht wird, kann sie eine enge Beziehung mehr stärken als alles andere. Wir neigen dazu, Sex am stärksten zu genießen, wenn wir den anderen über alles lieben – Sex nur mit ihm haben wollen, ihn auf sexueller Ebene kennenlernen und auf seine Bedürfnisse eingehen wollen. Sexuell aktiv zu sein kann das unterbewertete Selbst heilen, denn Sex ist ein wunderbares Mittel, um Scham zu verringern. Wie viele andere Menschen haben Sie vielleicht ein gewisses Schamgefühl entwickelt, wenn es um Ihren Körper, um Ihre Sexualität und jeglichen Impuls, etwas für sich selbst einzufordern, geht. All diese Hemmungen tragen zu dem Gefühl bei, dass mit Sexualität etwas nicht in Ordnung ist. Aber ungezwungener, liebevoller Sex reduziert das allgemeine Schamgefühl, indem es Ihnen das Gefühl vermittelt, dass Ihr Körper und Ihre sexuelle Lust in den Augen des anderen etwas Wunderschönes sind. Und während eines Orgasmus gibt es meist einen Moment, in dem Sie alles um sich herum vergessen. Dann zählen nur noch Ihre eigenen Bedürfnisse und Ihr Vergnügen, und Ihr Partner akzeptiert das und freut sich darüber.

Haben Sie Geduld, wenn einer von Ihnen beiden sich Sex wünscht, der andere aber nicht, denn auch das stärkt eine Bindung. Sex zu haben, obwohl einer von Ihnen beiden gerade nicht in der Stimmung dafür ist, ist jedoch keine gute Idee. Auch wenn es so aussieht, als würde man damit die Bedürfnisse des anderen befriedigen und ihm ein Zeichen seiner Liebe geben, wird Sex dadurch zu einer Rangordnungssache, bei der Sie das Gefühl haben, tun zu müssen, was der andere von Ihnen will. Überdies wird Ihr Partner damit zu demjenigen, der Sex fordert, und Sie hingegen verlieren Ihre Lust und das Vergnügen daran, wenn es zu oft und in Momenten zu Sex kommt, in denen es Ihnen unangenehm ist. Vielleicht glauben Sie dann sogar, dass etwas mit Ihnen nicht stimmt. Und bei Ihrem Partner entsteht der Eindruck, dass Sie ihn nicht mehr sexuell begehren. Und schon befinden Sie sich beide fest im Griff des unterbewerteten Selbst.

Falls das passiert, ist es sehr hilfreich, wenn Sie sich darauf einigen, dass derjenige mit dem geringeren Bedürfnis nach Sex jeweils die Initiative ergreift. Durch diese Vereinbarung wird sich wieder ein natürlicher Rhythmus in Ihrem Sexleben einstellen. Ihrem Partner wird das sicher gefallen, denn wenn Sie ihm zeigen, dass Sie Sex mit ihm haben wollen, wird er Ihre wahre Liebe und Ihre Lust spüren, anstatt sich mit einem zögernden Einverständnis zufriedengeben zu müssen.

Liebevolle Kommunikation

Zwei Menschen, die sich nähergekommen sind, verabschieden sich am Telefon oder in einer Mail oft mit „Hab dich lieb". Unserem festen Partner sagen wir regelmäßig „Ich liebe dich". Zwei eher schroffe Menschen riskieren es vielleicht nur zu sagen: „Ich finde unsere Freundschaft gut." Oft vergessen wir jedoch, dem anderen zu sagen, was wir an ihm mögen. Wenn wir das miteinander teilen, führt das direkt zu einer Stärkung unserer Bindung und hilft uns auch, das jeweilige unterbewertete Selbst zu heilen.

Mein Mann und ich haben uns einmal die Zeit während einer langen Autofahrt damit vertrieben, indem wir zehn Dinge aufgezählt haben, die wir am anderen besonders mögen. Das führte zu einer Studie, in der wir einige Personen fragten, warum sie sich in ihren Partner verliebt hatten. Einige führten die guten Eigenschaften des anderen an, aber eine erstaunlich große Anzahl der Befragten gab an, dass es einfach in dem Moment passiert sei, in dem sie herausfanden, dass der andere Zuneigung für sie empfand.[3] Das Signal, dass die Anziehung gegenseitig ist, dass man eine Beziehung mit dem anderen ohne das Risiko einer Zurückweisung eingehen kann, und die Entdeckung, dass der andere uns mag, hilft uns, das unterbewertete Selbst zu heilen. Unsere guten Eigenschaften kommen uns erst zugute, wenn der andere sie bemerkt. Dann geht es nicht um den Rang, den wir damit erlangen, sondern darum, dass der andere sie zu schätzen weiß und uns liebt, weil wir sie besitzen.

WENN SIE OHNE VERNÜNFTIGEN GRUND RANKING WAHRNEHMEN

Die Eigenschaft des unterbewerteten Selbst, ständig Ranking wahrzunehmen, auch wenn es nicht vorhanden ist, gefährdet eine feste Beziehung fortwährend. Vor allem, wenn Sie das Gefühl haben, dass der andere auf Sie herabsieht oder Sie kontrolliert, obwohl das nicht der Fall ist. Sie sind zum Beispiel in einen Mann verliebt, der Ihre Textnachrichten ständig ignoriert. Er versichert Ihnen, dass er auch bei anderen nie Nachrichten beantwortet, und Sie wissen, dass das stimmt. Trotzdem erwidern Sie stets seine Nachrichten. Er behauptet, Sie zu lieben, und er scheint es ernst zu meinen und zeigt es Ihnen auch auf verschiedene Wegen. Aber wenn Sie mit ihm kommunizieren wollen, ihm eine liebevolle Nachricht hinterlassen und keine Antwort darauf bekommen, ist es schwer zu glauben, dass er damit nicht den Zugang zu ihm beschränken will. Also nehmen Sie an, dass seine Zeit kostbarer ist als Ihre und dass er einen höheren Rang einnimmt.

Was können Sie tun, wenn die Handlungen des anderen Sie in einen Ranking-Modus versetzen? Der erste Schritt besteht darin, mit Ihrem Partner darüber zu sprechen. Sagen Sie ihm, was Sie dabei fühlen, und hören Sie sich an, was er möchte, dass Sie dabei empfinden. Wenn er sein Verhalten nicht ändert, bitten Sie ihn, sich zumindest weniger oft so zu verhalten. Wenn Ihre Bitte zu einem Konflikt führt, fragen Sie ihn, ob er bereit wäre, mit Ihnen die Schritte zur Konfliktbewältigung durchzugehen, die später in diesem Kapitel empfohlen werden.

Wenn Sie sich benutzt fühlen

Wenn Sie mehr gegeben als empfangen haben, sehen Sie vielleicht Ranking da, wo es nicht vorhanden ist. Zu Beginn einer Beziehung versuchen Sie, beides im Gleichgewicht zu halten. Aber selbst bei Freundschaften bedeutet eine feste Bindung in guten wie in schlechten Zeiten füreinander da zu sein, egal, ob man gesund oder krank ist. Wenn der andere über einen längeren Zeitraum sehr viel Unterstützung von Ihnen braucht, fühlen Sie sich möglicherweise benutzt. Dafür sollten Sie sich nicht schämen, aber Sie sollten auch nicht offen über Ihr Ranking-Gefühl sprechen. Eine direkte Bemerkung darüber könnte bei dem anderen ein Schamgefühl auslösen und Selbstschutzmaßnahmen wie Schuldzuweisung hervorrufen. „Ich habe dich doch nie darum gebeten, das alles für mich zu tun. Du hättest mir eben nicht helfen sollen, wenn du damit nicht klarkommst."

Das Gefühl, benutzt zu werden, lässt sich manchmal abstellen, indem man darüber nachdenkt, was der andere in der Vergangenheit für einen getan hat. Falls das Gefühl jedoch andauert, müssen Sie über die Situation sprechen. Am besten beginnen Sie mit der Frage „Brauchst du meine Hilfe bei dieser Sache noch?". Vielleicht finden Sie dann heraus, dass Sie mehr getan haben als nötig. Oder Sie werden tatsächlich dringend gebraucht, und wenn der andere seine Dankbarkeit ausdrückt, verschwindet Ihr Gefühl, sich in einer Ranking-Situation zu befinden. Sollte das scheitern, müssen Sie Ihrem Unmut Ausdruck verleihen, aber möglichst mit einfühlsamen Ich-Sätzen wie den folgenden:

„Seitdem bei dir eingebrochen wurde, bittest du mich öfter, nachts zu dir zu kommen, wenn du verdächtige Geräusche hörst. Ich bin wirklich froh, dass ich dir helfen kann, und du hast mir deine Dankbarkeit gezeigt. Wie du sagst, ist deine Angst dann nicht mehr so groß, und das ist wirklich eine Erleichterung. Es fällt mir schwer, das zu sagen, aber gestern Nacht war ich mich zum ersten Mal ein bisschen verstimmt, weil ich heute so früh aufstehen musste. Was können wir tun, damit du dich sicherer fühlst – denn das ist mir wichtig –, und ich auch genug Schlaf bekomme?"

Beachten Sie die vier beruhigenden Bestätigungen: Ich bin froh, dass ich dir helfen kann; du hast mir deine Dankbarkeit gezeigt; ich freue mich, dass du dich sicherer fühlst; ich möchte, dass du dich sicher fühlst. Aber achten Sie auch darauf zu betonen, dass Sie doch ein wenig verstimmt sind. Die meisten Menschen fühlen sich zutiefst beschämt bei dem Gedanken, dass die Person, die ihnen geholfen hat, sich dabei ständig unwohl gefühlt hat. Erkennen Sie die Dankbarkeit des anderen und seine anhaltenden Bedürfnisse an, aber weisen Sie auch auf Ihre eigenen Bedürfnisse hin.

Wenn Sie sich unterlegen fühlen

Sie nehmen vielleicht Ranking wahr, obwohl es nicht vorhanden ist, wenn Sie sich in einem Wettbewerb wähnen oder glauben, Sie seien es nicht wert, von Ihrem Partner geliebt zu werden. Sie glauben, Sie seien nicht so klug wie der andere, nicht so beliebt, nicht so psychisch gesund oder was auch immer. Sollte diese Gefühlslage zu lange andauern, könnte sie sich sogar zu einer selbsterfüllenden Prophezeiung entwickeln. Dann werden Sie übertrieben ängstlich, versagen in einigen Situationen oder veranlassen den anderen dazu, ohne es zu realisieren, Sie als unterlegen anzusehen. Der Zweck dieses Buches ist es, dieses Gefühl zu reduzieren, und inzwischen wissen Sie bereits, was Sie tun sollen: Versuchen Sie, wieder auf Linking umzuschalten. Schließlich ist eines der Dinge, die der andere am meisten an Ihnen mag, Ihre Liebe. Begreifen Sie, welchen Wert das hat? Falls nicht, sprechen Sie über dieses Problem als etwas, was Ihnen bereits bekannt ist, und nicht so, als seien Sie tatsächlich wertlos. Lassen Sie nicht das unterbewertete Selbst für sich sprechen. Wenn Sie das Gefühl haben, nur beruhigende Bestärkungen zu hören, denen Sie keinen Glauben schenken können, besprechen Sie Ihre innersten Gefühlt mit einer anderen Person Ihres Vertrauens.

Eine der größten Bedrohungen der Gleichberechtigung in einer Paarbeziehung ist ein unterschiedlich hohes Einkommen.[4] Ob das tatsächlich ein Hindernis ist, hängt vom Grund des Ungleichgewichts und von der Ansicht darüber in der jeweiligen Kultur ab. Früher war es für

Frauen die Norm, den Haushalt zu führen und Vollzeitmutter zu sein – ohne eigenes Einkommen. Aber dadurch herrschte in einer Beziehung nur sehr selten Gleichberechtigung. In vielen Kulturen wird ein Mann, der „von seiner Frau lebt", als ihr unterlegen angesehen und gilt nicht als richtiger Mann. Wenn Sie und Ihr Partner ein unterschiedlich hohes Einkommen haben, haben Sie es oft auch noch heute und in unserer Kultur sehr schwer, sich gegen die Tendenz, einander einen Rang zuzuteilen, anzugehen.

Möglicherweise fühlen Sie sich Ihrem Partner auch unterlegen, weil Sie ein ungewöhnliches Temperament haben, das über das hinausgeht, was als normal betrachtet und in unserer Kultur nicht geschätzt wird. Es gibt eine große Menge von „normalen" Varianten im Temperament. In Kapitel 3 habe ich einen solchen Wesenszug, nämlich die Hochsensibilität, erwähnt. Es gibt aber auch Menschen, die zum Beispiel von Natur aus leicht ablenkbar sind. Oder besonders energiegeladen, ordnungsliebend, sehr rasch gelangweilt, emotional überschwänglich oder verschlossen. In jeder Kultur werden einige dieser Wesenszüge für gut gehalten und andere nicht. Wenn Sie auf irgendeine Art und Weise anders sind, bedeutet das nicht, dass Sie dem anderen unterlegen sind.

Am Beginn einer Beziehung oder wenn sie noch nicht so eng ist, sind „Verschrobenheiten" oder Abweichungen vielleicht sogar reizvoll oder sogar der Grund für Anziehung. Möglicherweise ergänzt die eine Person auf gewisse Weise die andere. Menschen, die an ihrem Arbeitsplatz besonnen und logisch handeln müssen, genießen oft ihre Freizeit mit jemandem, der sich auf angenehme Weise irrational und impulsiv verhält, während ein eher sprunghafter Mensch dankbar ist, wenn ihm bei einem Problem eine ruhige, nüchterne Person zur Seite steht.

Mit der Zeit wirken sich die Unterschiede jedoch nachteilig aus und die Eigenheiten verärgern den anderen oder werden ihm lästig. Wenn Sie einen Wesenszug haben, der weniger angepasst und sozial akzeptiert ist, ist das möglicherweise für beide ein Problem. Machen Sie sich über Ihren Wesenszug kundig, überzeugen Sie sich davon, dass er nicht nur Nach-, sondern auch Vorteile mit sich bringt, und weisen Sie Ihren Partner darauf hin. Betonen Sie dabei die Vorteile. Achten Sie allerdings darauf, wie Sie sich dabei ausdrücken, denn Sie deuten ja damit an, dass die andere Person im Unrecht ist.

Wenn Sie sich überlegen fühlen

Es mag sich gut anhören, wenn man sich überlegen fühlt, entweder im Allgemeinen oder auf eine besonders bewundernswerte Weise, aber dabei geht es um Ranking, und das ist für eine angestrebte Beziehung nicht förderlich. Wenn Sie sich in allen Dingen überlegen fühlen, also nicht nur, weil Sie besser als andere Karten lesen können oder nicht farbenblind sind, bedeutet das normalerweise, dass Sie dem anderen keinen Respekt entgegenbringen, und es ist schwer, jemanden zu lieben, den Sie nicht respektieren. Dann kann das Gefühl entstehen, dass Sie Ihre Liebe nur vortäuschen, alles für den anderen tun müssen oder vielleicht die Beziehung beenden wollen, es aber nicht fertigbringen, weil es den anderen zu sehr verletzen würde.

Wahrscheinlich nehmen Sie an, dass Sie sich niemals überlegen fühlen könnten, weil Sie ein unterbewertetes Selbst haben. Aber bedenken Sie, dass ein unterbewertetes Selbst Sie oft in einen Ranking-Modus versetzt und dass es in diesem Modus nicht schwer ist, die Positionen ins Gegenteil zu verkehren und sich überlegen zu fühlen – vor allem, wenn Sie Überhöhung als Selbstschutz einsetzen. Dann sagen Sie zum Beispiel immer, wenn Sie sich unterlegen fühlen: „Er kann von Glück sagen, dass er mich hat." Auch wenn Sie sich häufig mit anderen Personen außer Ihrem Partner vergleichen, kann das passieren. Im Ranking-Modus stürzen Sie sich sofort auf Ihre Überlegenheit, wenn sich die Gelegenheit dazu ergibt, und bei jemandem, den Sie gut kennen, ist es viel leichter, Fehler zu finden und sich dann besser zu fühlen, weil man diese Fehler selbst nicht hat.

Versuchen Sie, in all Ihren engeren Beziehung möglichst wenig Vergleiche anzustellen, auch wenn diese sich gut für Sie darstellen. Konzentrieren Sie sich darauf, was Ihre Liebe zu der jeweiligen Person ausmacht. Wenn Sie tatsächliche oder nur scheinbare Fehler an dem anderen bemerken, die bei Ihnen ein Gefühl der Überlegenheit auslösen, akzeptieren Sie seine Eigenheiten – Sie besitzen selbst einige. Wenn Sie gemeinsam ausgehen und sich mit anderen treffen, machen Sie sich bewusst, dass ein fehlerhaftes Verhalten nicht auf Sie zurückfällt.

WIE SIE MIT KONFLIKTEN UMGEHEN

Je enger eine Bindung ist, umso größer ist das Potenzial für Konflikte hinsichtlich Freizeitgestaltung, Geld oder Besitztümer, die Sie sich gemeinsam anschaffen wollen. Und der Ausgang dieser Konflikte scheint zu ergeben, wer in der Beziehung den höheren Rang und mehr Einfluss hat. Das Gefühl, dabei verloren zu haben, kann das unterbewertete Selbst stärker aktivieren, als es sonst in einer intimen Beziehung der Fall ist.

Wenn es keinen Konflikt zu geben scheint

Wenn es nun keinen Konflikt zu geben scheint, weil einer von Ihnen beiden meistens bereitwillig nachgibt, und wenn Sie derjenige sind? Selbst wenn Sie seit Langem daran gewöhnt sind, müssen Sie damit aufhören, denn wenn Sie nachgeben, fördert das Ihr unterbewertetes Selbst. Und damit geben Sie sich einen niedrigeren Rang, was wiederum Ihre Linking-Fähigkeiten in einer Beziehung einschränkt. Sie müssen lernen, Konflikte zu lösen und dabei im Linking-Modus zu bleiben. Dabei ist erforderlich, dass Sie Ihre eigenen Bedürfnisse berücksichtigen. Sie müssen lernen, zu differenzieren, ob Sie den Bedürfnissen des anderen nachgeben, weil seine Not in einer bestimmten Situation größer ist als Ihre, oder ob Sie nur nachgeben, weil Sie das Gefühl haben, dass Sie das tun müssen.

Häufig schützen Menschen, die sich selbst unterbewerten, in engen Beziehungen mit Konkurrenzvermeidung. Sie erwarten eine beschämende Niederlage oder haben Angst, sie könnten gewinnen, weil der andere sie dann vielleicht nicht mehr mag oder sie sogar verlassen könnte. Sollte das auf Sie zutreffen und Ihre Liebesbeziehung ins „Ungleichgewicht" geraten sein, können Sie sie korrigieren, indem Sie sich ausnahmsweise kurz in den Ranking-Modus begeben. Sie müssen Ihre Grenzen festsetzen – „Bis dahin, aber nicht weiter" –, um so den gegenseitigen Respekt zu erlangen, der für die von mir vorgeschlagenen Methoden zur Konfliktbewältigung nötig ist.

Avery trifft eine eigene Entscheidung

Avery und Louisa sind seit fast 40 Jahren verheiratet, und Louisa trifft fast immer alle Entscheidungen für beide. Avery ist damit zufrieden, denn er hält seine Frau für klüger und er weiß, dass sie ihn über alles liebt. Leider bedeutet eine ständige Beteuerung seiner Liebe zum anderen nicht immer, dass eine enge Beziehung hauptsächlich auf Linking basiert. In diesem Fall ist Louisa aufgrund ihrer Kindheit sehr unsicher und glaubt, Avery in allen Bereichen kontrollieren zu müssen, damit er „nicht mit einer anderen davonläuft". Jetzt, wo sie älter ist, ist sie davon überzeugt, dass jederzeit eine jüngere Frau die Aufmerksamkeit ihres Manns gewinnen könnte.

Bedauerlicherweise begreifen sie beide nicht, wie gefährlich es für eine enge Beziehung ist, wenn sie so stark auf Ranking basiert. Vor Kurzem wurde Avery gekündigt, er verlor einen Job, den er 35 Jahre lang ausgeübt hatte. Louisa arbeitete noch und verdiente genügend, also empfahl sie Avery, „in den Ruhestand zu gehen und sich zu entspannen". Sie würde schon für alles sorgen. Avery akzeptierte das, denn für ihn klang ihre Empfehlung sehr liebevoll. Ein paar Jahre zuvor, während einer Schulung für Führungskräfte, hatte Avery seine künstlerische Begabung entdeckt, also widmete er sich nun der Fotografie. Louisa war damit einverstanden, bis Avery entdeckte, dass er dafür tatsächlich Talent hatte, und beschloss, einen entsprechenden Kurs zu belegen. Seine liebende Frau war vehement dagegen, aber er bestand darauf und setzte sich durch. Daraufhin wurde Louisa unausstehlich. Als Avery sich Gedanken darüber machte, erkannte er, dass er bisher immer in allen Belangen nachgegeben hatte. Er hatte geglaubt, dass man das in einer Liebesbeziehung tun müsse. Aber nun begriff er, dass er es leid war, immer nachgeben zu müssen.

Schließlich entschlossen sich die beiden für eine Eheberatung, und Louisa gestand, dass sie befürchtete, Avery würde in einem solchen Kurs eine Frau kennenlernen, die künstlerisch mehr interessiert und hübscher war als sie. Dieses Geständnis stärkte schließlich ihre Bindung, aber wenn Avery den Ursprung des dominierenden Verhaltens seiner Frau nicht verstanden hätte, hätte dieser Konflikt das Ende der Ehe bedeuten können.

Nachgeben scheint zu Beginn ganz natürlich zu sein

Die meisten von uns lernen bereits in der Kindheit, dass es höflich und fürsorglich ist, anderen Menschen ihren Willen zu lassen. Und ich habe gesagt, dass Linking bedeutet, die Bedürfnisse des anderen so gut wie möglich zu erfüllen. Für einen Menschen mit einem starken unterbewerteten Selbst ist es jedoch schwer zu beurteilen, ob der andere etwas wirklich braucht oder nur will. Ein Bedürfnis wird normalerweise von beiden Seiten als ernst angesehen. Wenn einer von Ihnen krank ist, seinen Job verloren hat, verletzt ist oder in einer anderen Krise steckt, kommt es zu keinem Konflikt. Die andere Person gibt einfach. Die Bedeutung eines Wunsches ist weniger offensichtlich. Wünsche besitzen eine *emotionale Realität*. Sie fühlen sich zu etwas hingezogen, was Sie mehr oder weniger begehren.

Konflikte entstehen, wenn zwei Menschen unterschiedliche Dinge wollen. Aber mit einem unterbewerteten Selbst neigen Sie dazu, Ihre Wünsche als weniger bedeutend anzusehen. Vielleicht brauchen Sie tatsächlich jemanden, sehen dahinter aber nur einen Wunsch und lassen ihn fallen.

Vor allem dann, wenn Sie ein ständig aktives unterbewertetes Selbst haben, tauchen rasch Probleme auf. Nehmen wir einmal an, Sie haben sehr rasch eine enge Beziehung aufgebaut. Sie haben beide fast immer die gleiche Meinung, und wenn nicht, dann genießen Sie die Unterschiede. Also beschließen Sie, zusammenzuziehen. An einem Abend möchten Sie gern ein klassisches Konzert besuchen, aber Ihre neue Liebe ist nicht daran interessiert. Sie könnten allein hingehen, aber er möchte den Abend nicht ohne Sie verbringen. Das beschwichtigt Sie, also sagen Sie vielleicht: „Das Konzert ist mir ohnehin nicht so wichtig“, und bleiben zu Hause. Aber er verbringt den Abend mit seinen eigenen Interessen und fragt Sie schließlich: „Warum bist du denn heute so schlecht gelaunt?“ Sie sind sich dessen kaum bewusst, also äußern Sie sich nicht dazu, aber Sie sind traurig, weil Sie sich schon ein Jahr lang auf dieses Konzert gefreut hatten. Das war die emotionale Realität dieser Sache.

Ihre Liebe wächst weiter, und Sie verloben sich. Sie lassen sich an der Westküste nieder, wo Sie geboren wurden, und ihm gefällt es dort. Aber er ist in Neuengland aufgewachsen und wünscht sich, dass Sie beide dorthin ziehen. Sie willigen ein, aber nach zwei Jahren vermissen Sie Kalifornien immer noch sehr. Das ist die emotionale Realität, aber bislang haben Sie Ihrem Verlobten in fast allen Dingen zugestimmt. Als Sie nun vorschlagen, wieder zurückzuziehen, lässt er sich nicht auf das ein, was Sie ihm vor zwei Jahren ermöglicht haben.

Sie fühlen sich deprimiert und vielleicht verunsichert, aber Sie wissen nicht genau, warum. Tatsächlich haben Sie Niederlagen akzeptiert, um seine Liebe zu behalten, ob das nun notwendig gewesen wäre oder nicht. Sie bemerken nicht, dass Sie damit eine Ranking-Situation geschaffen haben, und Sie begreifen auch nicht, dass es nun das Beste für Sie beide und Ihre Beziehung wäre, sich diesem Konflikt zu stellen und somit beurteilen zu können, wie stark der Wunsch auf jeder Seite ist. Im Augenblick sieht die emotionale Realität so aus: Auf einer Skala von eins bis zehn würden Sie für Ihren Umzugswunsch eine Zehn ankreuzen, Ihr Partner nur eine Drei. Glücklicherweise hat Ihr Partner dieses Buch auch gelesen und möchte gern wieder zum Linking zurückkehren. Aber Sie wissen beide, das er sehr eloquent, überzeugend und logisch sein kann – das ist auch zum Teil ein Grund, warum es so schwer für Sie ist, sich in einer Auseinandersetzung gleichberechtigt zu fühlen. Sie müssen also für einen Ausgleich sorgen.

Und was ist, wenn beide Partner ständig einlenken? Das ist im Endeffekt auch nicht besser. Keiner von beiden äußert, was er sich wünscht, und die Beziehung wird langweilig. Wenn Sie auf einen Wunsch Ihres Partners eingehen oder sich zumindest anhören, was er sich wünscht, kann sich die Beziehung weiter entfalten. Vielleicht sind Sie sogar froh, wenn Sie etwas Neues versucht haben.

Der Umgang mit Konflikten

Wenn Konflikte durch unterschiedliche Wünsche entstehen, brauchen Sie ein strukturiertes Format, um Gleichberechtigung und Liebe aufrechtzuerhalten.

1. **Vereinbaren Sie einen Zeitpunkt, um über Ihre Meinungsverschiedenheit zu sprechen.** Erwarten Sie nicht bereits beim ersten Gespräch eine Lösung, obwohl sich bereits dabei etwas ergeben kann. (Falls Sie eine Entscheidung bis zu einem bestimmten Termin treffen müssen, sollte das Gespräch einige Zeit davor stattfinden.) Wählen Sie einen Zeitpunkt, an dem Sie beide ausgeruht

und nicht abgelenkt sind und anschließend genügend Zeit haben, um sich wieder zu sammeln. Eine Stunde ist ein guter Zeitraum, in dem Sie sich nicht übermäßig verausgaben, aber auch ein Gespräch nicht abbrechen müssen, wenn es gerade eine wichtige Richtung genommen hat. An einem schönen Ort im Freien haben Sie beide eine bessere Perspektive und Sie werden nicht gestört.

2. **Beginnen Sie das Gespräch, indem Sie abwechselnd reden,** je nach Dringlichkeit und Wichtigkeit darf einer etwa fünf bis zehn Minuten sprechen. Wenn Sie die erste Person sind, formulieren Sie Ihre Gefühle zu diesem Konflikt. Seien Sie ehrlich, halten Sie sich nicht zurück, aber übertreiben Sie auch nichts. Es ist vollkommen in Ordnung, wenn Sie weinen. Sagen Sie, wie es Ihnen dabei geht, wenn Sie sich vorstellen, dass sich Ihr Wunsch nicht erfüllt bzw. der andere ihn nicht erfüllt. Das ist die emotionale Realität, und Sie müssen sich Ihre Gefühle mitteilen, um sie entsprechend zu berücksichtigen.
3. **Während dieser Zeit hört die andere Person hauptsächlich zu.** Unterbrechen Sie sie nicht mit einem Einwand und beachten Sie die Regeln zum Attunement in Kapitel 7. Kehren wir noch einmal zu dem Problem „Ostküste oder Westküste“ zurück. Ihr Partner hat Ihnen zugehört und erwidert vielleicht: „Du hast also mehr darunter gelitten, als du mir verraten hast. Du willst zurück, nicht nur aus dem Grund, weil du dort aufgewachsen bist und das Wetter dort schöner ist. Du vermisst das Grüne und das Lebendige dort.“ Sie erklären ihm, dass der Winter für Sie sehr schwierig ist. Wieder bestätigt er, was Sie gesagt haben. „Wir sind hier viel weiter im Norden. Hier sind die Tage dunkler, und das ist sicher nicht schön für dich.“ Der Zuhörer darf sich auch ein paar Notizen machen – aber nur wenige –, um sich besser auf seine Erwiderung vorbereiten zu können, aber das sollte ihn nicht davon abhalten, sich weiter auf den anderen einzustellen. Und erst wenn er an der Reihe ist, dürfen diese Punkte angesprochen werden.

4. **Der andere ist an der Reihe** und spricht in diesem Fall über seine Heimat und die Gefühle, die er beim Gedanken dabei empfindet. Hören Sie ihm zu, ohne ihn zu unterbrechen, und bleiben Sie beim Attunement. Auch jetzt können Sie sich wieder ein paar Notizen für später machen, aber beschränken Sie sich dabei auf ein Minimum.
5. **Geben Sie ihm zwei Minuten mehr Zeit, damit er auf Ihre Äußerungen eingehen kann.** Er hat Ihnen zugehört und angenommen, was Sie gesagt haben. Seine Erwiderung lautet vielleicht so: „Mir hat es in Kalifornien auch sehr gut gefallen. Das hast du wohl gar nicht bemerkt." Oder: „Ich würde den Jahreszeitenwechsel vermissen. Und meine Familie. Du hast gesagt, dass du deine Angehörigen vermissen würdest, aber bei mir wäre das ebenso der Fall. Du weißt, wie nahe wir uns stehen."
6. **Nun nehmen Sie sich zwei Minuten Zeit, um sich zu dem zu äußern, was er gesagt hat.** Er muss nun Ihnen zuhören. „Ich verstehe das. Auch ich würde deine Familie vermissen. Aber meine Eltern leben in Kalifornien und sie werden allmählich älter. Vielleicht leben sie nicht mehr lange." Diese wenigen Minuten für eine Erwiderung von beiden sollte alles sein, was Sie sich in dieser Situation erlauben. Diese Art von kontrolliertem Austausch erfordert einige Willenskraft.
7. **Trennen Sie sich für 20 Minuten.** Nachdem Sie beide gesagt haben, was Sie sagen wollten, ist es an der Zeit, sich zurückzuziehen. Denken Sie darüber nach, was Sie gesagt und was Sie gehört haben. Berücksichtigen Sie dabei, wie sehr jeder von Ihnen beiden sich etwas wünscht oder etwas braucht. Der Unterschied zwischen einem Wunsch und einem Bedürfnis sollte dabei keine große Rolle spielen.
8. **Überprüfen Sie Ihren Standpunkt, wenn Sie noch einmal darauf zurückkommen.** Manchmal haben Sie beide Ihren Standpunkt geändert. „Anscheinend ist jetzt wirklich der richtige Zeitpunkt,

um nach Kalifornien zurückzukehren. Ich kann jeden Herbst zurückfliegen, um die Familie und das fallende Laub zu sehen." Wenn das nicht der Fall ist, wiederholen Sie die Punkte eins bis acht, aber verkürzen Sie die Zeit für jeden auf etwa fünf Minuten mit zusätzlichen zwei Minuten für den anderen, um zu antworten. Anschließend sollten Sie 15 Minuten darüber nachdenken. Vermeiden Sie eine Auseinandersetzung durch raschere Erwiderungen.

9. **Sollten Sie danach immer noch unterschiedlicher Meinung sein, beenden Sie die Diskussion.** Beginnen Sie keine weitere Gesprächsrunde. Vereinbaren Sie einen anderen Zeitpunkt und sprechen Sie bis dahin nicht über das heikle Thema. Das wird Ihren Konflikt bis dahin eindämmen, sodass Sie sich in der Zwischenzeit auf Linking konzentrieren können. Wenn Sie dann mit diesem Prozess fortfahren, werden Sie einen Weg finden, um das Problem zu lösen, oder zumindest eine Möglichkeit finden, damit anders umzugehen.

VERMEIDEN SIE, DASS SELBSTSCHUTZMECHANISMEN DIE LIEBE BEEINTRÄCHTIGEN

Wie Sie bereits in Kapitel 2 erfahren haben, befinden Sie sich im Ranking-Modus, wenn Sie eine der sechs Selbstschutzmaßnahmen ergreifen und damit versuchen, Schamgefühle zu vermeiden, die sich bei einer Niederlage oder bei Versagen einstellen. Schamgefühl in einer festen Beziehung hat eine ganz eigene Wirkung, ebenso wie Selbstschutzmaßnahmen.

Liebe in einer festen Beziehung beginnt erst, wenn Sie sich beide dem anderen von Ihrer schlechtesten Seite gezeigt haben und sich trotzdem noch lieben. Schamgefühle werden intensiviert, wenn Sie davor Angst haben, dass Ihr Partner einen Makel an Ihnen bemerken könnte, den bisher noch nie jemand gesehen hat. Aber sobald dieser „Makel“ akzeptiert wurde, verschwindet das Schamgefühl sofort.

Es gibt allerdings ein paar Dinge, die trotzdem Scham in Ihnen auslösen, obwohl das nicht der Fall sein sollte. Meist hat das dann mit Ihrer Unsicherheit oder Ihren emotionalen Schemata zu tun, also verstecken Sie sich in einer engen Beziehung dann noch häufiger als sonst hinter Selbstschutzmaßnahmen.

Beachten Sie dabei, dass es immer eine Erklärung dafür in Ihrer persönlichen Geschichte gibt, wenn Sie etwas getan haben, wofür Sie sich wirklich schämen müssen, zum Beispiel wenn Sie den anderen belogen haben. Das kann Ihr Schamgefühl verringern. Die Kunst dabei besteht darin, die Spannung zwischen den beiden Gegensätzen aufrechtzuerhalten: Sie sind eine Person, die es wert ist, geliebt zu werden, aber Sie haben ein Problem damit, daran zu arbeiten und das zu akzeptieren. Wenn beide Partner diese Einstellung zu den Schwächen des anderen teilen, wird sich das Bedürfnis, auf Selbstschutzmaßnahmen zurückzugreifen, langsam verringern.

HEILEN SIE DIE AUSWIRKUNGEN VON NEGATIVEN BINDUNGSMUSTERN

Haben Sie Bindung als einen Unsicherheitsfaktor erlebt, schadet ein entsprechend vorsichtiges Verhalten jeder langfristigen Beziehung, in der Liebe vorherrschen sollte. Stattdessen geht es um Ranking, worüber Sie sich jedoch beide nicht bewusst sind. Sie haben so lange mit dem Gefühl gelebt, dass Sie sich einer engen Beziehung niemals sicher sein können – und das von Kindesbeinen an –, dass Sie jetzt unbewusst die gleichen Muster fortsetzen. Wenn Sie der ängstlich-unsichere Typ sind, fühlen Sie sich unterlegen, machtlos, Ihren Partner zu halten, wenn er Sie verlassen möchte, oder Sie fühlen sich nicht in der Lage, sich von der Angst, verlassen zu werden, zu befreien. Wenn Sie der

Typ sind, der gern Konflikte vermeidet, versuchen Sie, die Oberhand zu behalten und im Rang höher als der andere dazustehen, um nicht wahrhaben zu müssen, wie sehr Sie sich bereits an Ihren Partner gebunden fühlen, denn das würde Ihnen das Gefühl geben, auf unerträgliche Weise verletzbar zu sein.

Glücklicherweise bietet eine feste Liebesbeziehung die beste Möglichkeit, ein von Unsicherheit geprägtes Bindungsmuster zu heilen. Ihre früheren Beziehungen drehten sich, wie diese, hauptsächlich darum, dass Sie einer bestimmten Person vertraut haben. Sie haben sich darauf verlassen, dass sie Ihnen nahe sein würde, Sie lieben und sich um Sie kümmern würde, und zwar so lange wie möglich. Weil in einer früheren Beziehung etwas schiefgelaufen ist, fühlen Sie sich zunehmend unsicher, wenn Sie nun als Erwachsener einem anderen Menschen in einer Partnerschaft näherkommen. Aber wenn dann in dieser Beziehung alles gut läuft, werden Sie sich nach und nach sicherer fühlen als je zuvor.

Unglücklicherweise gibt es einen weiteren Faktor für Unsicherheit: Eine Liebesbeziehung endet mit dem Tod des Partners. Wir alle sehen uns irgendwann mit dieser endgültigen Trennung konfrontiert. Für zwei Menschen, die sich lieben, kann aber bereits eine Trennung auf Zeit sehr schwer sein. Das Bedürfnis nach körperlicher Nähe ist eine angeborene emotionale Realität. Es schmerzt, von dem anderen getrennt zu sein, ihn nicht anschauen oder anfassen zu können und nicht zu wissen, wo genau er sich gerade aufhält. Kein Wunder, dass wir alle unsere Handys ständig benutzen.

Trennungsschmerz ist die Kehrseite der Liebe, und man kann nichts dagegen tun. Es ist ein hoher Preis, den wir jedoch alle zahlen müssen. Unglücklicherweise bauen die Unsicherheiten aus der Vergangenheit und die der Zukunft aufeinander auf. Wenn Sie tiefere Bindungen scheuen, lässt allein der Gedanke an eine Trennung Sie oft so handeln, als würden Sie Ihren Partner nicht brauchen, und das ist nicht hilfreich für eine Liebesbeziehung. Wenn Sie eher ängstlich-unsicher sind, denken Sie viel zu oft darüber nach, wann diese Beziehung enden wird, und auch das bekommt der Liebe nicht gut.

Um die Bindung in einer engen Beziehung zu stärken, ist es wichtig, seine Angst vor einer Trennung zuzugeben und sich gegenseitig zu stützen. Aber manchmal lassen es unsere Selbstschutzmaßnahmen nicht zu, dass wir diese Angst dem anderen eingestehen. Oft sind wir uns dessen nicht einmal bewusst. Als ich mich in einer Phase befand, in der ich ängstlich vermied, mein Bedürfnis nach Bindung zu zeigen – manchmal fühlen wir uns mal sicher, mal verhalten wir uns vermeidend und mal ängstlich –, war ich, wie ich glaubte, durchaus zufrieden damit, dass mein Mann mehr Zeit als sonst mit Reisen verbrachte. Eines Abends, als ich auf dem Weg zum Flughafen war, um ihn abzuholen, bedauerte ich seine Rückkehr sogar ein wenig. Doch als er auf mich zukam, begann ich zu weinen. Ich begriff, wie sehr ich ihn liebte – eine emotionale Realität. Das hatte ich nur vorübergehend verleugnet.

Daraus ergibt sich die folgende Schlussfolgerung: Wenn Sie unsicher sind, aktiviert Ihre verstärkte Angst Ranking. Ihr unterbewertetes Selbst vermittelt Ihnen das Gefühl, einer Trennung machtlos gegenüberzustehen, selbst wenn Sie derjenige sind, der geht. Das löst Selbstschutzmechanismen aus – in meinem Fall Überhöhung und Bagatellisierung. Oder Sie verspüren das Bedürfnis zu weinen und den anderen anzuflehen, sich nicht von Ihnen zu trennen, so wie Sie es auch in der Kindheit tun wollten. Aber dann hätten Sie, wie Sie glauben, einen noch niedrigeren Rang, also sagen Sie nichts, bis Ihr Unterbewusstes einen Weg findet, sich auszudrücken – so wie bei mir, als ich beim Anblick meines Mannes in Tränen ausbrach.

Ein Streit vor einer Trennung

Menschen, die in einer Liebesbeziehung leben, planen oft Reisen ohne ihre Partner und ohne die emotionale Realität zu begreifen, die innere

Erschütterung, die solche Pläne auf einer tiefen, instinktiven Ebene hervorrufen können. Wenn Sie zu unsicher sind, um darüber zu sprechen, kann Ihr unterbewertetes Selbst ein Gespräch der folgenden Art auslösen.

SCOTT: Ich habe keine sauberen Klamotten mehr. Ich muss morgen sehr früh los und habe nichts anzuziehen. *(Er schlägt lautstark Schranktüren und Schubladen zu.)*

WENDY: Hast du erwartet, dass ich sie für dich wasche?

SCOTT: Nein, das habe ich nie gesagt. Ich bin auf mich selbst wütend, weil ich es vergessen habe. *(Er schreit jetzt.)*

WENDY: Ich hasse es, wenn du solche Anspielungen machst. Sei ehrlich – du wünschst dir, ich hätte deine Wäsche gewaschen. *(Auch ihre Stimme wird jetzt laut.)*

SCOTT: Nein, das stimmt nicht. Immer versuchst du, mich als sexistisch hinzustellen.

WENDY: Deine Mutter hat sich immer um die Wäsche gekümmert. Für dich ist das Frauensache. Warum solltest du das also nicht auch von mir erwarten?

SCOTT: Ich soll ehrlich sein? Also gut, ich wünschte, ich könnte heute Abend schon fahren, nur um mir dein Gemecker nicht mehr anhören zu müssen.

WENDY: Dann geh doch. Du kannst dir gar nicht vorstellen, wie sehr ich mich darüber freuen würde.

Autsch. Stopp! Gleichgültig, wer wegfährt oder wie sehr die beiden sich auch einig sind, dass diese Reise nötig ist – Menschen, die sich nahestehen, sind nicht gern voneinander getrennt. So einfach ist das. Aber Wendy und Scott haben beide Unsicherheit in ihren frühen Bindungen erlebt. Sie haben ihre Gefühle deswegen noch tiefer in sich vergraben und Selbstschutzmechanismen entwickelt, um sie zu verbergen. Scott hat seine Reise nicht gut geplant und war sich nicht bewusst, wie ungern er Wendy verlässt. Sie ist wütend, weil er wegfährt, gibt ihm die Schuld und bricht einen Streit vom Zaun.

Beide wollen nicht so sein wie ihre Eltern. Scotts Mutter starb, als er zwölf war, und sein Vater „verlor vor Kummer den Verstand“. Er fürchtet sich vor dem Tod, also davor, dass der andere niemals zurückkommen wird, also will er nicht, dass jemand für ihn so wichtig wird wie seine Mutter für seinen Vater und ihn. In diesem Moment würde Scott lieber sofort gehen, um den Schmerz hinter sich zu bringen, denn er empfindet die Trennung von Wendy so stark wie einen Todesfall.

Wendys Vater wiederum hat ihre Mutter verlassen. Wendy hat nicht nur ihn verloren, sondern ihre Mutter wurde auch wieder berufstätig. Wendy verbrachte den Rest ihrer Kindheit mit verschiedenen Babysittern oder allein zu Hause. Sie hat Angst davor, dass Scott sich so verhalten könnte wie ihr Vater, also will sie Scott verlassen, bevor er ihr das antun kann. Da ihre Mutter ihren Vater nicht davon abhalten konnte, sie zu verlassen, macht Wendy sich Gedanken darüber, wie man einen Mann halten kann, und ist wütend darüber, dass sie sich solche Sorgen deswegen macht. Für sie ist eine Trennung ein Kampf um Leben oder Tod.

Wenn Scott und Wendy nun bereit wären, sich mit ihren innersten Gefühlen auseinanderzusetzen? Dann würden sie sich zusammensetzen, tief Luft holen und ein Gespräch wie dieses führen.

SCOTT: Was zum Teufel ist denn los mit uns, dass wir so miteinander streiten?

WENDY: Na ja, du gehst fort. Und wahrscheinlich wünsche ich mir, du würdest bleiben.

SCOTT: Tatsächlich?

WENDY *(beginnt zu weinen)*: Ich glaube schon.

SCOTT *(legt den Arm um sie):* Ich möchte eigentlich gar nicht weg. Ich hasse es, von dir getrennt zu sein, ohne dich in einem Bett zu schlafen und ohne dich zum Essen zu gehen. Ich hasse das alles.

Sie umarmen sich weinend. Sie verabreden Zeiten, zu denen sie sich anrufen werden. Sie überprüfen auch noch einmal ihre Terminkalender, um herauszufinden, ob sie das nächste Mal nicht zusammen verreisen können.

Zum Wesentlichen

Folgende Aussagen drücken die emotionale Realität aus, die die Grundlage einer langfristigen Bindung darstellen: „Ich liebe dich und ich habe Angst, dich zu verlieren. Ich habe Angst, dass du stirbst. Ich habe Angst, dass du mich irgendwann nicht mehr liebst. Ich brauche dich. Ich brauche deine Liebe."

So einfach diese Aussagen auch sind, sie sind das Kernstück einer engen Beziehung. Wenn sich zwei Menschen von Herzen lieben, können sie einander sehr gut dabei helfen, solche Gefühle zu ertragen, vorausgesetzt, sie sehen sie nicht als Zeichen der Schwäche an oder verleugnen sie.

Hier ist die ideale Reaktion, wenn Ihnen jemand, den Sie lieben, seinen Schmerz bei einer Trennung eingesteht: „Ich habe die gleichen Ängste wie du. Ich brauche dich auch. Ich hasse es, von dir getrennt zu sein. Ich habe Angst, dich nie wiederzusehen. Ich muss wissen, dass ich dich hier wiederfinden kann, wenn ich zurückkomme." Natürlich müssen zwei Menschen, die sich sehr nahestehen, sich das nicht ständig gegenseitig beteuern. Aber wenn Sie jemanden lieben und diese Gefühle nicht empfinden, halten Sie diese höchstwahrscheinlich aus Ihrem Bewusstsein fern, um sich vor dem möglichen Schmerz zu schützen, wenn der Fall eintreten sollte, dass der andere nicht zurückkehrt. Oder Sie haben Angst davor, sich schwach, zu anhänglich oder kitschig anzuhören. Äußern Sie Ihre Gefühle hin und wieder. Das wird Ihre Bindung stärken, Ihnen beiden ein größeres Gefühl der Sicherheit geben und Ihnen somit helfen, Ihr unterbewertetes Selbst zu heilen.

WIE SIE DAS TRAUMA HINTER DEN EMOTIONALEN SCHEMATA GEGENSEITIG HEILEN KÖNNEN

In Kapitel 3 haben wir die emotionalen Schemata behandelt, in Kapitel 4 ging es darum, diese in einer anderen Person zu erkennen und damit umzugehen. Nun beschäftigen wir uns damit, wie Sie sich gegenseitig helfen können. Eine der besten Möglichkeiten, das unterbewertete Selbst in Schach zu halten und Emotionen zu heilen, finden Sie in einer Liebesbeziehung, indem Sie mit Ihrem Partner an Ihren emotionalen Schemata arbeiten. Allerdings besteht in engen Beziehungen die Gefahr, dass Ihr emotionales Schema auf das Ihres Partners stößt und beide aufeinander reagieren. Daher zeigen sich solche Schemata in engen Beziehungen oft auf drastische und verheerende Weise. Wenn Sie die Rolle Ihres emotionalen Schemas ignorieren, wird es immer wieder zu lauten und bitteren Streitigkeiten kommen, nach denen sich vielleicht einer von Ihnen für mehrere Tage zurückzieht. Die Emotionen können überwältigend sein und es fallen Bemerkungen, die man nicht mehr zurücknehmen kann und die möglicherweise ein neues Trauma auslösen. Miteinander so verflochtene Traumata stellen zweifellos die größte Gefahr für eine enge Beziehung dar, aber wenn Sie lernen, geschickt damit umzugehen, haben Sie eine sehr gute Chance, zusammenzubleiben.

Wenn emotionale Schemata sich miteinander verflechten

Mein Mann neigt dazu, bei körperlichen Betätigungen laut zu sprechen – er kommentiert sozusagen alles Schritt für Schritt. Und das sehr nachdrücklich, wie er es als Professor gelernt hat. Wenn wir das Bett machen, ein Zelt aufstellen oder irgendetwas anderes tun, wobei man sich an einen bestimmten Ablauf halten soll, ordnet er seine Gedanken: „Leg das hin." – „Bring das hierher." – „Warte einen Moment, ich bin noch nicht fertig." Meist bin ich schlau genug, um den Gegenstand, um den es geht, bereits hinzulegen, ihn ihm zu bringen und ihn nicht zu hetzen, doch es macht mich wütend, mir solche Anweisungen anhören zu müssen. Ich fühle mich dann herumkommandiert, als wäre ich seine Sklavin oder eine hoffnungslos dumme Person. Er wiederum ärgert sich dann über meinen Zorn, denn es liegt ihm fern, mir Kommandos zu geben. Tatsächlich kann er stolz darauf sein, im Allgemeinen nie in Ranking zu verfallen, also ist das für ihn eine persönliche Beleidigung.

Ich reagiere deshalb so stark darauf, weil ich sehr oft von meiner älteren Schwester herumkommandiert und behandelt wurde, als sei ich dumm. Ich war als Kind sehr oft allein mit ihr, was sehr schwer für mich war. Mein Mann war ein Einzelkind und seine Eltern haben ihn fast nie kritisiert – dafür sich aber gegenseitig angegriffen und sich letztendlich scheiden lassen. Er verbindet Kritik mit diesem schmerzlichen Ereignis und allen Streitigkeiten, die dazu führen könnten. Wenn er sich von mir kritisch beurteilt fühlt, glaubt er sofort, unsere Ehe könnte scheitern. Wenn ich mich über seine Kommandos beschwere und ihm erkläre, dass ich mich dabei abgelehnt fühle, fühlt er sich ebenfalls ungeliebt. Unsere emotionalen Schemata werden in den meisten Situationen nicht ausgelöst, aber in unserer Beziehung führt diese Kombination zu Problemen. Zum Glück haben wir gelernt, uns aus einer solchen Situation zu befreien, und das können Sie auch.

Wie man mit emotionalen Schemata in einer Liebesbeziehung umgeht

Rufen Sie sich Ihre Arbeit mit dem Unschuldigen wieder ins Gedächtnis: Um Traumata, die Basis der emotionalen Schemata, zu heilen, müssen Sie sich immer wieder mit einem geliebten Menschen darüber unterhalten. Nun wenden Sie das Erlernte auf den anderen an. Lesen Sie sich noch einmal die Aussagen zu emotionalen Schemata am Ende von Kapitel 3 durch und denken Sie gründlich darüber nach, was Sie dazu notiert haben. Wenn Sie jemanden von Herzen lieben, werden die meisten Ihrer Schemata sicherlich irgendwann ausgelöst.

Lesen Sie sich auch noch einmal durch, was Sie am Ende von Kapitel 4 darüber erfahren haben, wie Sie mit einem bei einer anderen Person aktivierten emotionalen Schema umgehen können: Vermeiden Sie Streit, bleiben Sie im Linking-Modus, stimmen Sie nicht nur um des lieben Frieden willens allem zu, aber schweigen Sie auch nicht, denn das wird Ihnen als Zustimmung oder Verurteilung ausgelegt. Vor allem, wenn der andere übermäßig selbstkritisch ist, sollten Sie etwas sagen wie „Ich verstehe wirklich gut, warum du das so siehst, aber …“. Achten Sie auf Selbstschutzmechanismen und reagieren Sie behutsam darauf. Bedenken Sie, dass diese Mechanismen immer Schamgefühle verbergen. Sprechen Sie auf jeden Fall nach einem Streit darüber, was ihn verursacht hat und wie man Streit in Zukunft vermeiden könnte.

Aktivierte emotionale Schemata in einer Liebesbeziehung erfordern eine ganz besondere Handhabung. Wenn Sie nach einem Ausbruch darüber sprechen, bieten Sie Ihrem geliebten Partner die Hilfe an, die Sie im Umgang mit dem Unschuldigen gelernt haben, also Attunement und Verständnis. Beziehen Sie sich dabei nicht nur auf den aktuellen Fall – den Auslöser und wie er zukünftig zu vermeiden ist –, sondern suchen Sie auch nach der Ursache in der Vergangenheit. Das wird Sie zu dem Trauma führen, das sich hinter dem Schema verbirgt, und Ihnen die Möglichkeit geben, die Emotion zu korrigieren und zu heilen. Damit reagieren Sie so auf Ihren Partner, wie er es eigentlich bereits in der Vergangenheit hätte erfahren sollen. Wie Sie bei den Lektionen über das Unschuldige gelernt haben, ist es vollkommen in Ordnung, zu widersprechen, wenn Sie das Gefühl haben, dass das sein muss und Sie damit vielleicht eine erneute Aktivierung des Schemas verhindern können. Aber gehen Sie behutsam vor und honorieren Sie, dass der andere Ihnen seine schmerzlichen Erinnerungen anvertraut hat.

Außerdem sollten Sie versuchen herauszufinden, auf welche Weise Ihre emotionalen Schemata ineinandergreifen. Reagieren Sie durch Ihre kritische Mutter überempfindlich auf Kritik und hat der perfektionistische Vater Ihres Partners ihn so stark geprägt, dass er dazu neigt, immer etwas an Ihnen zu bemängeln? Liegt es an Ihrem älteren Bruder, dass Sie sehr stark auf dominante Männer reagieren, während Ihr Partner mit großen Vorurteilen zu kämpfen hatte und deshalb ständig die Kontrolle behalten will?

Möglicherweise haben Sie sogar ein emotionales Schema bei Ihrem Partner geschaffen, zum Beispiel wenn Sie eifersüchtig und deshalb gemein zu ihm waren. Beheben Sie das, indem Sie zugeben, was Sie getan haben, und ihm sagen, was Sie in Zukunft anders machen wollen. Ein Paar, bei dem das emotionale Schema eines der Partner wegen seiner Eifersucht großen Schaden in der Beziehung angerichtet hatte, beschloss, einen Vertrag zu unterzeichnen, in dem sie sich verpflichteten, den anderen niemals zu betrügen. Und wenn doch, musste derjenige, der sich hatte dazu verleiten lassen, es dem anderen innerhalb von 24 Stunden beichten. Das sollte unter anderem dafür sorgen, dass die ständigen Verdächtigungen und Anschuldigungen aufhörten.

Emotionale Schemata sollten mit Hingebung, aber auch so objektiv wie möglich bearbeitet werden. Wenn Sie das schaffen, ist das ein bedeutsames Zeichen von Liebe und Tapferkeit, denn Sie beide werden möglicherweise dabei mit starken Ängsten konfrontiert, weil Sie in der Vergangenheit verlassen oder missbraucht wurden, sich von jemandem trennen mussten oder ein anderes Trauma erlitten haben. Sie müssen sich beide auf den anderen einstellen, wann auch immer einer von ihnen beiden – vielleicht zum hundertsten Mal – auf das Ereignis zurückkommt, das bei ihm ein emotionales Schema erzeugt hat. In einer Liebesbeziehung wird Ihr Attunement auf natürliche Weise eine Emotion korrigieren, wenn Sie den Wunsch äußern, dass sich alles anders entwickelt hätte, dass Sie gerne geholfen hätten. Sprechen Sie auch andere heilende Gefühle und Gedanken aus, die Ihnen spontan in den Sinn kommen. Wenn Ihr Partner beim Attunement noch nicht so geschickt ist wie Sie, fungieren Sie als Vorbild oder geben Sie ihm dieses oder ähnliche Bücher zu lesen.

Sich mit den emotionalen Schemata des anderen zu befassen, klingt nach einer Herkulestat, und das ist es auch. Aber es wird leichter, wenn Sie verstehen, wie Sie damit umgehen müssen. Und: Was bleibt Ihnen anderes übrig? Selbst in den besten Liebesbeziehungen gibt es Probleme. Die meisten wissen das nicht, aber die Nähe, die wir uns in unserer wichtigsten Beziehung wünschen, erfordert unglaublich viel Arbeit. Ohne diese Liebe lebt es sich schlecht, vor allem wenn man mit einem unterbewerteten Selbst zu kämpfen hat. Also tun Sie es für die Liebe.

MIT DEM ERLERNTEN ARBEITEN

1. Gehen Sie zurück zu Kapitel 7, schauen Sie sich noch einmal das Bild mit den sich überlappenden Kreisen an. Betrachten Sie Ihre engste Beziehung. Überschneiden sich die Kreise stärker, nachdem Sie die Vorschläge in diesem Kapitel in die Tat umgesetzt haben?
2. Machen Sie sich jemals Gedanken darüber, dass Sie sich zu nahe stehen könnten? Versuchen Sie herauszufinden, ob es sich dabei nicht um Ranking handeln könnte – vielleicht haben Sie Angst, kontrolliert oder von Gefühlen überwältigt zu werden, falls Sie den anderen verlieren. Oder haben Sie möglicherweise das Gefühl, Grenzen setzen zu müssen, um Ihre Bedürfnisse und Wünsche von denen des anderen abzutrennen und deutlich zu machen?
3. Überlegen Sie, welche Hindernisse bei der Liebe zu Ihrem Partner noch vorhanden sind, und betrachten Sie dazu die in diesem Kapitel besprochenen. Schreiben Sie auf, welche Hürden es noch zu nehmen gilt, und besprechen Sie das mit Ihrem Partner.
4. Planen Sie eine neue aufregende und herausfordernde Aktivität mit Ihrem Partner und genießen Sie diese wunderbare Zeit miteinander.

KAPITEL 9
DIE BEFREIUNG VON DEM UNTERBEWERTETEN SELBST

Gemeinsam haben wir versucht, Ihr unterbewertetes Selbst zu heilen, und Sie sind Ihrem Ziel gewiss ein großes Stück nähergekommen. Aber wie können Sie etwas heilen, was als Instinkt tief in Ihnen verankert ist? Am Anfang des Buches habe ich erklärt, dass jeder von uns ein unterbewertetes Selbst besitzt – es ist ganz natürlich, ein allgemeines Selbstwertgefühl zu haben, das auf Niederlagen reagiert, und wir alle müssen uns mit Niederlagen auseinandersetzen. Diese bewahrende, in Ihnen verankerte Reaktion dient in erster Linie dazu, Sie am Leben zu erhalten und Sie vor weiteren Niederlagen (oder beschämendem Fehlverhalten) zu schützen, indem es Ihren Selbstwert mehr als nötig verringert. Das hält Sie zumindest für eine Weile davon ab, alle ständig herauszufordern, und liefert Sie Ihrem unterbewerten Selbst aus. Das alles ist Teil Ihres Instinkts, der in Ranking-Situationen auftaucht. Natürlich besitzen Sie einen ebenso starken Instinkt für Linking, der, wie Sie nun wissen, den Ranking-Instinkt durchaus bezwingen kann.

Falls Sie festgestellt haben, dass Sie oft nicht von Ranking zu Linking wechseln können, wissen Sie nun, woran das liegt: Ihr allgemein niedriges Selbstwertgefühl ist nicht das Ergebnis von irgendeiner Niederlage, sondern von wiederholten oder traumatischen Niederlagen, die mit unerträglichen Gefühlen wie emotionaler Überforderung, Machtlosigkeit und Scham einhergingen. In diesem Fall wurde höchstwahrscheinlich der in Kapitel 6 beschriebene Beschützer-Verfolger aktiviert, der Sie im sicheren Ranking-Modus hält.

Diese Traumata müssen bearbeitet werden, und ebenso, wie man körperliche Verletzungen heilen kann, ist das auch bei seelischen Traumata möglich. In beiden Fällen müssen jedoch die richtigen Voraussetzungen gegeben sein. Sie wissen nun, dass Sie zur Heilung Ihrer selbst und anderer Linking-Erlebnisse brauchen, in denen Emotionen korrigiert werden. Wir alle haben ein unterbewertetes Selbst, das ist richtig, und es ist auch wahr, dass Sie den Schaden beheben können, den das unterbewertete Selbst verursacht, wenn es seine natürliche Reaktion auf Niederlagen übertreibt. Selbst wenn der Heilungsprozess noch nicht abgeschlossen ist, können Sie sich nun stärker bewusst machen, inwiefern das unterbewertete Selbst dazu neigt, Dinge zu verzerren – ebenso, wie Sie vielleicht eine alte Verletzung nun wieder wahrnehmen.

ZEICHEN DES FORTSCHRITTS

Werfen Sie einen Blick in Ihr Notizheft. (Falls Sie keines geführt haben, Gehen Sie in Gedanken Ihr Leben durch, seit Sie dieses Buch zu lesen begonnen haben.) Machen Sie sich Notizen über Ihre Fortschritte. Zur Hilfe schreiben Sie neben jede der folgenden Aussagen ein Ja oder ein Nein.

1. Sie lassen sich wegen Ihres unterbewerteten Selbst weniger Gelegenheiten entgehen – im gesellschaftlichen und beruflichen Leben.
2. Sie können immer öfter unterscheiden, ob Sie selbst oder andere Personen sich im Ranking- oder im Linking-Modus befinden.
3. Sie bewerten sich selbst weniger oft und sehen nicht mehr automatisch Ranking, wo es Ihnen nicht weiterhilft und wahrscheinlich gar nicht vorhanden ist.
4. Wenn Sie tatsächlich einen bestimmten Rang anstreben, genießen Sie das mehr und haben auch mehr Erfolg, weil Sie sich selbst korrekt einschätzen und sich nicht in einen Wettbewerb begeben, bei dem Sie eindeutig verlieren, aber auch nicht auf den Wettbewerb verzichten, wenn Sie wissen, dass Sie ihn gewinnen könnten.

5. Sie sind freundlicher gestimmt und die Menschen in Ihrer Umgebung haben sich dazu vielleicht schon geäußert.
6. Sie stehen den Personen, von denen Sie sich das gewünscht haben, jetzt viel näher.
7. Sie brauchen seltener Selbstschutzmaßnahmen zu ergreifen.
8. Ihre emotionalen Schemata haben Sie seltener im Griff.
9. Wenn Sie sich in einer Ihrer Beziehungen unsicher fühlten, verspüren Sie jetzt zumindest in einer mehr Sicherheit.
10. Falls Ihr Beschützer-Verfolger Sie oft zu schützen versucht, wissen Sie zumindest nun darüber Bescheid und lassen das auch seltener zu.
11. Wenn Sie sich in einer langfristigen engen Beziehung befinden, spüren Sie nun mehr Liebe und weniger Ranking.
12. Vor allem sind Sie glücklicher, weil Sie sich nach jedem Lernschritt auf eine realistische Weise wohler mit sich selbst gefühlt haben – und das ist das größte alleinstehende Anzeichen für Glück.[1] Falls Sie noch nicht so weit sind, befinden Sie sich auf dem Weg dorthin.

Je mehr Fortschritt Sie wahrnehmen, desto freier werden Sie, um eigene Entscheidungen zu treffen, anstatt von Angst getrieben zu werden. Und das bringt uns an einen Scheideweg.

DER SCHEIDEWEG VON LIEBE UND MACHT

Als ich mir die ersten Gedanken zu diesem Buch gemacht habe, hatte ich ein Bild von einer Straßenkreuzung vor Augen, an der Ranking und Linking, Liebe und Macht aufeinandertreffen. Ich hoffe, dass Sie am Ende unserer gemeinsamen Arbeit an einer solchen Kreuzung nun die richtige Entscheidung treffen können – nämlich die Entscheidung für den Weg, der in diesem Moment nötig ist. Sie sollen nicht mehr das Gefühl haben, dass Ihre einzige Wahl Ranking ist. Mit dem Expertenwissen können Sie nun bestimmen, welchen Weg Sie nehmen oder wie Sie zwei Wege miteinander verbinden können.

Ich hoffe, dass Sie jetzt für Linking und Liebe bereit sind, aber auch Ranking anwenden, um wichtige persönliche Grenzen zu wahren, denn auf lange Sicht gesehen fördert das Bindungen. Und ich hoffe, Sie können nun Wettbewerb genießen und danach streben, Ihr Bestes zu geben, während Sie sich an die Werte von Fairness und Sportsgeist halten und sich sogar mit Ihren Gegnern verbinden.

Ebenfalls hoffe ich, dass Ihre starken Bindungen Ihnen nun das Selbstvertrauen geben, einen höheren Rang einzunehmen, wenn das angemessen ist. Die Macht, die ein höherer Rang mit sich bringt, können Sie anwenden, um Ihren Einfluss geltend zu machen – bei Kindern, Studenten, Patienten oder anderen Personen, denen Sie helfen wollen. Ranking kann Ihnen nun bei Ihrer Wertschätzung von Liebe und Bindung helfen, gleichgültig, welchen Druck andere auf Sie ausüben – Sie stehen zu dem, woran Sie glauben. In größeren Gruppen und sogar völkerübergreifend können Sie zu Linking – eher als zu Ranking – ermutigen, ohne dabei die Realität von Ranking oder das Bedürfnis, Grenzen zu wahren, zu leugnen. Und Sie verstehen, warum Menschen sich so bereitwillig einer Gottheit zuwenden, die allliebend und allmächtig zugleich ist: Wir spüren, dass sich diese beiden Kräfte letztendlich im Einklang befinden müssen.

Nun habe ich einige Wünsche geäußert, aber einer bleibt mir noch: Ich wünsche mir, dass Sie weiterhin mit diesem Buch arbeiten, während Sie danach streben, die richtige Balance zwischen Linking und Ranking zu finden. Jedes Mal, wenn Sie die hier aufgeführten Anregungen in die Tat umsetzen, werden Sie besser im Linking werden und das unterbewertete Selbst sowie das dadurch unnötig erzeugte Ranking hinter sich lassen können.

Natürlich ist Linking weitaus mehr als nur eine Technik, um sich besser zu fühlen. Linking, Bindungen finden, ist von zentraler Bedeutung im Leben. Einzellige Organismen haben sich miteinander verbunden, um dadurch zu einfachen Tieren zu werden; aus der Verbindung von einfachen Tieren sind komplexere Lebewesen hervorgegangen, und viele dieser Tiere haben Gruppen gebildet, um sich gegenseitig zu helfen. In allen Fällen fühlten sie sich zueinander hingezogen und hatten das Bedürfnis, einander zu unterstützen und zu helfen – das ist meine Definition von Liebe. Einige von uns streben mittlerweile danach, sich mit allen anderen Lebewesen in Frieden und mit Wohlwollen zu verbinden. Bestimmt wird sich Linking mit uns immer noch weiterentwickeln.

Nun sind wir am Ende dieses Buches angelangt, aber wir sind immer noch durch diese gemeinsame Reise miteinander verbunden. Während ich an diesem Buch gearbeitet habe, waren Sie in meinem Herzen meine Freunde, die ich mir zwar nur vorstellen kann, von denen ich aber weiß, dass es sie gibt. Sie werden mir fehlen, jetzt, wo die letzten Worte geschrieben sind. Aber ich freue mich, dass wir gemeinsam diese letzten Seiten erreicht haben. Möge sich Ihr tiefstes Selbst nicht mehr nach der Waage richten, die Wert und Rang gegeneinander aufwiegt, und mögen Sie starke Bindungen eingehen.

DANKSAGUNG

Ich möchte meinem Ehemann Art danken, der mich immer unterstützt. Es war eine leichte Entscheidung für mich, wem ich dieses Buch widmen möchte.

Dankbar bin ich auch meiner Agentin Betsy Amster, die mir vertraute – das war nicht selbstverständlich, nachdem ich ihr mitgeteilt hatte, dass ich ein eher unkonventionelles Buch schreiben wollte.

Dank auch an meine Lektorin Tracy Behar, die mir ebenfalls vertraut hat, als ein sperriger Entwurf nach dem anderen auf ihrem Schreibtisch landete. An einem entscheidenden Punkt erhielt ich noch große Unterstützung von Angela Casey, einer selbstständig tätigen Lektorin. Ich wollte alles berichten, und sie wollte, dass das auch alles für Sie verständlich aufbereitet wird.

Als ich plante, ein Buch über Macht zu schreiben, schlug eine Person, die hier anonym bleiben möchte, vor, dass ich mich dem Thema *Liebe* und Macht widmen sollte. Und das hat für den entscheidenden Unterschied gesorgt.

ANHANG I
WIE SIE EINEN GUTEN THERAPEUTEN FINDEN

Beginnen Sie diese wichtige Aufgabe, indem Sie Freunde und Fachkräfte aus dem Medizinbetrieb und der Psychologie fragen, ob sie Ihnen einen Therapeuten empfehlen können, den sie gut kennen. Achten Sie dabei vor allem darauf, dass Ihnen jemand etwas darüber berichten kann, wie eine Therapie mit dieser bestimmten Person abläuft. Falls Ihre Krankenversicherung für eine solche Behandlung aufkommt und eine Liste von möglichen Therapeuten zur Verfügung stellt, zeigen Sie diese Aufstellung den Menschen, von denen Sie sich Unterstützung wünschen. Häufig finden Sie einige sehr gute Therapeuten nicht auf diesen Listen, weil sie keine Verträge mit Krankenkassen haben.

Ich empfehle Ihnen, keinen Therapeuten aufzusuchen, der bereits einen engen Freund von Ihnen betreut, außer das lässt sich nicht vermeiden, weil Sie in einer kleinen Stadt wohnen. Sie sollten sich auch niemals bei einem Freund oder Verwandten in therapeutische Behandlung geben. Begeben Sie sich auch nicht bei einem Therapeuten in Behandlung, der bereits Ihren Partner betreut, und hüten Sie sich vor jedem Therapeuten, der Ihnen dazu rät. Und fühlen Sie sich auch nicht dazu verpflichtet, einen bestimmten Therapeuten aufzusuchen, weil er Ihnen von jemandem empfohlen wurde.

WENN SIE SICH DEN THERAPEUTEN IHRER WAHL NICHT LEISTEN KÖNNEN

Wenn Sie sich eine gute Therapie nicht leisten können, weichen Sie nicht auf einen nicht zugelassenen oder ungenügend ausgebildeten Therapeuten aus, nur um Geld zu sparen. Suchen Sie sich den besten aus. Selbst wenn das Honorar sehr hoch scheint, wird es das wert sein. Bei einem besseren Therapeuten brauchen Sie wahrscheinlich weniger Sitzungen und Sie können Gewinn aus einer Lebensveränderung ziehen, die auch Ihre beruflichen Verdienstmöglichkeiten beeinflussen können.

Warum sind die Kosten so hoch? Bei den Ausgaben für Schulungen, laufenden Kosten, Versicherungen gegen Kunstfehler und der großen Verantwortung über Leben und Tod, die jeder Therapeut hat, muss er sich bei seinen Beratungsterminen und Gesprächen meist auf 20 Stunden pro Woche beschränken, um noch gut arbeiten zu können. Viele Therapeuten haben jedoch gleitende Tarife, also bezahlen ein Viertel oder sogar die Hälfte ihrer Patienten weniger als die üblichen Gebühren. Erklären Sie dem Therapeuten Ihre Situation und sagen Sie ihm, wie viel Sie bezahlen können. Falls der Therapeut Ihrer Wahl Ihnen keinen geringeren Tarif anbieten kann, fragen Sie ihn, ob er Ihnen jemanden empfehlen könnte, vielleicht einen Assistenzarzt oder jemanden, der gerade seine Praxis eröffnet hat. Manchmal sind solche Empfehlungen die besten.

Fragen Sie auch bei Institutionen nach, die Therapeuten ausbilden, und bei Berufsorganisationen, ob sie Ihnen Assistenzärzte, preisgünstige Kliniken oder andere günstige Einrichtungen nennen können. Assistenzärzten fehlt es vielleicht noch an Erfahrung, aber sie sind sehr engagiert und mit den neuesten Techniken vertraut. Und sie brauchen Tausende Stunden, um ihre Zulassung zu bekommen. Dabei werden sie von erfahrenen Experten betreut, also profitieren Sie auch von deren Wissen, wenn auch sozusagen aus zweiter Hand. Versuchen Sie, einen Assistenzarzt zu finden, der sich mit einer Praxis niederlassen möchte, damit Sie dann bei ihm bleiben können, wenn Sie möchten.

IHRE BESONDEREN PRÄFERENZEN

Sollten Sie lieber einen Mann oder eine Frau wählen? Das bleibt natürlich Ihnen überlassen. Bei wem würden Sie sich wohler fühlen? Brauchen Sie eher ein weibliches oder ein männliches Rollenmodell? Welche Perspektive ist besser für Sie? Für eine tief greifende emotionale Arbeit ist es manchmal gut, das Geschlecht des Elternteils auszusuchen, zu dem Sie die bessere Beziehung hatten.

Welche Art von Therapie sollten Sie wählen? Therapeuten lassen sich grob einteilen in solche, die mit dem bewussten und rationellen Teil unserer Psyche arbeiten, und in solche, die sich eher dem Unterbewussten widmen. Letztere konzentrieren sich im Besonderen darauf, wie das Unterbewusste in einer therapeutischen Beziehung reagiert. Kognitive Verhaltenstherapie und interpersonelle Psychotherapie sind beide eher rationell geprägt. Andere Therapieformen wie zum Beispiel die EMDR-Methode (Eye Movement Desensitization and Reprocessing, auf Deutsch Desensibilisierung und Verarbeitung durch Augenbewegung) sind eher in der Mitte angesiedelt. Diese Methode wird hauptsächlich angewendet, um vor Kurzem erlebte Traumata zu behandeln wie zum Beispiel einen plötzlichen Todesfall, aber einige Ärzte wenden sie auch an, um Erinnerungen an Traumata zurückzuholen oder für andere, eher allgemeine Zwecke. Emotionsfokussierte Therapie und Gestalttherapie liegen auch im Mittelfeld, da sie mit Emotionen arbeiten, aber nicht systematisch in das Unterbewusstsein eintauchen.

Psychoanalyse, die Analyse nach Jung und das, was man als Selbstpsychologie bezeichnet (nach Heinz Kohut), stellen die besten Therapien dar, um Zugang zu dem Unbewussten zu finden, wie es sich im Laufe der Therapie und in Träumen zeigt. Ihr Ziel besteht darin, so weit wie nötig in die Kindheit zurückzugehen, um herauszufinden, wo Ihre Entwicklung einen falschen Weg eingeschlagen hat. Hier beginnt Ihre Arbeit. Vor allem wenn Ihre Beziehungen von dem Gefühl der Unsicherheit geprägt sind oder Sie einen Beschützer-Verfolger in sich tragen oder auch bereits mit rationellen Ansätzen ohne Erfolg gearbeitet haben, bieten sich diese Therapieformen an.

Analytiker, die nach C. G. Jungs Methode arbeiten (Therapeuten, die offiziell von entsprechenden Instituten anerkannt sind), und Psychotherapeuten, die sich an Jungs Ansatz orientieren (die ebenfalls in dieser Methode unterrichtet wurden, allerdings nicht an diesen Instituten), arbeiten nicht nur mit Träumen, sondern auch mit anderen Methoden, über die sie Zugang zu Ihrem tiefsten Selbst und zu verschiedenen archetypischen Symbolen bekommen, die Ihre Psyche hervorbringt. Für Jungianer ist das ultimative Ziel die Individuation. Das heißt, der Mensch findet mehr und mehr zu Harmonie mit dem einzigartigen Sinn seines Lebens, zu einem Leben, wie es seiner Psyche entspricht und nicht nur dem bewussten Ego.

Wenn Sie eine bestimmte Methode bevorzugen wie die kognitive Verhaltenstherapie, die interpersonelle Psychotherapie, EMDR, die emotionsfokussierte Therapie, die Gestalttherapie, die Psychoanalyse, die an C. G. Jung orientierte Therapie oder die Selbstpsychologie, dann setzen Sie sich mit einem Institut in Verbindung, an dem diese Methode gelehrt wird. Selbst wenn diese Lehranstalt weit weg von Ihrem Wohnort liegt, wird man Ihnen dort einen Arzt in Ihrer Nähe empfehlen können. Wichtiger als die Methode sollten jedoch die Fähigkeiten und die Persönlichkeit des Therapeuten sein. Um den für Sie besten Therapeuten zu finden, sollten Sie sich über seine oder ihre Methoden erkundigen und sich überlegen, ob das in Ihrer Situation das Richtige für Sie ist. Die meisten Therapeuten sind so aufgeschlossen und vielseitig, dass sie den Ansatz wählen, der für Sie am besten passt. Und das Konzept kann während der gemeinsamen Arbeit immer noch geändert werden. Vielleicht bringen Sie dieses Buch mit und erklären dem Therapeuten, was Ihnen daran gefallen hat. Ein guter Therapeut ist an allem interessiert, was Sie für hilfreich halten.

TERMINVEREINBARUNG UND DIE ERSTE SITZUNG

Nachdem Sie eine Liste von möglichen Therapeuten erstellt haben, besuchen Sie deren Seiten im Internet, sofern sie eine haben. Beachten Sie dabei, ob Sie die Praxis gut erreichen können und ob Sie eine lange Anfahrt auf sich nehmen müssten. Suchen Sie mindestens zwei oder drei Therapeuten von Ihrer Liste auf, bevor Sie sich endgültig entscheiden. Rufen Sie dort an, um herauszufinden, ob die Sprechzeiten günstig für Sie sind. Fragen Sie nach den Gebühren und erkundigen Sie sich, ob der erste Besuch bereits etwas kostet. (Meist ist das der Fall.) Wenn Sie Schwierigkeiten mit der Bezahlung haben, sagen Sie das bereits am Telefon. Vielleicht können Sie ein niedrigeres Honorar vereinbaren. Sie können sicher nicht alles am Telefon besprechen, aber stellen Sie so viele Fragen wie möglich. Die meisten Therapeuten legen Wert darauf, Sie in einer ersten Sitzung kennenzulernen, um dann zu entscheiden, ob Sie gut miteinander klarkommen, also vereinbaren Sie einen Termin. Es muss eine gewisse Sympathie vorhanden sein, damit Sie gut miteinander arbeiten können. Auf beiden Seiten sollte die Chemie stimmen.

Nehmen Sie sich beim ersten Termin genügend Zeit, um rechtzeitig dort anzukommen. Termine bei einem Therapeuten werden, anders als bei Allgemeinmedizinern, sehr genau eingehalten. Halten Sie einen Scheck und/oder Ihre Versicherungskarte und Ihre Überweisung bereit. Vergessen Sie nicht, dass Sie zwei oder drei Therapeuten besuchen wollen, bevor Sie sich entscheiden, also legen Sie die weiteren Termine so, dass Sie mindestens einen Tag dazwischen haben. Sie brauchen Zeit, um nachzudenken und sich zu erholen, falls eine Sitzung sehr intensiv ausfallen sollte. Fragen Sie in der ersten Sitzung den Therapeuten, wo er studiert, seine Ausbildung gemacht hat, wie lange er bereits in seiner Praxis arbeitet und was sein Spezialgebiet ist. Sprechen Sie auch einige der Themen an, die Sie am meisten bewegen. So stellen Sie fest, ob der Therapeut Ihnen dazu nützliche Erkenntnisse vermitteln kann.

Falls Sie sich mit Ihren Träumen beschäftigen wollen, können Sie dem Therapeuten einen kürzlichen, immer wiederkehrenden oder verstörenden Traum schildern. Oder vielleicht ermutigt Sie der Therapeut, zu Beginn Ihre Geschichte zu erzählen oder ihm Ihre Ziele zu benennen und ihm zu erklären, wie Sie diese erreichen wollen. Seien Sie in dieser ersten Stunde spontan und versuchen Sie zu beurteilen, was sich zwischen Ihnen ergibt, aber beharren Sie auch auf die Beantwortung Ihrer Fragen. Schließlich sind Sie der Patient und Klient.

DENKEN SIE ÜBER DIESE ERFAHRUNG NACH

Nach Ihren Terminen bei den verschiedenen Therapeuten sollten Sie sich folgende Fragen stellen: „Habe ich von dieser Sitzung profitiert? War ich überzeugt genug, um einen weiteren Termin wahrnehmen zu wollen?“ Der Therapeut sollte auf Sie einen freundlichen und empathischen Eindruck gemacht haben. Sie sind darauf geschult, also kann man aus dieser Eigenschaft noch nicht ableiten, dass es sich um einen besonders guten Therapeuten handelt. Falls er diese Eigenschaft jedoch nicht besitzt, sollten Sie ihn auch nicht wieder aufsuchen. Gehen Sie nicht ein zweites Mal zu einem Therapeuten, der Sie dazu überreden will, mit ihm zu arbeiten, Ihnen davon abrät, weitere erste Termine bei anderen Therapeuten wahrzunehmen, oder Ihnen das Gefühl gibt, dass seine Bedürfnisse in eine andere Richtung gehen als Ihre. Hat ein Therapeut zum Beispiel während Ihrer Sitzung einen Telefonanruf entgegengenommen, Ihnen persönliche Geschichten erzählt oder zu sehr versucht, Sie von seinen Fähigkeiten zu überzeugen?

Legen Sie nach Ihren Terminen eine Pause von einigen Tagen ein, um Ihre Eindrücke zu sortieren, sonst könnte der letzte Therapeut den stärksten Eindruck hinterlassen. Achten Sie auf Ihre Reaktionen auf Details wie zum Beispiel die Atmosphäre im Wartezimmer und im Behandlungsraum, denn das lässt einige Rückschlüsse auf den Arzt zu. Und achten Sie ebenfalls auf Ihre Träume, in denen sich die Reaktionen Ihrer Psyche auf die Besuche bei den einzelnen Therapeuten widerspiegeln.

Wenn Sie eine Langzeittherapie planen, vereinbaren Sie bei Ihrem Favoriten vier oder sechs Sitzungen, unter der Voraussetzung, dass Sie beide danach beurteilen, wie es zwischen Ihnen gelaufen ist. Machen Sie sich Gedanken darüber, was Sie den Therapeuten bei der zweiten Sitzung fragen möchten, zum Beispiel was geschieht, wenn Sie eine Sitzung kurzfristig absagen müssen oder wie oft er sein Honorar abrechnet. Wie haben seine Antworten auf Sie gewirkt? Befassen Sie sich noch einmal ausführlich mit den für Sie wichtigen Themen, beginnen Sie mit der Therapie an und bilden Sie sich dann ein Urteil darüber, wie es läuft.

Nehmen Sie sich Zeit, um Ihre Entscheidung zu treffen. Sie könnte den Rest Ihres Lebens beeinflussen.

WENN DIE ENTSCHEIDUNG GEFALLEN IST

Wenn Sie Ihre Wahl getroffen haben, geben Sie Ihrem Therapeuten die Chance, seine Arbeit zu machen. Vertrauen Sie Ihrer Entscheidung, auch wenn es dabei zu Höhen und Tiefen kommt. Sprechen Sie ihn aber immer darauf an, wenn Sie sich mit etwas unwohl fühlen. Es ist absolut wichtig, dass Sie immer ehrlich sind, das kann ich nicht genug betonen. Wenn Ihnen etwas nicht gefällt, müssen Sie mit ihm darüber sprechen. Oft geht es nach solchen Gesprächen mit der Therapie einen großen Schritt voran. Brechen Sie vor allem die Therapie nicht ab, ohne den Grund dafür besprochen zu haben. Außer wenn es sich dabei um eine absolut inakzeptable Angelegenheit handelt, wie zum Beispiel eine Aufforderung zu sexueller Intimität oder zu einer Freundschaft (absolut unethisch und falsch), eine Verletzung der Geheimhaltungspflicht oder eine andere Grenzüberschreitung. Auch wenn es sich gut anhört, sollten Therapeuten sich nicht bereit erklären, Sie kostenlos zu beraten, die Zeit der Sitzung überziehen oder Ihnen vorschlagen, sich außerhalb der Praxis mit Ihnen zu treffen, wenn es dafür keine wichtigen Gründe gibt.

Versuchen Sie nicht, sich von zwei Psychotherapeuten gleichzeitig behandeln zu lassen, außer wenn einer Sie an einen anderen verwiesen hat, zum Beispiel zu einer Eheberatung. Die Beziehung zwischen Patient und

Therapeut soll dazu dienen, etwas zu lernen. Wenn Sie Schwierigkeiten nicht ansprechen und diese zu einer weiteren Beziehung mitnehmen, ist der Lerneffekt wesentlich geringer. Normalerweise ist es besser, nicht den gleichen Therapeuten für Paartherapie und individuelle Therapie aufzusuchen. Bei einer Paartherapie geht es um die Beziehung zwischen Ihnen und Ihrem Partner. Die Hauptaufgabe des Therapeuten ist es, diese Beziehung mit Ihnen aufzuarbeiten. Sie zusätzlich als Einzelpatienten zu behandeln, würde einen Interessenkonflikt auslösen.

WO LINKING INS SPIEL KOMMT UND SICH IN LIEBE VERWANDELT

Ein bestimmtes Maß an Ranking gehört zu einer Therapie – eine gewisse Macht im Dienste von Linking –, aber offensichtlich sollten Sie und Ihr Therapeut sich sympathisch sein und eine gute Verbindung zueinander herstellen können. Ich persönlich bin der Ansicht, dass eine Therapie, vor allem wenn der Fokus auf der Heilung eines von Unsicherheit geprägten Bindungsmusters liegt, mit der Erfahrung von Liebe einhergehen muss. Diese Liebe, die Sie in der Therapie erfahren, hat jedoch nichts damit zu tun, dass Sie auf die Bedürfnisse Ihres Therapeuten eingehen. Außer der Tatsache, dass Sie für die Sitzungen zahlen und ehrlich und fleißig arbeiten, sind Sie auch hier, um *Amae* zu empfangen. Diesen Ausdruck aus dem Japanischen haben Sie bereits in Kapitel 4 kennengelernt. Er bedeutet, dass Sie die Zuwendung eines anderen genießen können, vor allem, wenn Sie davon in Ihrer Kindheit zu wenig bekommen haben.

Ich danke Ellen Siegelman, einer Freundin und Analytikerin nach Jung für ihre Beschreibung der offenkundigen Rolle der Liebe in der Therapie. Sie schreibt, dass sich im Laufe der Arbeit mit einem Patienten bei den meisten Therapeuten eine „tiefe und nicht fordernde Liebe für viele ihrer Patienten“[1] einstellt. Wichtig dabei ist der Begriff „nicht fordernd". Diese Liebe muss aufrichtig sein, nicht gespielt, auch nicht, um dem Patienten ein gutes Gefühl zu geben. Siegelman ist nicht die Einzige, die die Bedeutung dieser Liebe hervorhebt. Carl Rogers, einer der herausragenden Begründer der modernen Psychotherapie, gründet sein Lebenswerk auf die einfache Vorstellung, dass in einer Psychotherapie die „bedingungslose positive Betrachtung" die heilende Wirkung erzielt.[2]

Einigen Psychotherapeuten wurde, sowohl jetzt als auch in der Vergangenheit, gelehrt, dass ihre Gefühle ihren Patienten gegenüber nicht die eines Zahnarztes übersteigen sollten, dass sie eine professionelle Distanz wahren und mit nur wenig Wärme eine gut funktionierende Verbindung schaffen sollten. Inzwischen wissen wir jedoch, dass Linking oder sogar Liebe (innerhalb der Grenzen eines professionellen Verhältnisses) wesentlich dazu beiträgt, Patienten einen sicheren Raum zu geben, ihre emotionalen Schemata zu erforschen. So können sie neue Verhaltensmuster entwickeln, die auf Geborgenheit und Verlässlichkeit beruhen, und den Reichtum in engen Beziehungen erfahren, wodurch sie ihr unterbewertetes Selbst heilen.

ANHANG II
TRAUMA-TABELLEN

1	2	3	4	5	6	7	8
Kindheitstrauma	Geschehen, vor dem 4. Lebensjahr	Vor dem 2. Lebensjahr	Wenig oder keine Hilfe erhalten	Ist mehr als zweimal passiert	Mehr als einmal zu einem bestimmten Zeitpunkt passiert	Lebensverändernd oder Welleneffekt	Gefühl der Depression oder Scham

1	2	3	4	5	6	7
Erwachsenen-trauma	Geschehen, während noch „unschuldig“	Mehr als zweimal geschehen	Mehr als einmal zur gleichen Zeit geschehen	Wenig oder keine Hilfe erhalten	Lebensverändernd oder Welleneffekt	Gefühl des Versagens oder der Scham

ANMERKUNGEN

Vorwort

1. J. V. Wood, W. Q. E. Perunovic und J. W. Lee, „Positive Self-State ments: Power for Some, Peril for Others“, Psychological Science 20, no. 7 (2009): 860–866.

Kapitel 1: Ranking, Linking und das unterbewusste Selbst

1. R. Eisler und D. Loye, „The 'Failure' of Liberalism: A Reassessment of Ideology from a New Feminine-Masculine Perspective“, Political Psychology 4 (1983): 375–391; J. Sidanius, B. J. Cling, und F. Pratto, „Ranking and Linking as a Function of Sex and Gender Role Attitudes“, Journal of Social Issues 47 (1991): 131–149.
2. L. Sloman und P. Gilbert, Subordination and Defeat: An Evolutionary Approach to Mood Disorders and Their Therapy (Mahwah, NJ: Lawrence Erlbaum, 2000).
3. Ebd.
4. Diagnostic and Statistical Manual of Mental Disorders , 4. Aufl. (Washington, DC: American Psychiatric Association, 1994); J. P. Tangney und K. W. Fischer, Self-Conscious Emotions: The Psychology of Shame, Guilt, Embarrassment, and Pride (New York: Guilford, 1995).
5. P. Zimbardo, Shyness: What It Is, What to Do about It (Reading, MA: Addison-Wesley, 1977).
6. K. S. Kendler, J. M. Hettema, F. Butera, C. O. Gardner und C. A. Prescott, „Life Event Dimensions of Loss, Humiliation, Entrapment, and Danger in the Prediction of Onsets of Major Depression and Generalized Anxiety“, Archives of General Psychiatry 60 (2003): 789–796.

7. S. S. Dickerson und M. E. Kemeny, „Acute Stressors and Cortisol Responses: A Theoretical Integration and Synthesis of Laboratory Research“, Psychological Bulletin 130 (2004): 355–391.
8. N. I. Eisenberger, M. D. Lieberman und K. D. Williams, „Does Rejection Hurt? An fMRI Study of Social Exclusion“, Science 302 (2003): 290–292.
9. A. J. Elliot und A. Moller, „Performance-Approach Goals: Good or Bad Forms of Regulation?“, International Journal of Educational Research 39 (2003): 339–356.
10. E. Berscheid und H. T. Reis, „Attraction and Close Relationships“, in: Handbook of Social Psychology (4. Aufl.), hrsg.v. S. Fiske, D. Gilbert und G. Lindzey (New York: McGraw-Hill, 1998), 193–281.
11. F. P. Morgeson und S. E. Humphrey, „The Work Design Questionnaire (WDQ): Developing and Validating a Comprehensive Measure for Assessing Job Design and the Nature of Work“, Journal of Applied Psychology 91 (2006): 1321–1339.
12. H. E. Fisher, „Lust, Attraction and Attachment in Mammalian Reproduction“, Human Nature 9 (1998): 23–52.
13. A. Aron und E. N. Aron, Love and the Expansion of Self: Understanding Attraction and Satisfaction (New York: Hemisphere, 1986); A. Aron, E. N. Aron, M. Tudor, und G. Nelson, „Close Relationships as Including Other in the Self“, Journal of Personality and Social Psychology 60 (1991): 241–253.
14. A. Aron, E. N. Aron und D. Smollan, „Inclusion of Other in the Self Scale and the Structure of Interpersonal Closeness“, Journal of Personality and Social Psychology 63 (1992): 596–612.
15. L. Tiger, The Pursuit of Pleasure (New York: Little, Brown, 1992).
16. B. H. Raven, J. Schwarzwald und M. Koslowsky, „Conceptualizing and Measuring a Power/Interaction Model of Interpersonal Influence“, Journal of Applied Social Psychology 28 (1998): 307–332.

17. B. H. Raven, „Power Interaction and Interpersonal Influence“, in: Lee-Chai und Bargh, Use and Abuse of Power: Multiple Perspectives on the Causes of Corruption (Philadelphia: Psychology Press, 2001), 217–240.
18. A. Y. Lee-Chai, S. Chen und T. L. Chartrand, „From Moses to Marcos: Individual Differences in the Use and Abuse of Power“, in: Lee-Chai und Bargh, Use and Abuse of Power, 57–74; I. H. Frieze und B. S. Boneba, „Power Motivation and Motivation to Help Others“, in: Lee-Chai und Bargh, Use and Abuse of Power, 75–89.
19. E. Sober und D. S. Wilson, Unto Others: The Evolution and Psychology of Unselfish Behavior (Cambridge, MA: Harvard University Press, 1999).
20. C. Boehm, Hierarchy in the Forest: The Evolution of Egalitarian Behavior (Cambridge, MA: Harvard University Press, 2001).
21. S. Chen, A. Y. Lee-Chai und J. A. Bargh, „Relationship Orientation as a Moderator of Social Power“, Journal of Personality and Social Psychology 80 (2001): 173–187.
22. E. S. Chen und T. R. Tyler, „Cloaking Power: Legitimizing Myths and the Psychology of the Advantaged“, in: Lee-Chai and Bargh, Use and Abuse of Power, 241–261.
23. E. Viding, R. James, R. Blair, T. E. Moffitt und R. Plomin, „Evidence for Substantial Genetic Risk for Psychopathy in 7-Year-Olds“, Journal of Child Psychology and Psychiatry 46 (2004): 592–597; T. E.

    T. E.Moffitt, A. Caspi, H. Harrington, und B. J. Milne, „Males on the Life-Course-Persistent and Adolescence-Limited Antisocial Pathways: Follow-up at Age 26 Years“, Development and Psychopathology 14 (2002): 179–207.
24. P. Zimbardo, The Lucifer Effect: Understanding How Good People Turn Evil (New York: Random House, 2007).

Kapitel 2: Die sechs Selbstschutzmechanismen, mit denen wir einen niedrigeren Rang verleugnen

1. R. Mendoza-Denton, G. Downey, V. Purdie, A. Davis und J. Pietrzak, „Sensitivity to Status-Based Rejection: Implications for African American Students' College Experience", Journal of Personality and Social Psychology 83 (2002): 896–918.
2. A. G. Greenwald, M. R. Banaji, L. A. Rudman, S. D. Farnham, B. A. Nosek und D. S. Mellott, „A Unifi ed Theory of Implicit Attitudes, Stereotypes, Self-Esteem, and Self-Concept", Psychological Review 109 (2002): 3–25.
3. D. Kierstead, P. D'Agostino und H. Dill, „Sex Role Stereotyping of College Professors: Bias in Students' Ratings of Instructors", Journal of Educational Psychology 80 (1988): 342ff.
4. L. A. Rudman, M. C. Dohn und K. Fairchild, „Implicit Self-Esteem Compensation: Automatic Threat Defense", Journal of Personality and Social Psychology 93 (2007): 798–813.

Kapitel 3: Gründe aus unserer Vergangenheit für eine zu geringe Bewertung der eigenen Person

1. J. Bowlby, Attachment and Loss, vol. 2: Separation: Anxiety and Anger (New York: Basic Books, 1973).
2. Sloman und Gilbert, Subordination and Defeat.
3. R. Janoff-Bulman, „Characterological versus Behavioral Self-Blame: Inquiries into Depression and Rape", Journal of Personality and Social Psychology 37 (1979): 1798–1809.
4. L. A. Rudman, J. Feinberg und K. Fairchild, „Minority Members' Implicit Attitudes: Automatic Ingroup Bias as a Function of Group Status", Social Cognition 20 (2002): 294–320.
5. M. Guyll und K. A. Matthews, „Discrimination and Unfair Treatment: Relationship to Cardiovascular Reactivity among African American and European American Women", Health Psychology 20 (2001): 315–325.

6. E. N. Aron, „The Highly Sensitive Person" (New York: Basic Books, 1994) [deutsch: „Sind Sie hochsensibel?" München: mvg Verlag, 2005] ; E. N. Aron und A. Aron, „Sensory-Processing Sensitivity and Its Relation to Introversion and Emotionality", Journal of Personality and Social Psychology 73 (1997): 345–368.
7. J. Kagan, Galen's Prophecy: Temperament in Human Nature (New York: Basic Books, 1994). Kagan nutzt den Begriff der „Gehemmtheit"; die Studien zur „Sensibilität", „Scheu" und dergleichen können aufgrund ihres Umfangs nicht zitiert werden. Aber es gibt eine Rezension in Aron und Aron, „Sensory Processing Sensitivity", S. 345, und eine interessante Diskussion in A. Sih and A. M. Bell, „Insights for Behavioral Ecology from Behavioral Syndromes", in: H. J. Brockmann, T. J. Roper, M. Naguib, K. E. Wynne-Edwards, C. P. Bernard, und J. C. Mitani, Advances in the Study of Behavior, vol. 38 (San Diego: Academic Press, 2008), 227–281.
8. E. Waters, S. Merrick, D. Treboux, J. Crowell und L. Albershein, „Attachment Security in Infancy and Early Adulthood: A Twenty- Year Longitudinal Study", Child Development 71 (2000): 684–689.
9. Die Forschung fand heraus, dass Kinder unsicher sind, wenn die Beschreibung ihrer Kindheit vonseiten der Mutter inkohärent ist. Das ist unabhängig vom Inhalt der Beschreibung und lässt auf eine grundlegende Desorganisation ihres „internen Modells" zum Bindungs- und Beziehungsaufbau schließen.
   Das kann man auch nachlesen unter I. Bretherton und K. A. Munholland, „Internal Working Models in Attachment Relationships: A Construct revisited", in J. Cassidy und P. R. Shaver, Handbook of Attachment: Theory, Research, and Clinical Applications (New York: Guilford, 1999), 89–111.

10. Der Begriff „Emotionsschema" wird derzeit in vielen Kontexten der Psychologie verwendet, um die kognitiven Prozesse zu beschreiben, die es ermöglichen, einen Gedanken oder eine Erinnerung, entstanden in einem hochemotionalen Moment, in einer ähnlichen Situation emotionaler Erregung zu aktivieren – zum Beispiel nutzen A. Neumann und P. Philipp den Begriff in „Specifying What Makes a Personal Memory Unique Enhances Emotion Regulation", Emotion 7 (2007): 566–578. Ich nutze den Begriff „Komplex" nach C. G. Jung, „A Review of the Complex Theory", in: vol. 6 of The Collected Works of C. G. Jung , hrsg. v. W. McGuire (Princeton, NJ: Princeton University Press, 1971).

Kapitel 4: Heilung des unterbewussten Selbst

1. M. W. Baldwin, „Priming Relational Schemas as a Source of Self-Evaluative Reactions", Journal of Social and Clinical Psychology 13 (1994): 380–403.
2. M. Mikulincer und D. Arad, „Attachment, Working Models, and Cognitive Openness in Close Relationships: A Test of Chronic and Temporary Accessibility Effects", Journal of Personality and Social Psychology 77 (1999): 710–725.
3. M. Mikulincer und P. R. Shaver, „Attachment Theory and Intergroup Bias: Evidence That Priming the Secure Base Schema Attenuates Negative Reactions to Out-Groups", Journal of Personality and Social Psychology 81 (2001): 97–115.
4. T. Pierce und J. Lydon, „Priming Relational Schemas: Effects of Contextually Activated and Chronically Accessible Interpersonal Expectations on Responses to a Stressful Event", Journal of Personality and Social Psychology 75 (1998): 1441–1448.
5. M. Mikulincer, O. Gillath, V. Halevy, N. Avihou, S. Avidan und N. Eshkoli, „Attachment Theory and Reactions to Others' Needs: Evidence That Activation of a Sense of Attachment Security Pro-

motes Empathic Responses", Journal of Personality and Social Psychology 81 (2001): 1205–1224.
6. A. Thorne, „The Press of Personality: A Study of Conversations between Introverts and Extraverts", Journal of Personality and Social Psychology 53 (1987): 718–726.
7. T. Doi, The Anatomy of Dependence (Tokyo: Kodansha, 1973).

Kapitel 5: Linking mit dem Unschuldigen

1. C. G. Jung, Jung on Active Imagination, hrsg. v. J. Chodorow (Princeton, NJ: Princeton University Press, 1997); R. A. Johnson, Inner Work: Using Dreams and Active Imagination for Personal Growth (New York: HarperOne, 1986); H. Stone und S. Stone, Embracing Ourselves: The Voice Dialogue Manual (Novato, CA: New World Library, 1989).

Kapitel 6: Der Umgang mit dem inneren Kritiker und dem Beschützer-Verfolger

1. D. Kalsched, The Inner World of Trauma: Archetypal Defenses of the Personal Spirit (New York: Routledge, 1996).
2. Über Patienten, die einem inneren Beschützer-Verfolger-Mechanismus folgen, notiert Kalsched, dass sie „sehr kluge, sensible Individuen sind, die gelitten haben und die aufgrund ihrer hohen Sensibilität schon früh ein akutes oder kumulatives emotionales Trauma erlitten haben". Ebd., 11f.
3. Johnson, Inner Work. [deutsch: Bilder der Seele. Traumarbeit und aktive Imagination. München: Irisiana, 1999]

Kapitel 7: Wie man Beziehungen durch Bindungen vertieft

1. A. Aron, D. Mashek und E. N. Aron, „Closeness, Intimacy, and Including Other in the Self", in Handbook of Closeness and Intimacy, hrsg. v. D. Mashek und A. Aron (Mahwah, NJ: Erlbaum, 2004), 27–42.

2. A. Aron, D. G. Dutton, E. N. Aron und A. Iverson, „Experiences of Falling in Love“, Journal of Social and Personal Relationships 6 (1989): 243–257.
3. E. Aronson und V. Cope, „My Enemy's Enemy Is My Friend“, Journal of Personality and Social Psychology 8 (1968): 8–12; J. Strough und S. Cheng, „Dyad Gender and Friendship Differences in Shared Goals for Mutual Participation on a Collaborative Task“, Child Study Journal 30 (2000): 103–126.
4. D. G. Dutton und A. Aron, „Some Evidence for Heightened Sexual Attraction under Conditions of High Anxiety“, Journal of Personality and Social Psychology 30 (1974): 510–517.
5. S. L. Gable, H. T. Reis, E. A. Impett und E. R. Asher, „What Do You Do When Things Go Right? The Intrapersonal and Interpersonal Benefi ts of Sharing Positive Events“, Journal of Personality and Social Psychology 87 (2004): 228–245.
6. A. Tesser, „Toward a Self-Evaluation Maintenance Model of Social Behavior“, in Advances in Experimental Social Psychology, vol. 21, hrsg. v. L. Berkowitz (New York: Academic Press, 1988), 181–227.

Kapitel 8: Eine dauerhafte Beziehung: Der letzte Schritt zur Heilung des unterbewerteten Selbst

1. A. Aron, C. C. Norman, E. N. Aron, C. McKenna und R. Heyman, „Couples Shared Participation in Novel and Arousing Activities and Experienced Relationship Quality“, Journal of Personality and Social Psychology 78 (2000): 273–83; A. Aron, M. Paris, und E. N. Aron, „Falling in Love: Prospective Studies of Self-Concept Change“, Journal of Personality and Social Psychology 69 (1995): 1102–1112.
2. Aron et al., „Couples Shared Participation“; C. Reissmann, A. Aron und M. Bergen, „Shared Activities and Marital Satisfaction:

Causal Direction and Self-Expansion versus Boredom", Journal of Social and Personal Relationships 19 (1993): 243–254.
3. A. Aron, D. G. Dutton, E. N. Aron und A. Iverson, „Experiences of Falling in Love", Journal of Social and Personal Relationships 6 (1989): 243–257.
4. P. Schwartz, Peer Marriage: How Love Between Equals Really Works (New York: Free Press, 1994).

Kapitel 9: Befreiung von dem unterbewerteten Selbst

1. P. Hills und M. Argyle, „Happiness, Introversion-Extraversion and Happy Introverts", Personality and Individual Differences 30 (2001): 595–608.

Anhang I: Wie Sie einen guten Therapeuten finden

1. E. Y. Siegelman, „The Analyst's Love: An Exploration", Journal of Jungian Theory and Practice 4 (2002): 19.
2. Carl Rogers, On Becoming a Person: A Therapist's View of Psychotherapy (Boston: Houghton Mif 255flin, 1961).

REGISTER

ÜBER DIE AUTORIN

Dr. Elaine Aron ist in Kalifornien geboren und hat an der Universität Kalifornien als Mitglied der Phi Beta Kappa ihr Studium abgeschlossen. An der York Universität in Toronto hat sie ihren Magisterabschluss und im Pacifica Graduate Institute in Santa Barbara ihren Doktortitel erworben. Außerdem hat sie eine Zusatzausbildung am C. G. Jung-Institut in San Francisco absolviert.

Dr. Aron hat schon an verschiedenen Orten in Nordamerika gelebt: unter anderem in einer geodätischen Kuppel auf Cortes Island in British Columbia und in einer baufälligen Villa an der Peachstreet in Atlanta. Jetzt lebt sie abwechselnd in New York und San Francisco, wo sie die Möglichkeiten hat, durch ihrer psychotherapeutischen Praxis weitere tiefgreifenden Studien durchzuführen. Außerdem schreibt sie, stellt Recherchen an, gibt Vorlesungen und veranstaltet Workshops, soweit es ihr ihr hochsensibler, introvertierter Charakter erlaubt. Sie erholt sich durch tägliches Meditieren, Wandern in Frankreich und Reiten auf einem Quarter Horse mit dem Namen Annie auf den Pfaden in Marine County.

Zusätzlich zu ihren Büchern und Artikeln über hochsensible Menschen hat Dr. Aron etliche Beiträge in wissenschaftlichen Fachblättern über Sozialpsychologie zum Thema enge Beziehungen veröffentlicht. Sie und ihr Ehemann Art sind weltführend in den Studien über Liebe und Anziehung und Pioniere in der Anwendung von Magnetresonanztomographie zum Verständnis der Gehirnfunktionen von sensiblen Personen und verliebten Menschen.